本研究受兰州文理学院 2020 年博士专项计划"甘肃省非物质文化遗产研学旅游开发研究"（2020BSZX03）、2021 年甘肃省哲学社会科学规划项目"乡村振兴背景下甘肃省乡村民宿旅游发展模式及路径研究"（2021YB129）、2021 年度甘肃省青年博士创新基金项目"甘肃省乡村旅游助力乡村振兴的机理及路径优化研究"（2021QB-129）、甘肃省文化和旅游厅 2021 年度研究课题"合作社模式在甘肃省乡村旅游经营管理过程中的创新与优化"（WLTKT2021A-14）、2020 年甘肃省人文社会科学项目"甘肃省红色研学旅行产品开发现状、问题与对策研究"（20ZZ27）、兰州文理学院基层党建创新项目"旅游管理专业'党建＋课程思政'课堂教学体系构建研究"（2020DJCX03）共同资助。

西北地区经济社会协同发展研究

张军谋○著

STUDY ON THE RELATIONSHIP BETWEEN
ECONOMIC AND SOCIAL COORDINATED
DEVELOPMENT IN NORTHWEST CHINA

中国社会科学出版社

图书在版编目(CIP)数据

西北地区经济社会协同发展研究/张军谋著. —北京:中国社会科学出版社,2022.1
ISBN 978-7-5203-9577-9

Ⅰ.①西… Ⅱ.①张… Ⅲ.①区域经济发展—研究—西北地区 ②社会发展—研究—西北地区 Ⅳ.①F127.4

中国版本图书馆 CIP 数据核字(2022)第 012653 号

出 版 人	赵剑英
责任编辑	耿晓明
责任校对	闫 萃
责任印制	李寡寡

出　　版	中国社会科学出版社
社　　址	北京鼓楼西大街甲 158 号
邮　　编	100720
网　　址	http://www.csspw.cn
发 行 部	010-84083685
门 市 部	010-84029450
经　　销	新华书店及其他书店
印　　刷	北京明恒达印务有限公司
装　　订	廊坊市广阳区广增装订厂
版　　次	2022 年 1 月第 1 版
印　　次	2022 年 1 月第 1 次印刷
开　　本	710×1000 1/16
印　　张	16.5
插　　页	2
字　　数	261 千字
定　　价	89.00 元

凡购买中国社会科学出版社图书,如有质量问题请与本社营销中心联系调换
电话:010-84083683
版权所有　侵权必究

目 录

第一章 绪论 ……………………………………………………（1）
  第一节 问题的缘起及提出 …………………………………（1）
  第二节 研究背景 ……………………………………………（6）
  第三节 研究意义和目的 ……………………………………（11）
  第四节 研究方法和思路 ……………………………………（15）
  第五节 研究的创新与不足 …………………………………（18）

第二章 研究综述及理论基础 ……………………………………（21）
  第一节 研究综述 ……………………………………………（21）
  第二节 理论基础 ……………………………………………（51）

第三章 经济社会协同发展机理及方式 …………………………（62）
  第一节 经济社会发展核心概念内涵 ………………………（62）
  第二节 协同机理分析 ………………………………………（68）
  第三节 协同方式 ……………………………………………（76）

第四章 西北地区经济社会协同发展水平测评 …………………（83）
  第一节 协同发展建设现状 …………………………………（83）
  第二节 协同水平测度 ………………………………………（87）
  第三节 经济社会协同发展关系分析评价 …………………（103）

第五章 西北地区经济社会协同发展机制演化及困境分析 ……（111）
  第一节 序参量演化模型的构建 ……………………………（111）

1

第二节　变量选取及计算 ………………………………… (114)
　　第三节　协同机制演化分析 ……………………………… (125)
　　第四节　协同机制演化的困境及原因分析 ……………… (127)

第六章　西北地区经济社会协同发展机制的构思 ………… (160)
　　第一节　对现有协同机制进行优化 ……………………… (160)
　　第二节　构建新的协同机制 ……………………………… (161)
　　第三节　确定协同机制构建原则 ………………………… (163)
　　第四节　确定协同机制创新途径 ………………………… (168)

第七章　西北地区经济社会协同发展机制的完善 ………… (175)
　　第一节　经济发展机制 …………………………………… (175)
　　第二节　社会发展机制 …………………………………… (188)
　　第三节　经济社会协同发展机制 ………………………… (203)

第八章　研究结论及对策建议 ……………………………… (219)
　　第一节　研究结论 ………………………………………… (219)
　　第二节　对策建议 ………………………………………… (230)
　　第三节　未来展望 ………………………………………… (239)

结　语 ………………………………………………………… (244)

参考文献 ……………………………………………………… (247)

后　记 ………………………………………………………… (258)

第一章 绪 论

第一节 问题的缘起及提出

一 问题的缘起

我国是一个幅员辽阔，具有地理纵深的国家。从秦始皇建立第一个中央集权制国家以来，西北地区由于其特殊的地缘、区位、历史、文化等因素，一直都是历代经略的关键地区，这一地区的经济社会发展问题几乎从未间断。受地理环境、历史文化环境和社会发展条件影响，该地区经济社会问题也形成了自身的特点：一方面，西北地区地域面积广大、景象荒凉、生存环境恶劣、人迹罕至、生态脆弱、各民族交错分布、宗教文化盛行、文明程度较低，经济社会发展滞后、社会环境复杂，这些特征与中原地区繁荣富庶、文明开放、人口稠密、商贾云集、生产方式先进、国泰民安的景象形成了鲜明的对比，因此，历史上西北地区与中原地区在经济社会发展过程中形成了明显的二元空间格局；另一方面，历史上我国西北地区存在很多少数民族政权，这些政权与中央政权在政治经济关系上表现为异常复杂的博弈关系，它们出于各自的需要在一定时期会与中央政权形成某种均衡状态，例如征服、朝贡、羁縻等，使这一地区充满了各种矛盾和张力。在这种情形下，我国在中华人民共和国成立之前的历代政权对西北地区的经略主要是加强对这一控制薄弱地区少数民族政权的各种防范措施，其内容主要涉及政治、军事、文化、外交、民族、宗教等，但对这一地区的经济和社会管理措施比较薄弱。历史表明，西北地区疆域广袤，经济社会发展条件独特，构成为我国地理时空形态中非均质化特征的重要区域，这一区域是我国国际交往、交流与交锋的前沿窗口，在拱卫国家核心区域发展以及外向型空间拓展中具有举足轻重的作用和地位。

面对如此复杂的环境，中国古代治理西北地区经济社会思想总以中原文化观照中国西北地区，历代统治者沿袭了"华夷之辨"和"守中治边"的治理观念及其做法，导致西北地区特别是一些远离腹地的边关地区与中央政府的关系长期被边缘化，造成西北广大地区的经济社会发展始终难以作为国家政治地理空间布局中的关键部位加以谋划。甚至在很长一个时期，一些中央王朝往往只热衷于采取军事手段驻防西北边关地区，其根本目的就是希望西北地区的各种边患只要不威胁中央王朝统治地位的"底线"即可。在这种西北地区经略方式下，王朝国家时期几乎没有哪个中央政权愿意将本就有限的国家经济社会发展资源投入到这一"蛮荒"之地，也没有哪个王朝能够做到通过经济发展和社会进步来改变这一地区贫困落后的面貌。

随着中华人民共和国的成立，民族区域自治制度成为我国一项基本国策。从此少数民族集中分布的西北地区在国家发展中的地位得到了极大的重视和提高，长期被边缘化的西北地区首次真正实现了与国家腹地政治地位上的对等。在新的历史时期，我国西北地区发展战略定位面临着新问题、新环境、新动向，因此我国对传统的"核心—边缘"经济社会治理模式也得以从现代经济社会一体化治理视角加以重新审视。

20世纪80年代以来，"改革开放""西部大开发""兴边富民""一带一路"等一系列国家顶层战略的实施，为我国西北地区经济社会协同治理带来了新的机遇和挑战，加快了西北地区经济社会事业的发展进程，也使地处内陆的西北地区迎来了"去边缘化"的新时代。特别是在当前经济社会转型的关键时期，西北地区特殊的地缘格局、发展历史、基础状况和社会构成使当地面临着更为突出的区域性经济社会问题，这些问题包括贫困、贫富分化、社会阶层固化、社会事业发展缓慢、资源破坏、能源危机、生态恶化等问题。同时，西北地区还面临着日益复杂的地缘环境、外交摩擦，以及国际反华势力破坏等一系列地区性问题，这些问题严重威胁着西北地区经济社会的持续健康发展。

在我国当前经济社会转型的大背景下，西北地区经济发展和社会发展之间呈现出异常复杂的关系，两者之间不可避免地存在矛盾和冲突。从亚当·斯密和大卫·李嘉图为代表的古典政治经济学说创立之时，经济问题和社会问题之间的内部关系便被更加紧密地联系在一起。18 世纪末 19 世纪初，随着西方国家工场手工业向机器大工业的过渡，劳资矛盾进一步突现，出于对资本主义现存经济秩序和社会秩序进行合理性的辩护，形成了以萨伊等人为代表的政治经济学。19 世纪 40 年代初，马克思和恩格斯在批判地继承古典政治经济学的基础上，创立了马克思主义政治经济学。政治经济学从生产关系方面分析了经济社会发展的一般规律，按政治经济学观点来看，在西北地区经济社会系统内经济发展是社会发展的基础，决定着社会关系，所以西北地区的社会发展在总体上应该服从于经济的发展。但政治经济学也承认，在某些特定的情况下，如果社会发展的力量强大到足以支配经济活动时，经济发展系统也会受社会发展力量的制约甚至构造，这种矛盾贯穿于经济发展和社会发展问题的始终。这一点在当前的西北地区表现尤为明显，当今西北地区的社会发展问题就正在演变为一种现实的影响力量，对当地经济发展从投资环境、经济秩序、市场的稳定性和公平性等方面形成了全方位的影响和制约。

从根本上看，在区域经济社会问题的经略过程中如果出现不协调的现象，则意味着这在一定程度上是对经济机会平等本身的忽视，而且更深层面的问题是在两者之间还缺少一种内生性长效协同机制。从现实来看，经济社会发展不均衡的格局已经成为影响西北地区和谐社会建设发展的巨大制约性因素。这些新情况、新问题的出现反映出在新的历史时期，西北地区经济发展和社会发展失衡问题越来越突出。特别是在国际地缘政治复杂多变的今天，西北地区经济社会发展问题常常被提升到影响社会和谐发展和国家安全的战略高度来探讨，说明这一问题已经变成我国社会主义现代化建设的一个重要命题。因此，在我国全面建设和谐社会的大环境下，西北地区对经济社会协同发展问题的处理，也应当从我国和谐社会建设的大局和根本需要出发，通过有效解决西北地区在经济发展和社会发展治理过程中产生的一系列实际问题，逐步强化西北地区区域经济发展和社会发展两方面的共同治理，以适应国家全面发展和西北地区治理现代化的新要求。历史也表明，西北地区的经济社会全面和谐发展不仅会对我国国际地缘政治、经济、社会、文化关系格局中的地位和地缘战略的实现产生重要影响，也必将对整个国家的发展、稳定和安全产生深远影响。因此，把西北地区经济发展和社会协同发展问题处理好，不仅是国家西部区域治理的一个重要方面，也是一个具有全局性意义的问题。

二 问题的提出

西北地区位于我国西北内陆，长期以来这里的经济社会整体发展相对滞后。近年来，虽然当地经济社会发展总体水平有所提高，但如果仔细比较分析则不难看出：在发展方式上，西北地区经济社会之间彼此分化、矛盾冲突上升的迹象已经比较明显，西北地区经济社会发展耦合及协同机制长期得不到优化。在此种情形下，由于经济社会协同机制难以得到有效的协同创新，导致在制度环境下西北地区经济社会的协同发展表现出极大的"路径依赖"倾向，严重影响西北地区经济社会持续健康发展。因此，为了提高西北地区经济社会协同发展的整体效率，使西北地区经济社会发展各主体都能够积极参与各自领域及经济社会公共领域的价值创造与分配，实现西北地区经济社会协调均衡发展，研究聚焦以下几个问题，对西北地区经济社会协同发展之间的关系展开研究：

问题1：经济社会协同发展演化的一般机理是什么？

经济发展和社会发展分属不同性质的问题，两者彼此独立但又相互依存，相互形塑，在这一过程中，两者之间相互作用的基础是什么，两者相互作用的传导机制如何发挥作用，统领两者的核心价值理念如何体现，作用结果如何等问题构成了两者影响关系研究的核心。同时，经济社会协同发展演进的交换机制、演化动力、演变趋势、作用方式等演化机理构成经济社会协同发展机制要解决的基本问题。

问题2：如何构建西北地区经济社会协同发展机制测评体系？

西北地区经济社会协同发展的衡量标准是什么？该如何去测度和评价，是西北地区经济社会协同发展问题研究的基础。西北地区作为西北内陆一个特殊的地域空间，随着区域内各经济社会主体价值目标的多元化，当地经济社会之间的关系也越来越复杂，两者之间既存在竞争矛盾，也存在协同合作。构建符合西北地区经济社会发展需要的科学测评体系，使西北地区经济社会协同发展目标价值更规范、合理、科学和切合实际,使西北地区经济社会协同发展的目标价值导向更明晰,从而引导西北地区在经济社会发展过程中进一步注重两者发展的全面性和协调性,是在这一地区落实科学发展观和推进和谐社会建设的实际需要。西北地区的经济社会发展有自身独特的协同条件和影响因素,因此对西北地区经济社会协同发展现状的分析是研究西北地区经济社会协同发展机制的基础。研究结合西北地区经济社会发展的实际,综合运用熵权法、模糊评价法对西北地区经济社会发展的关联度、耦合度、协同发展度进行测度,刻画西北地区经济社会协同发展水平,通过比较分析,进一步反映西北地区经济社会协同发展实际水平与标准要求之间存在的差距。

问题3:西北地区经济社会协同发展机制存在什么问题?

西北地区经济社会协同发展机制演化机制既有这类现象发生发展的共性,也有西北地区自身的个性,因此,需要分析西北地区经济社会协同发展机制演化的自组织特征,在此基础上根据哈肯模型,识别西北地区经济社会协同发展演化机制的特征,对序参量进行有效的识别,确定西北地区经济社会发展系统的主要作用参量,进而对系统的阶段性演化进行评估,从而研究该系统有序结构的自发形成和演化过程,概括总结西北地区经济社会协同发展机制演化过程中存在的具体问题,找出严重阻碍西北地区经济社会协同发展机制发挥作用的原因。

问题4:西北地区经济社会协同发展机制该完善什么?

从西北地区现有的经济社会协同机制发展状态来看,两者之间的协同效率并不高,这种现状影响着西北地区和谐社会的建设和发展。经济社会发展虽然具有独立性,但随着西北地区经济社会改革的深入,经济社会一体化的趋势会不断加强,对于经济社会欠发达的西北地区,在这一问题的处理上更不能忽略和割裂两者的关系,且要防止在经济发展及社会发展过程中经常出现的"路径依赖"现象。这就要求一方面要加强经济社会各自体系的独立分化,明晰各自的边界,完善自身体系建设内容;另一方面要分析两者之间动态的、非线性的相互作用关系,在此基础上针对两者之间的协同演化机制进行研究,从制度变迁的角度最终促使两个系统实现协同效应,产生公共价值。

第二节 研究背景

一 国际背景

21世纪,世界经济形势依然严峻。2008年爆发了全球性的经济危机,对世界范围的经济发展造成严重的影响。在后金融危机时期,虽然世界经济整体上有所发展,但发展增速依然持续低迷,全球发展问题依然严峻。当前,在我国西北、西南、东南、东北亚等广大地区,因贫困造成社会危机爆发、地区冲突加剧、恐怖主义蔓延、社会环境恶化、暴力犯罪增加等一系列社会问题。这些问题正在成为影响当前我国地区经济发展和社会发展的外部因素和重要根源。

另外,随着世界经济的发展,各国对战略资源能源和生存空间的争夺也愈演愈烈。而与我国西北毗邻的中亚地区由于其特殊的战略地位和丰富的矿产、油气资源,历来是大国之间的博弈之地,也是当前世界大国和国家集团争夺战略能源资源与平衡地缘政治格局的焦点地区。目前美国、欧盟、日本、俄罗斯等大国和机构纷纷以经济援助、合作开发资源和反恐等形式介入中亚地区,这些世界大国和国家集团围绕中亚地区的战略地位和能源等战略资源的争夺有愈演愈烈之势。我国同东南亚地区的日本、菲律宾等国的海洋权益争端也日益加剧。美国等域外国家又频频插手我国与周边国家的领土、领海问题,利用领土、领海争端挑拨中国与相关国家的关系。

从当今的世界格局来看,冷战结束以后,随着东欧剧变,社会主义阵营瓦解,世界地缘政治格局开始向着有利于西方国家阵营的趋势发展。虽然全球化趋势越来越强,但全球发展的总体格局还处于新旧思维碰撞、新旧机构并存、新旧规则交替、新旧动力转换、新旧力量对比的动荡期、转型期、变革期和调整期。在全球化的进程中,许多国家和地区的经济社会矛盾更加突出,由此引起的领土争端、资源纠纷、权力争夺、霸权主义、民族矛盾、强权政治等使整个国际社会的发展与稳定形势愈加严峻。据统计,在1945—1989年东西方两大阵营冷战时期,世界范围内爆发的局部战争和地区冲突为197起,平均每年4起左右,而自1991年冷战结束到20世纪末,世界范围内共爆发局部战争和地区武装冲突92起,

第一章　绪论

平均每年 10 起左右。进入 21 世纪之后，世界范围的局部战争和地区冲突有爆发增长的迹象。据瑞典斯德哥尔摩和平研究所（SIPRI）统计，21 世纪以来，全球平均每年发生 45 场局部战争和地区冲突，远多于冷战时期的年均 4 起和冷战结束后最初 10 年的年均 10 起。从当前世界安全和稳定局面的发展走势来看，局部战争和地区冲突还将延续突发、易发、多发的态势。特别是中东、中亚、东北亚、南亚和黑海周边等地，仍将是未来国际安全形势最为复杂和严峻的地区。

然而，在纷繁复杂的国际发展环境中，与世界政治局势动荡不安和经济持续低迷发展形成鲜明对比的是中国作为新兴经济体，其经济增长相对迅速，社会局势一如既往地安定有序。伴随着中国的崛起，许多国家都在研究评价这一变量对世界及其自身的影响，特别是美国及我国周边的一些国家力图防范、遏制中国的战略意图最为明显，这些国家纷纷制定出一系列针对中国崛起的反制战略和政策。小布什政府时期，美国的战略重心由大西洋和太平洋转向太平洋和印度洋，而到了奥巴马执政时期，美国开始全面扩展与印度的关系，明确从"印太"战略框架看待和处理其亚太政策，提出了"亚太再平衡"战略，力图在亚太保持美国的绝对优势，在亚太争当霸主，维持美国全球的领导地位，于是通过各种手段拉拢周围国家，降低中国与周围国家政治经济上的互信。特朗普上台后不久，美国政府为了能够在获得更大经济利益的同时寻求安全和军事合作，同时也为了更进一步插手亚太事务，重掌亚太地区的主导权，宣布退出奥巴马政府历时 5 年在亚太地区达成的 TPP 协议，① 同时高调宣布了"印太战略"，强调其所谓的"自由开放的印度洋—太平洋"（Free and Open Indo Pacific），由于印太战略实际是以美国、印度、日本、澳大利亚四国为首的地区安全架构和构思，其中中国周边的日本、印度是这一战略的重要支点，所以美日关系、美印关系得以延续和发展：日本希望通过这一战略重新提升日本在亚太地区的地位，让日本冲出太平

---

① TPP 协议全称"跨太平洋伙伴关系协定"，是美国为了发展同亚太地区国家的投资贸易合作关系，由美国主导，亚太地区 12 个国家（美国、澳大利亚、文莱、加拿大、智利、日本、马来西亚、墨西哥、新西兰、秘鲁、新加坡和越南）历时 5 年共同参与谈判制定的多边贸易协定，该协议于 2016 年 2 月签署协定文本，还未经各国立法机构批准。也就是说，奥巴马政府历时 5 年跟各国达成的 TPP 协议还未正式生效就被特朗普否决了。

洋，走向印度洋，所以日本对印太战略的反应很积极，其所谓"自由开放"背后明显有针对中国的敌意：早在2007年，日本首相安倍晋三就曾呼吁建立美、日、印、澳四国合作机制，希望以此加强日本在亚太地区的实力。近年来在中日东海争端不断、南海问题持续"升温"的背景下，安倍政府一直力图让日本扮演海洋秩序维护者的角色，以此达到对中国形成更大牵制的目的。在美印关系上，由于美国本土距离印度洋太远，作战半径太大，所以美国一直积极寻找印度作为印太战略的支撑。同时，由于认识到印太地区对于全球贸易和商业的重要性，因此美国加强了与印度的安全合作，特别是在太平洋扩展与印度海军的合作。美国提出的这一战略关系正好迎合了印度谋求地区大国和印度洋霸权的心理，印度希望通过与美国合作，可以更方便地购买美国的先进武器装备，增强自己的军事实力，从而提升自己在印度洋、太平洋地区的国际影响力，所以印度也积极奉行美国提出的这一战略。在这一时期，澳大利亚也希望借助"印太"概念提升国际地位，宣称要在构建"印太伙伴"的战略下致力于建设和平繁荣的印太。

由此可见，伴随着中国的巨大发展，近年来我国周边地区的安全稳定环境及发展环境并没有出现同步改善。中国的崛起使中国周边国际政治经济环境发生了重大变化，在这一背景下中国西北地区经济社会发展环境出现了一些新情况、新因素、新问题。从国际地缘关系来看，中国在地缘上处于亚太地区枢纽地位，周围大小政权林立，所有这些周边国家，面对中国的崛起，心态都极为复杂，对华战略在是合作还是对抗的选择上也呈现出不同程度的两面性，而且这些周边国家都同中国有潜在地缘冲突的可能性。从当前的现实情况来看，在一些境外大国的操纵下，我国周边国家很容易针对中国形成统一联盟（如美日韩同盟）。冷战结束以后，美国凭借自身的大国优势，在世界利益格局与地缘格局中占据了绝对的主导权，于是频频插手我国周边事务。在美国及其相关国家看来，中国的发展崛起，对其主导下的传统国际秩序及地缘政治格局形成了巨大的挑战和威胁。为了遏制中国西北地区发展壮大，美国与印度等我国西北地区周边国家一再阻碍我国"西部大开发""一带一路"等战略的实施。这些国家害怕中国的发展强大将挑战其既有的国际地位，于是不断散布"中国威胁论"，认为中国的发展崛起，是对其领土资源现状的可能改变及本国政治、经济利益的可能冲击，以此来制约中国的崛起发展。与此同时，在我国西北地区的域外国家和地区，社会动乱和不稳定因素形势也同样严峻，对我国西北地区的经济社会发展也构成了巨大威胁，例如在中亚地区的阿富汗，塔利班有卷土重来之势，当地局势的变化对与其相邻近的我国西北地区经济社会发展产生不利影响；在中亚地区，激进的宗教团体和极端民族主义势力兴起，反恐形势错综复杂。这些情况对我国西北地区的经济社会和谐发展产生着重要影响。

二 国内背景

我国不但拥有辽阔的中原腹地，而且拥有广袤的西北地区。在辽阔的西北地区，生活着回族、维吾尔族、哈萨克族、乌孜别克族、塔塔尔族、柯尔克孜族、俄罗斯族、藏族等诸多少数民族。复杂的西北地区地缘环境，加上风云变幻的国际形势，使我国西北地区当前经济社会问题呈现全面爆发的态势。

我国作为发展中的经济体和新兴经济体代表，在经历了 40 多年的快速发展之后，经济的增长速度、增长模式、产业业态和增长动力均发生了巨大的变化。从宏观经济形势看，当前我国经济发展已进入新的发展阶段，经济发展已经步入新常态，处于中高速增长期。2006—2015 年，我国 GDP 从 219439 亿元增加到 685993 亿元，年均增速为 10.6%，其中 2006—2010 年，我国 GDP 平均增速 11.33%，其间在 2007 年最高增速达到 14.23%。2010 年后金融危机时期，我国的经济增长速度放缓，2011—2015 年，我国 GDP 年均增长速度为 7.9%。由此可见，我国经济发展整体上已经进入平缓期，经济增速放缓将成为我国经济发展的"新常态"。随着经济增速的放缓，投资、消费、贸易等必将下滑，国内经济下行压力将会进一步增大，加剧我国经济社会发展的结构性矛盾，如贫富差距加大、贫困人口增加、就业压力增加、社会阶层固化、社会保障不力、人口流动加快、生态环境破坏加剧等，这些问题的出现，又引发各种社会危机和冲突，严重威胁我国国内社会秩序的稳定。这些问题构成了我国经济社会转型期的基本矛盾，同时也是我国西北地区尤为显著的矛盾。

西北地区地处欧亚大陆腹地，具有重要的战略地位。从地缘政治来看，这一地区是连接我国与南亚、中亚、西亚及欧洲的地理要冲，在地缘战略地位上属于哈尔福德·麦金德所说的"心脏地带"和尼古拉斯·斯皮克曼所说的"边缘地带"，在地理上有着深远而复杂的地缘政治意义。不仅如此，西北地区还与中亚五国、阿富汗等共同构成了所谓的"世界岛"的两个支点之一，① 所以这一地区历来是兵家的必争之地和大国角力的重要场所。我国西北地区接壤国家多，边境线漫长，少数民族众多，地缘环境复杂。由于这一地区处于中亚内陆腹地，易为国外侵略和干涉势力操纵利用，因此长期以来，西北地区都是多事之地和经济社会问题最为复杂的地区之一。在我国近代史上较早出现危机的地区中，西北地区便是其中之一。历史上我国西北地区是东西方民族迁徙、文化融合和商业交往贯通的要道，由此形成了这一地区多民族聚居和多宗教信仰并存的局面。目前，这一地区的少数民族人口占总人口30%以上，其中维吾尔族、哈萨克族、蒙古族、俄罗斯族等少数民族跨国界而居，与境外一些民族在语言、宗教、文化上有着传统联系。这种多民族、多宗教共存和少数民族跨界而居的状况使这一地区的形势极为复杂。在当代，随着冷战的结束和美国全球战略重点向亚太地区的转移，这个支点的战略地位显得更加重要，大国争夺态势也日趋激烈，西北地区已经成为拱卫我国西部地区安全的一道极为重要的战略屏障。

自20世纪90年代以来，西北地区的经济社会发展受到党中央的格外重视，随着"西部大开发""兴边富民""一带一路""乡村振兴"等国家战略的实施，党和国家不断深化这一地区政治、经济、文化、社会、生态文明等领域的体制改革，为这一地区的经济社会发展提供了前所未有的机遇。

总之，受国际地缘政治博弈、大国利益再平衡战略、我国西北地区经济社会问题叠加以及西北地区特殊的发展历史和现实条件制约，当前这一地区经济社会发展形势愈加严峻，这种局面不仅严重阻滞了西北地

---

① 世界岛的概念来自麦金德于1902年在英国皇家地理学会发表的文章历史进程中的地理要素。在这篇文章中，他把地缘政治分析推广到全球角度。麦金德认为，地球由两部分构成。由欧洲、亚洲、非洲组成的世界岛，是世界最大、人口最多、最富饶的陆地组合。在它的边缘，有一系列相对孤立的大陆，如美洲、澳洲、日本及不列颠群岛。世界岛的中央，是自伏尔加河到长江，自喜马拉雅山脉到北极的心脏地带。

第一章 绪论

区经济社会体制现代化改革发展的步伐，而且影响了社会主义和谐社会目标的全面实现和国家繁荣进步的大局，使西北地区的经济社会发展成为这一时期当地治理体系现代化中需要直面的突出问题。

第三节 研究意义和目的

一 理论意义

首先，研究尝试创建西北地区经济社会协同发展理论分析框架，通过构建西北地区经济发展和社会发展综合评价指标体系，为西北地区经济和社会协同研究提供一个测评框架结构和定量评价依据。通过对西北地区经济社会发展关联度、耦合度、协同发展度的定量化分析，从微观层面揭示西北地区经济社会协同发展的相互作用过程和动力机制，为构建西北地区经济社会协同发展模式提供全面、系统、深入的理论指导，从而丰富现有的西北地区经济社会发展理论。

其次，通过对西北地区经济发展和社会发展现状的全面分析，从经济社会活动的理性价值诉求出发，以协调发展的视野分析西北地区经济社会的协同发展问题。重点从经济发展所指涉的自由权利、合理分配、主体心态、人的本质、生态环境、可持续发展、经济社会创新等视角辨析西北地区经济社会发展的内涵，指出西北地区经济社会发展质量提升的本质就是结合区域政治、文化、地缘等因素对当地经济社会发展目的、过程、手段、结果所做的合理性评判。通过研究，为西北地区经济社会主体关系的调节提供合理的伦理约束和秩序，在经济社会制度和秩序安排上遵循各民族、各社会群体之间机会平等的原则，为当地经济社会主体提供普遍的发展机会，特别是研究如何保证各类弱势群体最基本的尊严和自由，缩小不同地区和不同社会群体之间贫富差距和社会地位的差别，使作为各民族主体的人在经济社会关系中得到解放，实现体现现代文明体系的自我价值和社会价值相互结合，并由此使西北地区经济社会之间的关系得到有机统一。

最后，从经济社会协同发展角度探讨西北地区经济社会发展中的价值失衡、幸福悖论等现实问题，通过分析西北地区经济社会协调发展的主要制约因素和实际表现形式，指出西北地区经济社会协同发展机制优化创新的具体途径，构建西北地区经济社会协同发展的机制架构，在制度层面为实现西北地区经济社会发展走向协调统一提供理论指导，实现西北地区经济社会协同发展过程中的制度创新，走出这一地区经济社会发展过程中长期形成的制度"路径依赖"困境，为西北地区经济可持续发展及和谐社会建设带来新的理论启示。

二 实践意义

西北地区处于我国西部经济社会板块的边缘，深居内陆，维吾尔族、回族、哈萨克族、藏族、蒙古族等少数民族交错分布。长期以来，这一地区受特殊的地理区位环境、地缘关系和民族、宗教、文化因素影响，经济发展水平落后。而在当地经济发展困局的背后，更是存在着对当地社会发展深层次原因的忽略和侵害，其主要表现为这一地区的经济发展在急于改变穷困面貌的思想观念影响下，经济发展过程中经济价值诉求严重被"物化"和"异化"，当地经济发展常常被简单地以GDP总量、GDP增速等经济数量指标来衡量，而忽略了经济与社会、环境的全面协调发展。通过对这一地区经济社会协同发展关系的研究分析，可以转变这一地区长期以来固有的经济社会发展理念，处理好西北地区经济社会实践活动中改革、发展、稳定的关系，为经济社会的发展提供有益的方法和路径指导。

在我国当前经济高速发展和社会转型的大背景下，西北地区经济相应地也有较大的发展，但在当地经济发展过程中衍生出了一些不良社会后果。具体表现为伴随着当地经济的发展，出现了诸如贫富差距悬殊、社会阶层固化、暴力犯罪、利益冲突、文化观念冲突等社会问题。这些社会问题的出现，从一定程度上反映出该地区经济的有效性和效率并没有确保当地人们生存价值和生活幸福指数的提高。在这种情况下，通过对西北地区经济和社会协同发展的追求可以有效消除当地经济发展过程中资本对经济社会发展造成的扭曲，有效应对西北地区经济转型过程中社会多元价值目标的冲突。因此，研究尝试利用哈肯模型，在均衡各种价值目标的过程中寻求经济社会协同发展长效机制，且将其转化为现实有效的经济社会协同发展制度和政策力量，从而最大限度消除西北地区长期面临的贫穷、社会不公平和社会排斥等不稳定因素，为当地经济发展和社会发展协同演进提供行动指导依据，从经济发展和社会进步两个方面真正实现西北地区各族人民群众的幸福、尊严、人权、平等、民主、合作、和平等，这对促进西北地区经济发展质量的提高，以及加速西北地区社会文明进步具有重要实践意义。

在西北地区经济社会转型的今天，当地还面临着各种威胁。因此，西北地区经济社会发展问题研究被赋予了新的时代任务，即通过对两者协同关系的研究为我国西北地区经济社会现代化治理提供参考和科学建议。因此西北地区经济社会问题研究不仅是学术发展的需要，也是当地经济社会发展水平提高的现实需要。在世纪之交，我国相继制定了"西部大开发""一带一路"等国家顶层发展战略和倡议，为西北地区的经济社会发展带来了新的历史机遇。这些重大决策的出台，便是几辈学人对西北地区经济社会问题学术研究产生的实践性影响和结果，而"西部大开发""一带一路"等顶层发展战略和倡议又促进了当前西北地区经济社会研究的繁荣，二者相得益彰，是理论与现实、学术与应用紧密结合的典范。

经济社会协同发展作为一种全新的区域经济社会综合治理模式，不仅是顺应区域经济社会一体化发展的必然选择，也是我国西北地区治理现代化的必由之路。经济社会协同机制研究会为未来西北地区区域经济增长创设新的制度基础环境，而且还会为未来的一系列经济社会改革提供坚实的支持力量。这就需要积极适应时代变革要求，完善协同治理模式，构建经济社会协同发展长效机制，进而实现西北地区经济社会协同治理水平的全面提升和整体提高。通过对西北地区经济社会协同发展关系的研究，探讨西北地区经济社会协同发展的途径，能有效解决西北地区长期面临的贫穷与富裕的冲突、不同地区的利益冲突、经济领域的各种矛盾和纠纷、各种文化观念之间的冲突等问题，为西北地区经济社会全面发展提供一个机制创新途径，也就是说，这一研究对于促进西北地区经济繁荣与发展、建立稳定的社会秩序具有双重意义。

三 研究目的

对西北地区面临的重大经济社会发展问题进行整体性和综合性研究，构建符合西北地区经济社会发展实际且相对完整的经济社会协同发展专题研究体系。通过对西北地区经济发展和社会发展关系的研究，对这一地区经济社会发展过程中常常出现的功利主义、物质主义在批判的基础上确立西北地区经济社会发展在动机、理念、模式、机制等方面的转变与创新途径，指明在当前西北地区特殊的经济社会转型背景下，当地经济社会之间相互维系正向关系的途径和方式。

在我国经济社会转型的大背景下，通过研究西北地区经济发展对当地政治、文化、社会基本结构等造成的冲击和改变，来考察这种转变对当地社会发展运行带来的各种影响；同时，分析当前西北地区社会发展机制对当地经济发展的市场理念、开放环境、创新性、经济绩效等带来的相关影响。在此基础上，运用协同发展理论揭示符合西北地区时空特点的经济社会发展互动关系规律，总结现实中西北地区经济社会发展耦合协调性不足的具体表现及其原因，指出西北地区经济社会协同发展存在的基本问题，构建符合西北地区经济社会发展实际的协同发展模式。在以上问题得到解释说明的基础上，将西北地区经济社会协同发展目标转化为当地区域经济社会发展过程中现实的对策和建议，使经济社会协同发展理论成果服务于当前西北地区经济社会发展的实际需要，从而实现西北地区经济社会和谐发展的愿景。

通过对西北地区经济发展环境和社会发展环境的分析，总结当前西北地区经济社会发展的矛盾冲突问题以及由此衍生的西北地区经济发展和社会发展不和谐问题的主要内容和表现方式，分析西北地区经济发展和社会发展之间的内在联系和相互作用规律，提出西北地区在区域经济社会协同治理中的分析评价方法、体系和优化机制。构建包括政府、社会、市场、公众组成的多元化经济社会问题综合治理主体结构，进而形成一个符合西北地区经济发展和社会发展协同演进现实需要的区域性治理框架体系，促进西北地区经济社会协同发展运行机制从传统的不同民族经济社会发展问题治理模式向区域治理模式转变，满足西北地区经济社会治理问题现代化转型需要。

西北地区经济社会发展是涉及当地国计民生的重大问题，也是一个范围很广的问题，在西北地区经济社会发展过程中，经济社会协同发展是当地经济社会极具现实意义的问题，当地经济社会的全面协同发展是当地经济社会治理能力现代化的重要体现。因此，对西北地区经济社会和谐发展途径和解决方案的研究探索是协同理论在西北地区经济社会治理实践中具体应用的现实表现，通过对两者协同关系的研究，旨在实现西北地区区域经济社会向可持续发展模式转变，加速西北地区和谐社会构建的步伐。

第四节　研究方法和思路

一　研究方法

文献研究法：搜集文献资料，归纳总结西北地区经济社会协同发展机制研究的相关理论思想，准确把握西北地区经济社会协同发展研究的有关理论精髓，探索经济社会协同发展的特点与规律。

实证研究法：以西北地区为研究对象，构建该区域经济社会协同发展评价指标体系。结合实地调查和资料收集，获取研究需要的面板数据和相关资料，对西北地区经济社会协同发展现状进行定量评价，对存在的问题进行实证分析。

层次分析法：在构建西北地区经济发展和社会发展评价指标体系过程中，将研究目标作为一个系统进行逐层分解，形成不同的评价层次和结构，通过评价指标权重关系对比，对西北地区经济社会协同发展做多层级、多目标的综合分析评价。

区域分析方法：结合西北地区的自然状况、人口状况、产业发展、生态环境、社会结构等区域发展条件，将西北地区经济社会协同发展作为一个区域问题进行研究，明确西北地区经济社会协同发展的时空特点，确定西北地区经济与社会协同创新发展的方向，提出符合西北地区区域实际的经济社会协同发展对策建议。

计量研究法：在研究中，以协同理论分析模型为基础，运用数学、统计学及相关计算机软件对基础数据进行处理分析。在经济社会发展指标权重计算、关联度、耦合度、协同发展度及协同机制演化分析中，以计量研究为主要手段，构建相应的评价分析模型，对西北地区经济发展和社会发展变量关系进行计量分析。

跨学科研究法：从西北地区经济社会发展的关系来看，两者既高度分化又高度综合，涉及的学科领域非常广泛，研究的对象也非常复杂。

在研究这一问题的过程中运用经济学、社会学、管理学等相关学科的研究方法及理论,从整体上对西北地区经济社会协同发展进行综合研究。

二 研究思路

以经济社会协同发展机制研究的相关文献为起点,以构建西北地区经济社会协同发展机制为研究目标,从研究基础、现状分析、测度评价、机制重构、对策路径五个层面依次展开研究。在对西北地区经济社会协同发展进行实证检验分析的基础上,通过对西北地区经济社会发展相互关系的辨析和两者传导机制的优化,建构一个符合西北地区区域特点和实际的经济社会发展良性互动研究框架。调整西北地区经济社会协同发展过程中的目标选择,重构西北地区经济社会协同发展机制。在这一思路下,文章确立的基本架构是:背景—综述—理论框架—现状分析—存在问题—解决路径—总结。

(1)研究基础:在搜集整理国内外文献的基础上,确定西北地区经济社会协同发展研究所涉及的理论基础,通过对中外文献的综合梳理,考察经济社会之间的互动关系规律,总结经济社会协同发展机制演化的基本模式,在此基础上围绕研究主题,确立研究的理论构成体系。

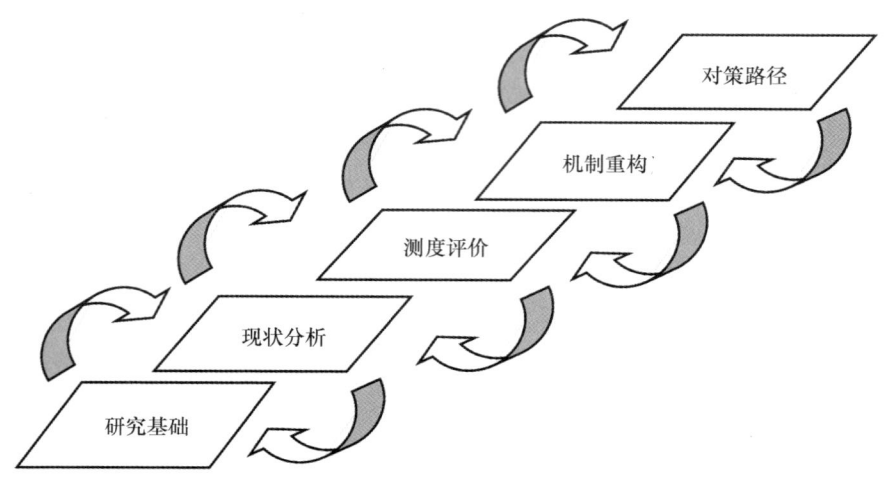

图1-1 写作层次思路

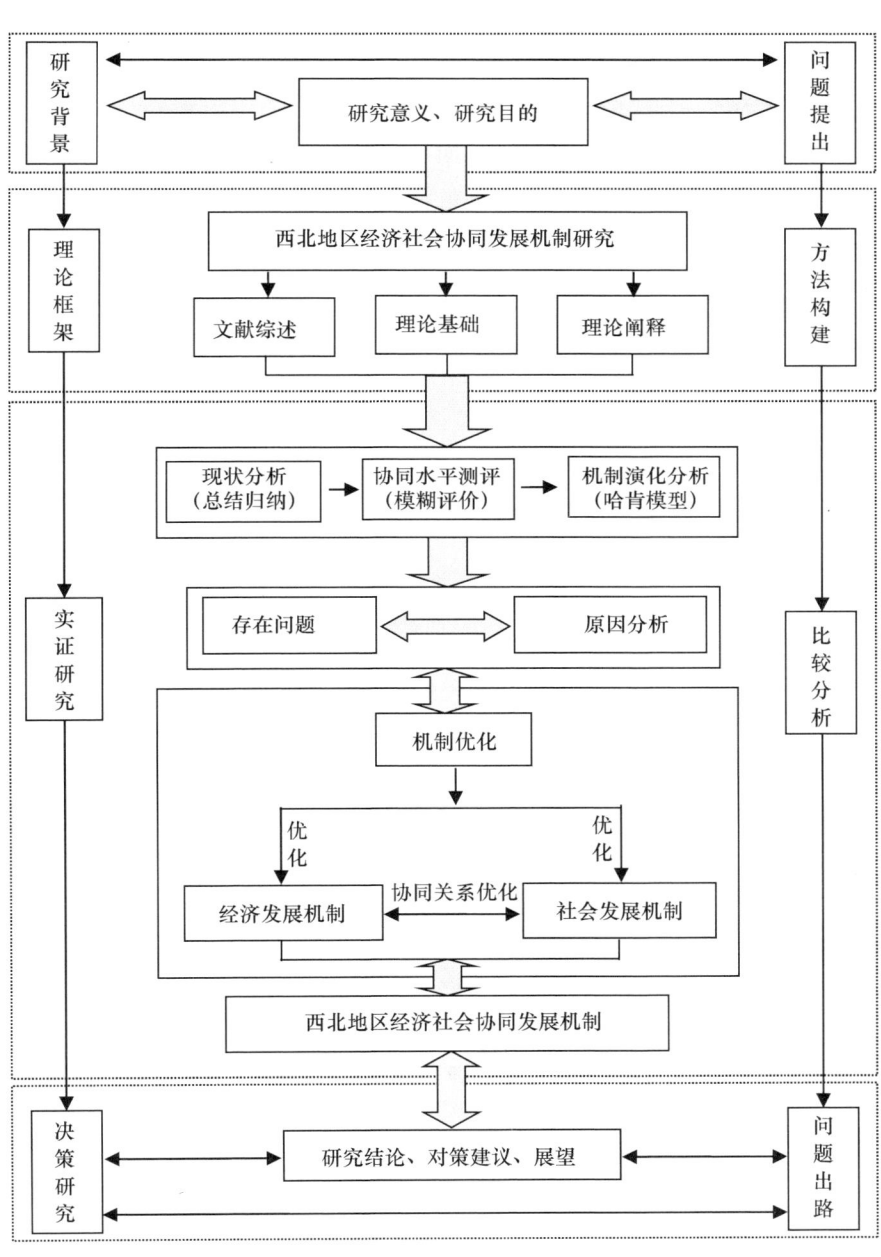

图 1-2 写作技术路线

（2）现状分析：在区域经济社会发展过程中，经济发展常常会被经济各项指标数量的增长所替代，社会发展也常常会在和谐的表面状态下隐藏许多矛盾，因此缺少质量的经济社会发展不仅会造成经济社会运行的无序，而且会造成两者越发展其中的矛盾积聚越多的不良局面。所以在西北地区经济社会协同发展机制的研究过程中，对这两个系统各自发展质量的现状评价成为研究两者协同关系的基础，通过分别构建西北地区经济发展质量与社会发展质量评价指标体系，使用定量分析方法对研究期内西北地区经济发展质量和社会发展质量的现实水平进行量化计算和分析评价。

（3）测度评价：在西北地区经济社会利益目标逐渐多元化的背景下，以公平、正义和合作的和谐社会建设理论为西北地区经济社会发展关系研究的总体思路。在研究过程中，由于经济社会发展分属两个不同的系统，因此对这两个系统关联互补性的考察，是将这两个系统看作是结构与功能的统一整体进行研究。运用实证研究方法，结合耦合理论，通过定量分析，计算研究区域经济社会之间的关联度、耦合度、协同发展度，分析两者之间的协同发展关系。

（4）机制重构：依据哈肯模型识别西北地区经济发展和社会发展系统的序参量，判断西北地区经济社会协同发展驱动机制的演化规律，分析序参量的协同内涵，依据序参量间的相互作用模型判断驱动因素间的协同演化机制及提升路径，总结西北地区经济社会之间矛盾的具体表现及产生的原因，探讨两个子系统之间协同机制的优化问题，有针对性地提出西北地区经济社会协同发展机制建设面临的主要问题及其创新内容。

（5）对策路径：在对西北地区经济社会协同发展现状分析研究的基础上进行归纳总结，从两个系统之间协同优化发展的视角归纳总结具体的研究结论，提出优化西北地区经济社会协同发展关系的对策建议。

第五节　研究的创新与不足

一　研究的创新

（一）研究视角方面

弱化经济社会管理的工具理性，突出西北地区经济社会发展的价值理性，将经济社会活动中依靠价值理性产生的正向作用力传导于双方系统，考察经济社会发展变化对彼此系统产生的影响以及互动关系规律。探讨西北地区经济社会协同发展的有效模式，使西北地区经济社会发展由冲突转向统一，由外部相关转向内部相关，由静态关联转向动态关联，由政策性的稳定转向价值性的稳定，从而使西北地区经济社会之间的协调机制由当前外在被动主导模式转变为经济社会系统自身内在的主动需求，最终使西北地区经济发展和社会发展平衡于社会伦理和法理结构框架的约束之下，使经济发展和社会发展走向长期自觉契合的状态。

（二）研究观点方面

在对西北地区经济社会协同发展关系的研究中，首先采用结构性的观点，把西北地区经济社会发展问题置于两者结构特征与功能作用的统一整体中，分别从相互联系、相互依存、相互制约、相互转化的关系中进行研究，揭示西北地区经济社会系统的整体性质和运动规律。其中，把西北地区经济社会发展看作是一个复杂的整体，把两者放置在一个整体的关系网络中，突出整体性在两者研究中的优先性和重要性。其次是研究观点侧重区域经济发展观点转变。从目前西北地区的具体形势来看，经济社会发展的不协调成为制约当地经济社会持续健康发展的重要原因，经济社会协同发展已经成为当前西北地区发展的重要问题。针对西北地区经济社会发展的现实情况，运用区域发展的研究观点和思路展开研究，把西北地区经济社会发展统一于区域和谐发展的范畴，研究两者双向互动均衡发展的途径，这与对这类问题常见的"历史／政治"或"民族／政治"研究范式有所不同。

（三）研究方法方面

在研究中，突出对西北地区经济社会协同发展的定量研究手段，这种方法有效克服了对这类问题分析时传统定性研究中主观性经验影响的弊病。在具体定量分析方法的运用上，一是通过层次分析法，构建西北地区经济社会发展评价指标体系，对不同类型指标进行标准化处理，从量化角度考察两个系统的可比性问题；二是采用熵权法对经济发展和社会发展各项指标进行赋权，根据各指标的变异程度利用信息熵计算各指标的熵权，然后再通过修正得出较为客观的权重，这一方法相比一般确定权重时采用专家打分等主观方法更为科学；三是把西北地区经济社发展看作一个复杂的系统,由于这一系统外部特征较为明显,但内部联系复杂,兼有开放性和封闭性的灰色系统特征,因此采用灰色关联方法对这两个系统的协同性进行定量分析,在此基础上采用哈肯模型对2006—2015年西北地区经济社会发展系统演化机制的序参量进行考察分析,使西北地区经济社会之间的动态演变规律得到科学反映。

二 研究的不足

(一) 经济社会发展评价指标体系的构建不尽完善

在构建西北地区经济发展和社会发展指标体系过程中,虽然尽可能多地根据历年西北地区相关文献选取指标,同时根据指标的相似性和相关性为依据进行经济发展属性和社会发展属性的区分和归纳,在此基础上构建西北地区经济发展指标体系和社会发展指标体系。但由于研究对象本身的复杂性,在经济发展指标与社会发展指标构建过程中不免存在主观的因素和疏忽某些指标的情况。

(二) 一手资料比较缺乏

受实地调研难度大,缺少经费,研究时间紧张等因素制约,整个研究主要采用的数据以官方统计公报或年鉴中的数据为主,一手数据比较缺乏,使研究的实证性、精确性和科学性受到影响。

(三) 研究的时间序列太短

在采用统计公报和年鉴数据过程中,部分文献资料数据存在前后口径不统一、一些统计数据越往前追溯缺失问题越严重,由于数据获取过程中存在这些实际困难,研究的时间序列跨度只有10年,造成对西北地区经济社会协同发展机制演化的中长期规律刻画不够。

(四) 缺少横向比较

在现有研究中,专题研究区域经济社会协同发展关系的文献较为鲜见,特别是能刻画经济社会协同发展程度的关联度、耦合度、协同发展度等相关指标的文献资料更为缺乏,再加上对其他地区经济社会发展关联度、耦合度、协同发展度等指标计算的复杂性,受这些不利条件的限制,研究对西北地区的这些指标很少和其他地区进行横向对比分析,只结合指标量级程度所体现的含义进行了分析,造成研究无法从经济与社会和谐发展的角度去审视我国和谐社会建设的全局情况。

第二章 研究综述及理论基础

第一节 研究综述

一 国内外关于经济发展问题的研究

（一）国外研究

在国外，当代意义上的经济发展研究起源于二战之后发展经济学的兴起，这项研究主要围绕以下几方面展开：

1. 经济发展中的经济结构问题研究

1943年，P. N. 罗森斯坦—罗丹发表论文《东南欧工业化问题》，1947年K. 曼德尔鲍姆出版著作《落后地区的工业化》，这两个文献是近现代研究经济发展的标志性文献。1950年R. 普雷维什和H. W. 辛格在对新古典经济贸易问题进行研究时，他们均把欠发达国家经济发展过程中出现"贸易长期恶化"等原因和发展趋势归结为结构性而非周期性，这就是"普雷维什—辛格假说"。1954年W. A. 刘易斯提出二元结构模型，认为资本积累是经济发展的中心问题，这一理论为亚非拉那些不适用新古典经济学假设的发展中国家设计了一个经济发展分析框架，成为这一阶段最有影响的经济发展理论模型之一。随后，1957年P. N. 罗森斯坦—罗丹在对二元结构模型研究的基础上，提出了完整的"大推进"理论，论证了投资结构对经济发展的外部经济效果，他认为资本积累是经济发展的真正核心，一个国家经济发展水平由一国投入物质资本的多少来决定。R. 纳克斯从斯密"分工受市场广度限制"的观点出发，指出要通过平衡经济结构来消除不发达国家常常出现的"贫困恶性循环"，即通过全面投资为其他行业的新企业提供广阔的市场并刺激新的投资。赫希曼提出的结构性不平衡增长理论也认为：在发展中国家投资资源有限的情况下，实施优先发展的不均衡增长战略，精心选择和优先发展国民经济结构中关联效益最大的产业是发展中国家经济增长最有效的途径。

在这一阶段，H. B. 钱纳里有关不发达国家增长受"储蓄"约束和"外汇"约束的"两缺口"理论、探讨长期增长问题的哈罗德—多马模型、S. 库兹涅茨对经济发展过程中收入不均等趋势"倒 U 曲线"的分析、R. R. 纳尔逊的"低水平均衡陷阱"理论等均是经济发展结构研究体系中具有重要影响的理论。

2. 经济发展中的市场机制研究

20 世纪 60 年代末到 80 年代初，国外经济发展理论进入到新古典主义阶段。由于结构主义经济发展理论在政策操作中有轻视人力资本、忽视市场机制、歧视农业和闭关自守的倾向，导致在 20 世纪五六十年代曾经接受结构主义经济发展政策建议取得经济成就的发展中国家，70 年代以来经济发展却面临着重重困难。针对这种现象，以 T. W. 舒尔茨（Theodore W. Schultz）、B. 巴拉萨（Bela Balasa）、H. G. 约翰逊等人为代表的学者指出：结构主义政策会导致国民经济中价格与边际替代率相偏离，造成资源配置扭曲，而这些问题才是导致一些发展中国家经济发展陷入困境的主要原因，他们进而认为，"矫正价格"（getting prices right）是这些国家经济发展走出困境的主要手段。如安妮·克鲁格指出：由于结构分析对市场的忽视，会诱导人们不再信任市场而对政府的能力和计划功能过分相信，造成对市场与价格激励功能的忽视。她进一步对计划管理体制下寻租（rent-seeking）问题进行了分析，认为计划管理体制下对经济活动的干预引发租金成为合法与非法寻租活动的目标，因此会引发贪污、行贿、走私及黑市等非法活动，浪费大量的社会资源，导致社会管理成本上升，使社会福利产生亏损并阻碍经济增长。英国发展经济学家 N. 斯特恩也指出："不要对计划过于迷信。"类似这些理论观点构成了新古典主义复兴运动的核心。

这一时期，在对制度与经济发展相互关系研究基础上形成的制度经济学成为经济发展理论新的研究领域。R. 科斯用交易成本的存在对企业出现的原因进行了解释，提出了制度安排对于社会资源配置的作用，同时解释了经济制度对经济增长的影响等问题。20 世纪 70 年代，A. A. 阿尔钦和 H. 德姆塞茨等研究了产权结构激励对经济行为活动的影响，最后证明"提供更有效率地利用资源的激励"是产权结构的重要功能。1970 年 G. 阿克洛夫在他著名的《柠檬市场》论文中,论述了不发达国家因制度不对称造成逆向选择(ad-verse selection)的原因,对"陋劣驱逐优良"现象进行了分析和说明。这些理论形成了对经济发展中市场机制研究的有益补充。

3. 经济发展创新机制研究

20 世纪 80 年代中期,面对新的经济发展环境,新古典经济理论也不能很好地解释经济增长问题,于是很多学者便将储蓄率、人口增长率和技术进步等人们行为可以决定、能对经济发展政策形成影响的一些重要参数作为内生变量来考虑,从而使经济的长期增长率可以由模型的内部因素来决定,这些模型被称为内生经济增长模型。如 K. J. 阿罗于 1962 年建构的"干中学"(learning-by-doing)理论,以及 1986 年 P. 罗默修正和扩展后的"干中学"模型,都将产出表达为生产经验的函数,证明存在递增收益时,包含外在性的竞争性均衡虽然不是"帕累托最优"[①],却能解释历史上的长期增长。R. E. 卢卡斯在其他人力资本模型的基础上构建了"人力资本"的内生增长理论框架,并对不同国家经济增长水平形成差距的原因进行了解释。保罗·罗默和罗伯特·卢卡斯作为新经济增长的创始人,他们将 R&D 理论和不完全竞争引入经济增长分析框架,认为创新会产生溢出效应,只要创新带来的溢出足够大,经济增长就可以自我维持。

因此,国外有关内生性经济增长所关注的焦点转为经济发展的创新驱动和规模报酬递增的问题,内生性经济增长理论的研究也以发达国家的教育、研发(R&D)等人力资本方面的投资具有规模报酬递增效应为

---

① 这个概念是以意大利经济学家维弗雷多·帕累托(Vilfredo pareto)的名字命名的,他在关于经济效率和收入分配的研究中最早使用了这个概念。帕累托最优(Pareto Optimality),也称为帕累托效率(Pareto efficiency),是指资源分配的一种理想状态,假定固有的一群人和可分配的资源,从一种分配状态到另一种状态的变化中,在没有使任何人境况变坏的前提下,使得至少一个人变得更好。帕累托最优状态就是不可能再有更多的帕累托改进的余地;换句话说,帕累托改进是达到帕累托最优的路径和方法。帕累托最优是公平与效率的"理想王国"。人们追求"帕累托最优"的过程,其实就是管理决策的过程。经济学理论认为,在一个自由选择的体制中,社会的各类人群在不断追求自身利益最大化的过程中,可以使整个社会的经济资源得到最合理的配置。

研究对象。内生性经济增长理论认为一个国家的经济增长是宏观环境和微观经济主体行为的综合反映，所以经济增长不仅依赖消费、投资、出口等因素，还依赖企业的 R&D 活动、企业家创新精神、人力资本存量等，因此国外学者更倾向以此来解释发达国家与发展中国家收入水平差距扩大的原因。

同时，一些学者也针对发展中国家和地区技术创新与经济发展之间的关系进行了广泛的研究：如 N. 罗森博格（Nathan Rosenber，1996）在世界经济发展的背景下，研究了拉丁美洲科学技术在经济发展中实现竞争力提升的主导作用，强调了技术变革在区域经济发展中的作用。J. 贾拉瓦（Jukka Jalava 等，2002）通过调查，证实了 ICT（信息通信技术）的产生及使用是 20 世纪 90 年代美国经济改善的重要原因。其次，J. 贾拉瓦（Jukka Jalava）等运用增长会计方法对芬兰的经济发展影响因素进行了评估，结果表明，ICT 的使用对产出增长的贡献率持续提高，ICT 对生产行业多因素生产率的快速增长也产生了更大的影响。N. S. S. O. 穆罕默德（Nour Samia Satti Osman Mohamed，2013）运用描述性和比较性的方法，探讨了苏丹的科技创新政策，研究了阻碍苏丹研究与发展（R&D）、创新、科学与技术（S&T）的主要因素以及这些因素对促进苏丹经济发展的贡献。该研究发现，在发展中国家和地区，普遍存在财政和人力资源不足、大学与生产部门的合作薄弱、管理和组织能力不足、缺乏研发文化、缺乏有利条件和必要的设施等问题，这些问题阻碍了研发对发展中国家技术发展和推广的潜在作用，继而对经济发展的促进影响机制明显偏弱。O. 阿方索（Oscar Afonso，2016）提出了一种理论知识驱动的横向研发（R&D）内生增长模型，通过探索知识经济中短期和长期增长效应，分析评价了一些发展中国家知识创新的研发强度、经济增长和企业规模增长的共同运动。研究表明，发展中国家和地区普遍存在经济发展在初始期往往处于不稳定状态时，研发容易出现劳动密集、技术的扩散受到威胁、组织和运输成本巨大的影响，最终会按照独特的局部鞍形路径形成内部稳定状态。A. E. 凯撒（Ayamba Emmanuel Caesar 等，2018）采用广义最小二乘法（GLS）研究了西非经济共同体的 15 个成员国资本、劳动力、研发和人力资本对区域经济发展的影响，研究结果表明，这些变量对经济产生了积极影响，而研发对人均国内生产总值的影响虽然微弱,但作用却比较显著。

4. 经济可持续发展研究

伴随着内生性经济理论研究的深入,国外一些学者进一步认为,在当今经济全球化日益增强的形势下,经济发展按照内部主导的方式发展,不仅能够给经济发展带来科学的合理性,推动技术创造的不断更新,而且能够与经济可持续发展模式很好地契合,形成一种更符合当代经济发展经验的可持续性经济发展概念,并为经济增长前景提供了新的见解。

1989年K. G. 马勒提出了"帕累托可持续性"(Paretosustainability)定义,标志着流行了多年的非经济学的"可持续发展"概念被纳入经济学分析的范围。1992年T. 帕那约托提出的"环境库兹涅茨曲线"论述了制度、环境资源基数同贫困的关系以及市场失效、制度失效和政策失效会对环境问题产生影响,这一观点引起了经济发展领域对经济发展目的和模式的广泛讨论。

M. 弗里茨(Martin Fritz等,2016)根据来自世界银行、全球足迹网络和经合组织等138个国家的数据,应用多因素分析,以全球视角从生态可持续性、社会包容性和生活质量的角度对这些维度进行操作和测量,对不同国家群体经济发展水平及其繁荣模式进行了界定。他们研究发现,随着经济的发展,社会和个人的繁荣指标大幅上升,而生态可持续性却在持续恶化。他们的研究进一步表明,在不同的经济和制度条件下,碳排放与繁荣的脱钩原则上是可以实现的,在低碳经济发展模式下,可以随着经济发展各个层次的增加而建立"社会凝聚力",提升人民的主观幸福感,形成经济发展与环境保护之间的协调发展。M. A. 纳西尔(Muhammad Alinasir等,2019)在东亚新兴经济体经济显著增长和金融发展的背景下,采用了动态普通最小二乘法(DOL)和完全修正的OLS(FMOLS)方法,对东盟经济体经济增长、外国直接投资和金融发展的生态后果(二氧化碳排放)进行了深入研究。结果表明,在被分析的经济体中,金融和经济发展,以及外国直接投资与环境退化(二氧化碳排放)有着统计上显著的长期协整关系。在东盟,经济增长、金融发展和外国直接投资导致环境恶化加剧,经济增长对环境退化有明显影响,其研究结果强调要采取适当政策促进更具包容性的经济和金融发展,同时也强调了可持续的外国直接投资的重要性。

(二) 国内研究

1. 早期中国的工业化、商业化问题研究

20世纪三四十年代，当时中国朝野上下一致达成共识，提出中国经济发展必须走工业化模式，国内一批经济学家对中国如何实现工业化和现代化进行了大量的理论研究和实证分析，使中国的工业化和现代化经济发展思想开始上升到理论层面。其中，具有代表性的有马寅初（1934）主编的《中国经济改造》、刘大钧（1937）主编的《中国工业调查报告》、方显廷主编的《中国的工业资本问题》、翁文灏（1945）等主编的《中国工业化计划论》、吴景超主编的《中国工业化的途径》等，这些都是在当时享有盛誉的研究中国经济发展问题的著作。其中张培刚（1945）的博士论文《农业与工业化》是其中的代表性作品，该书在人类经济思想史上第一次系统探讨了农业国的工业化问题，在中外学术界获得了极高的学术声誉。

当代，我国学者也对历史上这一时期中国工业化问题进行了回顾性研究，如张申（2013）探讨了西方工业经济思想传播与中国工业化思想产生和转型的关系。他认为，西方工业经济思想的引入直接促使中国产生了工业化思想，并最终因其研究内容的局限而使近代末期中国工业化思想的演化路径发生转型。除此之外，我国学者还研究了金融在这一时期经济发展过程中的作用，如王永成（2015）对民国时期孙中山的金融思想进行系统研究之后指出，孙中山的经济发展思想不仅有政府主导的特点，而且其具有超前性的经济思想。杜恂诚（2016）结合奥地利学派德索托学术观点对民国金融发展进行了考察分析，指出当时的华资银行过分扩张信贷引发了产业的过度投资和随后的经济波动。

2. 计划经济时期中国的经济发展研究

1949年，中华人民共和国成立。在中华人民共和国成立初期，苏联计划经济模式对我国经济发展理论影响较大。1964年，费景汉与古斯塔夫·拉尼斯出版了两人合著的发展经济学经典性著作《劳动力剩余之经济发展：理论与政策》，他们认为，农村剩余劳动力转移的主要推动力量来自农业部门劳动生产力的不断提高，农村剩余劳动力并非无限供给，当农业劳动生产力减少到一定程度时，农产品价格会上升，现代工业部门利润减少，此时农业和工业间的劳动力会再次流转而由市场机制决定。

蒋硕杰针对中国战后的通货膨胀和物价飞升，提出了反恶性通货膨胀理论，该理论与其他学者提出的自由竞争社会主义理论，工业化理论，经济起飞等理论对我国社会主义初期阶段的货币政策、工业化模式、自由竞争、贸易自由等均具有重要指导意义。王毅武（1993）根据马克思社会再生产学说与中国社会主义经济建设的实践，系统考察了中国社会主义工业化理论的产生、特点与历史贡献，科学并系统地总结概括了中国社会主义工业化过程中的特点与基本经验。郭根山（2013）分析了我国社会主义初级阶段的基本国情后指出，中国工业化必须根据多种经济成分并存的特点，探索多主体共同参与的工业化新模式。邓宏图（2018）基于政府效用目标构建了包含资本密集型部门与劳动密集型部门的动态最优化模型，说明了我国政府在新中国成立初期效用水平与重工业发展程度间的一致性关系。20世纪80年代以后，国内为发展经济学做出突出贡献的还有世界银行副行长兼首席经济学家林毅夫。他在《美国经济评论》上发表的《中国的农业改革及增长》等论文针对发展经济学的"结构主义"思潮问题，主张从建立"新结构经济学"入手，重构发展经济学体系。

3. 中国经济发展的理论创新

1992年，社会主义市场经济体制在我国确立，市场在资源配置中开始起基础作用，这对于深入认识政府与市场的本质并重新审视改革开放以来中国经济道路的改革深化问题具有重要意义。逄秀贞（1992）论证了计划调节与市场调节的关系，说明了市场机制对资源利用效率提高的作用。王少明（2003）对社会主义与市场经济的关系进行了重新反思，认为两者是相互生成的关系，是历史发展方向和现实发展道路的关系，是目标和手段的关系。黎宏（2016）通过回顾中国共产党领导经济建设的光辉历程，指出对市场经济理论认识的历程是中国共产党对市场规律、市场法则、市场要素的认识发展历程，对于市场经济的认识同中国经济社会发展密切关联，交互作用。

当前，随着我国经济增长进入新常态，对于我国经济发展问题而言，传统的经济增长模式已经难以为继，于是国内学者更热衷于从创新的角度研究我国经济发展问题。国内学者不再囿于对传统经济增长要素进行研究，而是扩展视野，借鉴新增长理论，把其他许多对经济增长也起着关键作用的要素，如经济结构优化、产权制度改革、技术创新、制度创新、知识驱动、供给侧改革、货币政策等纳入研究视野。一些新的经济业态，如知识经济、共享经济、绿色经济、循环经济、互联网经济、信息经济等经济发展理论也逐渐成为我国学者研究的重点。

（三）对西北地区经济发展的专题研究

在研究期内，西北地区正经历着全面的市场化改革和迅速的工业化过程，西北地区经济发展处于由低级向高级转型的重要阶段，其经济发展环境与国内外的发展经济学说所探讨的问题有极大有相似性，因此，诸多的发展经济学说对这一地区而言具有理论上的指导意义。同时，自从我国经济进入新常态以来，我国学者对西北地区经济问题的研究视野越来越宽广，研究的问题也越来越多样。近年来，西北地区经济发展研究成为国内学者关注的焦点，我国学者根据自己的研究专长，从不同的视角运用不同方法进行了大量的研究，主要围绕以下方面展开。

1. 经济发展环境研究

胡焕庸（1988）从西北地区不同历史时期人口的增长分布和民族构成情况，分析了人口对西北地区经济发展的制约和影响，并提出了相关建议。马晶等（2016）以 ArcGis 和 GeoDa 软件为技术平台，采用探索性空间分析方法对 2001—2014 年西北地区人口与畜牧业经济空间演化进行了分析，得出西北地区人口单变量和人口与畜牧业经济双变量空间自相关均不显著，畜牧业经济不仅呈现显著空间正自相关性而且高度集聚的结论。李豫新（2017）通过测度西北地区区域发展不均衡水平，总结出西北地区区域经济发展不均衡变动的主要原因是经济聚集度的变化，而人口聚集度变化在缩小西北地区区域发展不均衡上的作用在不断增强。敬莉等（2017）选取西北地区新疆南疆三地州县（市）的人口与 GDP 数据，运用地理集中度、耦合指数和空间自相关等分析手段，结合地理信息软件，对整个三地州 24 个县（市）人口与经济分布的不均衡性做了空间格局演变的分析，最终得出西北地区人口集聚的速度快于经济集聚的速度，人口与经济的空间全局 Moran's I （莫兰指数）Z 检验结果由不显著变为显著的结论。

2. 经济结构优化研究

蒙永胜等（2013）采用层次分析法刻画出西北地区"新型工业

化、农牧业现代化与新型城镇化"三者协调发展的态势，预测同步建成小康社会的目标，并给出了西北地区产业结构协调发展的具体路径。周灵（2018）以西北地区的产业碳排放量作为研究对象，通过 LMDI 影响要素分解法判断各影响因素对碳排放量变化所产生的效应，研究认为：产业规模、能源强度变化是导致西北地区碳排放量增加的主要原因，因此调整产业结构可以促进西北地区碳排放量下降，最后，基于实证结果提出在绿色"一带一路"背景下西北地区低碳经济发展的产业路径选择。

3. 经济发展模式研究

沈蕾（2016）通过对西北地区资本、劳动、土地、技术、人力资本和制度变迁等自然要素和非自然要素的分析，找到了作用于西北地区经济增长的关键要素，提出了西北地区经济增长的机理和路径。王凯（2017）剖析了西北地区新型城镇化在社会发展、生态环保、双重动力、一体多元文化、产业融合等方面的特殊内涵，从西北地区城镇化的复杂性和特殊性出发，提出未来推进城镇化需要构建可持续、绿色、融合的经济发展模式，探索出了符合西北地区经济发展实际的城镇化路径。宋耀辉（2019）通过对西北地区经济发展的现状、优势资源、制约因素等进行分析，针对当地人力资源开发落后、产业结构层级低、缺少支柱产业等问题，提出只有坚持区域"一轴一带"协同发展模式才能有效提升西北地区区域发展的竞争力，促进区域经济均衡发展。

4. 经济发展的影响因素研究

陈晓（2009）借助 Eviews 3.1 软件对高等教育发展水平与经济增长之间的关系进行了协整分析和 Granger 因果关系检验，并建立了误差修正模型，得出西北地区高等教育发展水平与经济增长之间存在长期动态均衡关系的结论。李豫新等（2017）采用传统贸易引力模型的多变量分析模型对西北地区与中亚国家贸易合作升级的影响因素进行实证分析，其研究结果表明：西北地区经济发展与中亚国家的经济规模、相对距离、人口数量、贸易结合度具有直接影响，其中贸易双方的经济规模、贸易结合度存在正向影响，而相对距离和人口数量却存在负向影响。韩雪娟（2019）利用层次分析法和灰色评价法，探讨了"一带一路"倡议对西北地区经济发展的影响。

5. 经济发展政策研究

秦鸣放（2017）在估算西北地区三次产业资本存量的基础上，对西北地区制度供给结构变迁的过程进行了描述，揭示了其变动趋势和结构特征，并运用实证分析检验了西北地区制度供给结构变迁对经济增长的影响，在对西北地区经济制度供给结构高级化分析中，提出了相应的制度供给结构优化调整对策。李小平（2018）论述了西北地区经济发展的阶段特征，分析了西北地区工业绿色转型的意义及面临的主要挑战，并提出了相应的对策建议。刘倩（2018）从贸易商品多维度、双边贸易和全球一体化贸易的视角，研究西北地区与欧亚经济联盟五国的贸易竞争性和互补性，为进一步推进西北地区与欧亚经济联盟贸易合作提供了相关政策建议。

6. 经济可持续发展研究

孙慧（2009）研究了西北地区相对土地资源承载力、相对经济资源承载力和相对综合资源承载力状态及其演化过程。从西北地区经济资源承载能力、资源合理开发利用和控制人口自然增长率方面提出了有关建议。安瓦尔·买买提明（2013）通过调研实践和理论总结，科学判断出西北地区城镇化的特点，分析了推进西北地区新型城镇化的总体思路及科学内涵，指出西北地区城镇化还存在速度滞后、资源环境约束、生态环境效应比较突出等问题，提出了"促进城乡一体化、提高内涵建设、增强内生动力和加强生态建设"的战略措施。林柯（2016）运用主成分分析法，从经济、社会、资源、环境、技术进步、对外开放、基础设施7个方面对西北地区经济可持续发展能力进行了评估，同时对西北地区经济可持续发展中存在的问题进行了具体分析。韦良焕等（2017）探索了西北地区经济发展过程中碳足迹和碳承载力的变化，测评了西北地区经济发展过程中碳安全程度，为西北地区低碳经济发展提供了有效的理论依据。

二 国内外对社会发展问题的研究

（一）国外对社会发展的研究

第二次世界大战结束后，在世界范围内，各国社会发展问题开始凸显，特别是在亚非拉地区，许多输入西方政治制度的国家社会政治常常动荡不安。在西方发达国家，也经常处于滞胀和社会矛盾激化的双重危机之中，国内不稳定现象也频繁出现。同时，这一时期世界范围内社会矛盾也迅速爆发出来，严重影响着社会正常发展。面对社会发展问题的迅速凸显，从20世纪60年代开始，国外学者对社会发展问题进行了全面系统的研究：

1. 社会发展规律研究

国外部分学者通过对社会历史变迁过程的分析，研究社会发展规律。如1965年美国的塞缪尔·亨廷顿（Samuel Huntington）在《世界政治》上发表的《政治发展和政治衰败》一文就是从现代化和制度化的视角，利用历史比较的研究方法首次探讨了社会政治稳定的规律性，他指出："腐败、权威主义、国内的暴力、制度衰败以及政治分裂能够告诉我们更多关于发展中地区社会发展方面的信息。"塞缪尔·亨廷顿1968年出版的《变迁社会中的政治秩序》，对发展中国家现代化过程中出现的社会政治不稳定现象进行了深入思考。在他看来，经济发展常常会加剧社会不平等，进而增大社会期望与社会满足之间的差距，而如果社会政治体系的发展又远远落后于经济的发展，就会导致社会动荡。

A. J. 格罗斯（Alexander J. Groth，1979）通过对西方工业国家脆弱性的对比分析，论证了政治制度化的自由性、复杂性、实用性和凝聚力这四个变量之间的相互作用和调和性，认为在高度制度化的国家中会产生相应的政令性社会危机。G. B. 鲍威尔（G. Bingham Powell，1981）对比分析了民主国家政党制度与政治进程等几个维度之间的关系，对包括政党制度类型、特征以及社会发展环境条件的多元分析，表明能代表多数人利益、责任性的政党制度都具有良好的社会发展基础，而极端主义宗教或政党支持的政党制度与行政不稳定和大规模暴乱有关。G. 基耶（George Kieh等，1993）认为贫穷、营养不良、收入和财富差距等是根植于外围资本主义制度的某些问题，这些嵌入在资本主义外围体系中的重要问题会介入政治舞台，使经济正义社会正义处于危机之中，从而诱发社会问题。M. V. 希斯（Martin Van Hees，1999）在对权力博弈分析的基础上，重新审视了自由决策原则与社会发展的关系，证明出只有个体享有最大的权利分配自由，才能确保决策过程的稳定性和效率，从而存在至少一个具有帕累托最优结果的纳什均衡，普遍权利加上良好的社会决策机制，才能保证社会的发展和效率。H. M. 基姆（Hee-Min Kim，2000）通过研究社会群体之间的权力分配以及他们对政治突出问题的偏好，展示了社会发展可能的政治和社会条件。他将政策发展与政府发展区分开来，提出了一种新的政治体系发展类型。他认为，当一个系统是政策发展的时候，即使在政府发生变化时，新政府的政策偏好也可能与前一个政府的政策偏好相似，人们预期不会出现根本性的变化，从而有利于社会发展。弗朗西斯·福山（2009）认为秩序本身具有规范性，能够有效维护社会发展，但秩序需要人的努力，如果一个社会缺乏了秩序，就会影响经济发展和政治发展的基础，所以在描述文明影响政治秩序的时候要处理好人们对秩序的渴望。弗拉基米尔·拉斯万（Vladimir Râsvan，2009）认为社会发展是人类正常经济和社会生活存在的基本条件，社会发展过程是经济过程、社会阶层互动和政治监督控制的互动，具有不同的性质。

2. 社会结构与社会发展之间的关系研究

一些学者从系统论和结构功能的角度分析研究社会结构与社会发展之间的功能维持关系，如美国社会科学家、结构功能主义的代表人物塔尔科特·帕森斯（Talcott Parsons 1946）认为社会是一个复杂的系统，具有适应（A）、目标（G）、整合（I）、潜在目标维系（L）四种必要功能需求，即通常所说的"AGIL"功能模式。为了充分满足这些功能，社会系统在组织上会产生功能分化，形成经济、政治、社区共同体和价值系统四个社会子系统，社会发展就是社会子系统功能发展的集中体现。戴维·伊斯顿（David Easton，1953）指出，任何持续的政治系统在社会结构上必须具有强大的社会价值承载功能，否则当一个权威性分配价值系统受到压力而不能承受时，该系统就会崩溃。加布里埃尔·A. 阿尔蒙德（Gabriel A. almond，1985）认为"政治体系能力和社会结构要求之间的脱节"是造成政治不稳定的主要原因。政权的合法性、社会集团的疏远和敌视、认同危机、政治参与度不足、利益表达受阻、公共政策失误都是引发社会不发展的主要原因。B. 施梅卡尔（Berad Schmeikal，1981）研究区域社会发展问题后提出了"结构性投资"的观点，认为社会发展一定要处理好劳动力的社会流动、经济结构、社会阶层和社会组织之间的互动关系。C. K. 唐纳德（Crone. K Donald，1988）研究发现，在东南亚地区，国家政治支持的社会结构和可用的社会控制手段为新加坡国家精英提供了相对更大的能力施展空间，由于国家的作用是广泛的，是经济和政治目标的核心，因此他认为这能够解释东南亚发达国家社会发展绩效的变化和细微差别。M. J. 戈宾（Mark J. Gobeyn，1993）研究发现，二战后市场力量的形成以及企业在劳动纪律保障和工资需求调节中的作用日益加强，优化了社会结构与社会发展之间的关系。G. 布鲁姆（Gerold Blümle 等，2006）在研究商业周期理论的基础上，分析了自由与秩序之间存在着不同的关系，进一步对实现社会发展的经济结构条件进行了论证分析。A. J. 舒尔茨（Amy J. Schulz 等，2008）等利用密歇根州底特律市的数据，研究了社区层面特征（贫困率、种族和民族组成、居住发展性等）和个人层面特征（年龄、性别、职业等）对感知到社会环境压力的不同状况后认为，社会结构特征对感知社会压力的作用非常明显，社会结构特征对社会发展的影响非常重要。K. M. 莫里森（Kevin M. Morrison 等，2011）对比分析了墨西哥和肯尼亚社会分歧表现形式的结构性差异，指出在墨西哥分歧是沿着部门或阶级划分的，而在肯尼亚，分歧是沿着民族划分的。他论证了这些结构性差异如何导致各国政府以不同的方式使用制度等手段对社会发展施加影响。A. K. 约翰马里（Anikelechi Johnmary，2014）根据尼日利亚人的不安全维度，分别从政治、犯罪、种族、社区冲突、宗教等方面揭示了尼日利亚社会不发展的结构性特征和多维性，指出了现代社会结构在社会发展管理中的作用。M. 拉帕萨（Mashele Rapatsa，2016）以南非在宪法上对实现社会发展和社会正义的明确追求为基础，研究了该国已知的种族隔离历史，即基于种族的社会排斥，提出了"唯品论"（VIP）的概念并对其影响进行批判性分析。而"唯品论"正是一种根据社会地位、财富或阶层对人进行社会结构性"分类"的现象。他指出：持续存在的社会和经济不平等，会加剧中低层公民的物质劣势、贫困、社会不满和抗议。A. 桑德伯格（Anders Sandberg，2017）认为个人和他人的社会价值取向构成了社会的合作结构，而最大限度地提高个人满意度，才能增强人们的亲社会导向，亲社会性与个人收益最大化之间的平衡可以增强社会发展。

3. 社会文化心理对社会发展的影响研究

一些学者运用社会文化心理学的分析方法，对暴力攻击、动乱和革命等现象进行了研究，从对意识形态的认同感、怀疑心理、不满心理等方面解释了反抗、侵害、攻击、暴乱乃至革命行为的社会文化心理活动。如克兰·布林顿（Crane Brinton）在20世纪50年代《革命的解析》一文中明确指出：在一个革命者社会文化心理及观念不满所汇集的时期往往就会发生革命。P. R. 布拉斯（Paul R. Brass，1981）通过跨文化研究方法构建了印度社会"民族主义和民族冲突、政策和意识形态分歧、政党和选举以及印度民主的发展"等政治行为的解释框架、对有关印度社会发展研究成果的分析表明：政治理想以及源自西方政治历史和社会科学对印度社会发展产生着重要作用。H. J. 莱克曼（Holly J. Neckerman，1996）通过跟踪调研，讨论了环境对促进群体文化心理发展的影响，其研究结果表明群体归属的发展性能发展成员资格，这种文化心理认知能促进成员行为模式形成更大的连续性，从而促进社会群体组织的发展性。M. 舍尼（Mara Schoeny，2000）论述了社会正义价值目标对社会发展的实践作用，强调改变社会制度和组织以保护基本人权和需要，并对如何使系统维护社会正义提出了建议。J. 科克利（John Coakley，2002）认为宗教文化作为一种社会边界标志，在个体内部具有分类特征，且宗教文化与政治现象有关，特别是宗教与民族认同之间存在着非常密切的关系，宗教和民族认同通常是社会发展演变的强大动力。C. 博尔森达尔（Catherine Bolzendahl，2005）研究了关于现代化和社会变革引发的宗教团体冲突可能造成的不良后果以及宗教团体成员行为、身份和观点差异的问题，基于团体态度差异程度指数构建了主要的相互作用效应模型，以衡量宗教对社会发展的影响程度。S. M. 彼得森（Scot M. Peterson，2009）对亚当·斯密的国家财富主张研究后认为，宗教对社会发展的作用源于公共物品、外部性及公民文化心理的需要，但并不能因此而一味地支持宗教自由市场的政策，相反应当提倡宗教管制，包括由国家任命神职人员和减少神职人员收入，这种对宗教文化的理性选择方法可以为社会发展提供科学指导。S. 马东塞拉（Stanley Madonsela，2017）强调，社会文化价值观和信仰的互动可能会遇到社会认可或不认可，社会凝聚力的概念是根据社会学方法来考虑的，这种方法在围绕社会关系进行的辩论中非常突出，而宗教文化观念是在更广泛的社会中建立社会凝聚力和发展的一个影响因素。因此宗教文化可以被认为是一种塑造人们思想和世界观的信仰体系，同时也被认为是一种社会制度，它能将人们的信仰付诸社会行为实践。A. Y. 鲁（Alex Y. Lo，2017）研究表明，社会公共安全事件由个人的风险认知和社会文化特征共同决定，因此社会文化信息网络结构向公众提供相关的文化信息至关重要，发达的社会文化信息传递网络能有效降低公众的恐惧感和不确定性的情绪，这对公共安全政策的制定和风险应对具有实际意义。V. 齐加诺夫（V. Tsyganov，2018）提出了一种基于社会文化情绪期望的行为心理学社会发展模型，他的研究结果证明，对积极社会文化情绪的期望是所有社会实现发展的保证，一个积极进步的人，他在一个支持性的环境中工作，产生激励，促进他的愿望的实现。如果在恐惧环境中工作，社会发展系统会出现"增长限制"，在这种情形下社会将变得不发展。

4. 社会发展的内生机制研究

20世纪80年代以后，随着新制度主义的兴起，西方开始将新制度系统地引入社会学研究，并成为社会学的核心词汇。道格拉斯·诺斯（Douglas North）等人在《秩序、无序和经济变化：拉美对北美》一文中认为，政治秩序是社会发展的必要基础，政治秩序是需要用心建造的公共物品。斯蒂芬·哈勃（Stephen Hubble）等人也认为：如果特定的制度变迁以及对这种变迁的要求不能内生于现有体系之中，当人们发现通过参与政治体系的途径无法有效实现利益时，他们就会求助于体系之外的途径来实现利益，如果政府不能应对这种挑战，就会产生社会动荡。G. 格洛姆（Gerhard Glomm，1995）从收入分配分配结构和产权结构分析了社会发展实现的基础，他认为，无论在经济私有化部门或经济国有化部门，收入分配公平与社会发展是一致的，而收入分配公平最重要的是要用充分的产权制度来保障。M. D. 古德曼（Michael D. Good man，1999）对圣路易斯五个社区的研究表明，良好的社会政策机制能够吸引和留住来自不同背景、不同生活阶段和不同社会阶层的人，从而实现社会结构的优化和发展。F. 基尔（Frederick kile，2001）指出，长期的社会发展要建立在新的社会管理方法之上，要努力解决社会公共问题，同时要从未来的学习和教育中培育社会发展的长期机制。G. M. 迪米罗夫斯基（G. M. Dimirovski 等，2003）从发展与合作的视角构建了促进社会可持续发展的框架和概念模型，这一模型强调将知识和技术公平地转让给少数发展中国家是增强全球社会发展的一个重要工具。F. 基尔（Frederick Kile，2006）指出，就业不足、经济社会不平等、资源和土地压力导致不可逆转的环境衰退和大规模冲突，由此提出了未来社会发展的基本条件。佐藤（2010）对日本社会分层和社会流动性调查项目的实证结果表明：专业人员和其他职业之间的收入不平等日益加剧，且收入不平等的代际传递显著，最后得出的结论是：不断增加的社会流动性在当代日本劳动力市场中普遍存在，这对日本社会发展带来了显著的影响。M. 马斯切利什维利（Marina Muskhelishvili，2011）研究认为，格鲁吉亚的体制改革并未带来相应的体制发展，改革系统运行的不平衡随着时间的推移而演变，从而导致不发展。他将这种现象描述为沙漏，在沙漏中，中间狭窄的细孔对应着缺失的公平竞争和制度。此种情形下，权力会朝着更为根深蒂固的等级制度发展，这意味着不合理的社会权利机制与不发展联系在一起。P. 迪亚洛（Penda Diallo，2017）利用社会契约理论，探讨几内亚对经济活动的治理如何影响政权发展和社会稳定，将这一讨论置于国家与公民之间社会契约的广泛范围内，试图说明契约如何推动社会发展，并分析了社会契约的作用。它说明了如何促使特定的社会契约得以出现，以及契约又如何有助于地区的发展。

（二）国内对社会发展问题的研究

我国学者对社会发展的专题研究较晚，大约起源于 20 世纪 80 年代。此时，我国改革开放刚刚开始，由于西方思想、文化等意识形态方面的冲击，当时的社会矛盾冲突比较突出，一些学者对改革开放引起的社会发展问题进行了广泛和深入的探讨。随着改革开放的不断深入和我国经济社会的快速发展，在社会公平、社会福利、就业、教育、住房、医疗、社保等领域出现了一系列问题，加上在经济社会大变革时期人们的认同和信仰出现危机，以及受国际敌对势力破坏干涉等因素的影响，我国社会和谐发展局面受到很大威胁，于是我国学者也开始专注和研究社会发展领域的问题。集中起来看，我国学者对社会发展的研究主要体现在以下几个方面：

1. 社会发展的内涵研究

杨海蛟（1988）从权力制约的角度，分析了权力约束机制与社会发展的内在关系。高永久（2003）通过对民族社会发展的分析认为，民族社会发展是指民族社会运行处于有序、协调、均衡或者平衡的状态。周小毛（2015）从动态性、相对性、可控性、非强制性、开放性、规范性等方面总结了社会发展的本质内涵，指出社会发展就是以维稳体系、制度供给、机制创新、民生建设、处置能力、心理调适、舆论引导等具体指标所构成的指标体系，提出了判断社会发展质量的基本内涵和标准。

2. 社会发展的形态和特征研究

刘怀玉（1994）从社会结构的角度总结出社会发展包括利益结构、社会制度结构、组织结构呈现的有序性，社会结构分化与整合呈现的可控性，社会基本结构内部各要素和组成部分之间呈现的协调平衡性，社会结构内部各要素在功能意义上及对外部环境异质要素呈现出的适应性。郗健（1998）从民族和宗教这两个突出因素出发，对西北地区中华人民共和国成立后不同历史时期社会系统的结构特征进行了研究，明确提出当时西北地区维护社会发展的主要措施是民族团结、社会系统全面协调、发挥党组织的核心作用。高和荣（2003）认为，社会发展通常呈现整体性、相对性、动态性和时代性等特征。

3. 社会发展的影响因素研究

王延中（2017）在对云南、西藏、西北地区干部问卷数据的分析之后发现：地区、职务级别、当地民族干部政策的实施效果、当地少数民族和汉族的关系状况、社会腐败程度、廉政建设中强化权力监督制约的工作效果均对民族地区的社会发展具有显著影响。朱筱煦等（2019）研究了教育对社会和谐发展的意义，指出教育能够通过对个人维护社会发展的意愿与实践能力的形塑和提升来推动地区和谐发展。

4. 社会发展对策研究

吕东（1986）针对改革开放初期我国治安刑事案件多发的实际，提出了打击、防范、治理的社会发展策略。王功藩（1988）从改革深化中出现的新问题对社会发展带来的影响，分析了当时中国社会发展形势及社会问题产生的原因，并提出了相应的对策。沈荣华（2017）以后工业社会为研究背景，以基层社会管理创新中协同治理的实现为研究目标，通过规范分析法、系统分析法、比较研究法和多案例研究法等，论述了基层社会管理创新中的协同治理问题，对基层社会发展中协同治理的实践形态、协同困境、生成机理、域外经验借鉴、具体协同路径做了全面说明。

（三）对西北地区社会发展的研究

当前，西北地区社会总体上发展形势较好，但在经济社会的大变革时期，作为一个多民族、多宗教的西北地区，其社会发展的局面非常复杂，当地社会发展机遇和挑战并存，学者们从不同的角度对西北地区社会发展问题展开了研究。

1. 西北地区社会发展历史研究

宫凯等（2013）从政治体制、法律制度、经济政策及宗教管理四个方面系统研究了清朝治理西北地区的民族政策，针对当前我国西北地区民族政策存在的问题提出了相关建议。许建英（2016）阐述了100多年来"东突"问题的历史渊源和发展脉络，对"东突"问题及其分裂主义理论的形成与本质进行了论述，梳理了"东突"分裂活动的历史、演变和现状，揭示出西北地区存在分裂主义因素的事实，也揭示出西北地区意识形态领域的特殊性和近代西北地区治理存在的缺陷。斯琴（2018）对民国时期西北地区蒙古王公在维护祖国统一，推动西北地区社会发展，抵御外敌入侵等相关历史进行了整理，总结了蒙古王公中华民族一体化意识形成过程，揭示了西北地区蒙古族社会发展问题产生的历史根源。

2. 西北地区社会发展建设体系研究

李静等（2010）以西北地区为例，论述了民族意识对多民族国家和谐民族关系以及社会发展的作用和意义，提出了构建多民族地区发展社会的措施和建议。胡鞍钢等（2014）认为，西北地区社会发展和长治久安的根本思路，就是要坚持"一体多元"，强化统一的制度体系，主要包括：采用平等尊重，构建法律共同体，促进制度认同；推动当地经济发展，构建繁荣共同体，促进社会认同；以现代文化为引领，加强各民族融合交流，构建文化共同体，促进文化认同。张金伟（2016）认为当前西北地区维护社会发展，必须依照马克思社会有机体理论，把坚持跨越式发展、缩小贫富差距、加强基层政权建设和做好民族团结工作结合起来，把弘扬主流意识形态和保护合法宗教活动有机协调起来，从多方面构建西北地区社会发展大局。

3. 影响西北地区社会发展的特殊诱致性因素研究

影响西北地区社会发展的因素有很多，除了常规性的影响因素外，西北地区作为一个有大量少数民族聚居的地区，还有自身特有的社会发展影响因素，如张洁（2013）利用因子分析法对西北地区农村土地征收引起的社会发展风险进行了评价，得出土地征收引发的社会风险较大的结论。刘成（2015）全面研究了西部地区经济发展、社会保障、民族宗教、文化教育等因素对西北地区社会发展产生的影响，在此基础上提出了解决西北地区社会发展问题的具体措施。王延中等（2017）采用问卷调查的方法，研究了西北地区廉政建设对社会发展的影响，指出了廉政建设在西北地区少数民族地区维护社会发展的重要作用，同时给出了相应的对策建议。陈琪（2017）从信息社会背景下西北地区面临的信息安全威胁出发，分析了网络安全给西北地区社会发展带来的影响。

4. 西北地区维稳研究

古丽燕（2014）结合西北地区独特的社会环境和复杂的社会发展形势，论述了中央对西北地区社会发展现实状况的科学分析与判断，进一步明确了西北地区维稳工作的战略措施与目标。赵红珊（2014）指出新时期西北地区在意识形态方面维稳的重要性，认为新形势下西北地区维稳斗争要全面推进经济建设、政治建设、文化建设、社会建设以及生态文明建设和党的建设。王定等（2016）以当前国内维稳研究的战争模式、犯罪模式、治安模式、治理模式和西北地区模式为研究视角，考察和论述了西北地区社会治理模式在中国特色社会治理研究体系中的地位和作用。

5. 西北地区社会发展问题治理研究

吴福环（2014）全面分析了西北地区社会特点，提出了构建繁荣、发展、安全、和谐的社会治理创新模式。李晓霞（2015）对西北地区社会发展的治理状况进行了全面分析，指出了西北地区社会治理体系与治理能力现代化建设中存在的不足，提出了西北地区社会治理要处理的几个关系问题，为西北地区推进治理体系和治理能力现代化指明了路径。曹李海（2016）采用博弈论的分析方法考量西北地区社会发展与治理能力现代化问题，分析了政府主体与社会发展客体之间的博弈关系，围绕中央西北地区工作方略，从国家层面回应了西北地区社会发展问题的理论路径问题。

三 国内外对经济社会协同发展关系的研究

(一) 国外研究

1965年著名的战略管理专家安索夫（Igor Ansoff）在《公司战略》一书中首次提出了协同的概念。安索夫指出，一个公司的整体效益大于各独立组成部分总和的效应就可以被称为协同，协同可被表述为"1+1>2"或"2+2=5"。20世纪70年代，德国科学家赫尔曼·哈肯（H. Haken）创立了协同学理论，强调协同是系统结构动态优化的必然性。在区域经济社会发展过程中，经济系统和社会系统是不同的两个子系统，这两个系统彼此不是孤立存在而是有机联系的，区域经济与社会的协同发展是当前国内外经济领域与社会领域共同关注的热点问题，经济社会的协同发展是经济发展、社会和谐的根本指向。20世纪70年代协同学在国外产生后，在随后的几年中，协同理论被广泛应用于各个研究领域，国外学者在经济社会协同发展方面进行了大量研究。

1. 经济社会协同发展关系研究

D. 弗里德曼（David Friedman, 1980）指出，经济发展的目标就是促使社会系统实现最大限度的生产，因此必须要积极协调社会与经济的关系，缩小经济社会之间的差距，从而避免单纯追求经济增长而出现各种社会问题。H. J. 罗杰斯（Hollingsworth J. Rogers, 1998）从协调的空间维度，探讨了经济系统与社会系统之间的紧张关系。他的研究结果表明，经济和社会体制的协调在不同的空间层次（如国家区域、民族国家、跨国区域、全球）同时发生，在全球化背景下，即使曾经一度在国家层面上协调一致的经济社会制度安排现在在多个空间层面上更加分散，全球经济社会要实现良好的发展，就要求经济社会活动在所有空间领域同时协调好。R. 博希马（Ron Boschma, 2002）研究发现经济社会是一种网络类型的协调与基于信任的横向关系，而不是与地方组织之间的权力和依赖的纵向关系。这将降低交易成本，促进知识的传播和交流，鼓励合作机制，并刺激经济政治制度绩效（例如通过重新分配劳动力）。A. 奇拉卡泽（Archil Chirakadze, 2012）对传统的经济、社会因素在区域发展中起主导作用的方式进行了分析，他从协同理论出发，把经济、社会、生态比作一个社会可持续发展的三角关系，完善了经济社会协同发展的理论体系。A. 杜弗兰（Anne Dufresne，2015）探讨了欧洲经济治理制度和社会发展的关系，强调了欧洲劳工对社会福利制度的反应，在经济社会发展的关系上，他肯定了工会活动对经济社会的合法性以及促进作用。

2. 经济社会协同发展机理研究

C. 努塔拉（C. Nunthara，1981）在实证研究的基础上指出农业社会中土地枯竭和粮食短缺，会造成农业经济社会发展的错位，继而会产生暴力犯罪、赌博和酗酒等形式的社会紧张形势，影响社会和谐。A. D. 巴西亚戈（A. D. Basiago，1998）提出，在经济发展过程中，应当通过宜居的生活环境、公平的资源分配、和谐的社会关系来实现国家经济、社会、环境协同发展，特别是有效率的社会政策是促进社会持续发展的关键因素。世界银行（The World Bank，2013）对中国经济社会研究表明：当前中国正从投资导向的高碳经济增长模式向消费导向的绿色增长模式转变，在这一过程中社会领域的教育和科技发展成为中国实现空前发展的关键要素，也成为社会转型和构建和谐社会的主要动力因素。江水石（강수돌，2008）对有关韩国经济全球化过程中解决经济社会协同发展方案进行了探讨，最后得出结论：韩国的社会文化和自治共同体正在自下而上弥补国家经济和社会协调模式中的不足。齐泽克（Zizek，2014）等通过对斯洛文尼亚经济社会协同发展的数据分析认为：经济社会和环境危机反映出了决策者的片面性和由此产生的疏忽，因此他们认为：建立在市场基础上的经济理论由于片面性和失败性而不能有效地进行现代社会的构建。该研究提出了基于解决危机、建立人的整体需要主义、创造力的幸福感和社会责任感的新经济社会全面发展方法。且提出了构建经济社会协同发展的模型应当采用辩证系统理论进行定性经济分析，通过创新协同作用使新经济社会面临的危机得以解决，使结果具有必要的完整性。安德烈（Andrej，2019）从个人伦理和社会政治角度论述了和谐社会的特征和本质，他强调：即使在马克思看来，"社会和谐"这个词也代表着一些表面上看似和谐的经济社会关系现象，实际上却掩盖了经济社会矛盾的残酷现实。他阐明了个人和社会和谐思想之间需要平衡的重要性：只有当和谐成为更广泛社会形态的一部分，即基于个人尊严和仁爱的互惠和普遍培养的积极团结的一部分时，和谐才能成为有价值的东西。

3. 经济社会协同发展的影响研究

M. F. 拉古纳（M. F. Laguna，2005）研究了财富分配对社会分层的影响，以及这种影响对一个相互作用的经济主体系统的影响。他指出，阶层的经济社会流动性与其在交换交易中的成功有关。不同的财富分配阻碍了穷人和富人之间的进一步交流，加剧了社会阶层之间的对立和紧张。C. 马里内斯库（Cosmin Marinescu，2007）通过对欧盟国家经济制度和社会福利制度关系的研究，指出越来越多的统一和标准化并不一定能使欧洲走向和谐与繁荣，根据他们的观点，经济社会领域的制度协调才是欧洲繁荣最具活力和最有效的解决方案。C. 约翰逊（Corol Johnson，2008）通过对澳大利亚私营经济发展与劳动力关系研究认为，经济因素和社会发展之间有相互制约的关系，经济发展可能伴随着巨大的社会代价，因此经济社会发展要找到一个平衡点，否则经济社会都会陷入一种内耗的状况。J. 安奎斯特（Johanna Ahnquist，2012）等研究指出，在一个社会中，经济社会之间存在显著的协同效应，一个社会的经济困难群体往往表现为家庭收入低、无力支付必要的家庭支出、缺乏现金储备，经济的困难会造成这一群体社会参与度低、人际关系紧张、政治信任不足，经济社会发展的不协调会进一步对经济社会健康发展产生负面影响作用。

（二）国内研究

1. 经济社会协同发展评价研究

于瑞峰等（1998）采用主成分分析方法和线性多元回归分析方法建立了由经济、社会、环境、人口复合系统组成的可持续发展模式，并对山东省乐昌市经济社会协同发展做了实证研究。高宏志（2013）通过对衡水市城乡社会保障、经济社会、产业集群、物流发展、交通规划、教育统筹不同角度和层面进行综合评价，找出衡水市城乡差距产生的原因以及解决方案，对衡水市城乡统筹协同发展给出战略指导和发展建议。

2. 经济社会协同发展的动因研究

田向利（2004）通过因果关系图，对农村经济和社会系统相互作用、城乡统筹发展、代际兼顾发展等进行了阐释说明，指出农村经济社会协调发展的根本动因。席恒（2018）将"政策"变量作为一种内生变量纳入经济增长函数和社会福利函数之中，分别以经济政策和福利政策协同性为研究视角,解释了关于社会保障与经济增长良性互动的机理过程。

3. 经济社会协同发展效应研究

张立柱(2008)基于灰色理论系统,对经济社会协同发展问题进行研究,并以青岛为例,测度了经济社会协同发展的效果和影响。刘亚娟(2015)从新常态下中国经济社会发展的阶段特征出发,对我国经济社会协调发展过程中产生的系统性、整体性协同效应做了必要的论证,认为经济社会的协同发展是我国当前及今后和谐社会建设必须解决的一个现实问题。周建明(2007)通过对国内经济社会发展历程的反思,指出社会代价和社会进步在发展过程中的意义,如果只关注经济增长,那就可能导致忽视甚至掩盖社会代价,因此经济社会共同进步是落实科学发展观和构建社会主义和谐社会整体框架中的一个重要维度。

4. 西北地区经济社会协同发展研究

胡绍增(1988)把当时中国经济社会之间的矛盾性归结为是经济起飞阶段由于经济结构调整引起社会结构性动荡,这是发达国家和发展中国家遇到的共同难题。他从理论导向、政府干预、群团组织缓冲、对话疏导诸方面提出了适合我国西北少数民族地区经济社会平稳过渡的相关机制。张倍倍(2012)对我国西南民族地区经济发展和社会发展现状进行了分析,在此基础上提出了经济发展和社会发展各自领域相应的机制建设目标和具体内容。顾文兵(2016)从非正式制度的视角对我国西北少数民族地区经济社会发展的困境进行了全面分析,在实证的基础上提出经济社会的协调发展要促进正式制度与非正式制度的融合,从西北民族地区群众利益需求合理表达、民族传统文化政治资源开发、激发少数民族个体或群体的创新动力、加快民族地区经济发展、建立健全利益整合机制和社会保障体系6个方面构建当地经济社会协调发展机制。

束迪生(1994)从西北地区经济社会发展的全局战略,探讨了西北地区现代化发展的具体含义和目标,指出西北地区处理好民族、宗教问题是西北地区现代化建设成败的关键。宋耀辉(2019)提出西北地区经济发展中要结合当地的区位优势、交通优势,同时结合政策统筹、人才引进、完善社会监督、环境保护等构建"一轴一带"协同发展模式。

四　国内外研究述评

（一）经济发展方面

经济发展是一个持久的世界性主题，从对经济发展相关研究文献的总结可以看出，在对经济发展内涵和本质的认识上，早期国内外学者的理解均比较狭隘，在对经济发展的认识上是以单纯的经济数量增长为核心，都把经济的数量增长当作一个国家或地区经济活动的首要目标，认为所谓的经济总量增长就是经济发展。造成很多国家和地区把国内生产总值（GDP）当成为经济发展的"第一指标"。

在经济发展的研究对象上，国外的经济发展学说是在全球已形成发达工业国和欠发达国家并存格局的情形下，主要讨论欠发达国家如何推进经济发展的学说。二战后到20世纪70年代，国外学者在经济发展研究中所持的主要是结构主义观点，该观点在很大程度上认为在发展中国家内部存在着二元经济、劳动剩余、隐蔽性失业等不同的经济社会结构。然而在这一时期，国外经济学家仍然将经济发展与经济增长没有严格区分开来，认为经济发展就意味着国家财富增加和劳务生产增大，其所提的政策建议大多是强调资本积累、工业化、计划化和实行进口替代，核心是突出计划化的重要性。显而易见，这种单一的经济发展观点不仅产生了许多经济问题，同时也带来了许多社会问题。许多发展中国家和地区出现了国内生产总值迅速增长，但其社会、政治和经济结构并未得到相应改善，形成"有增长而无发展"的现象。随着一系列全球性难题的涌现，传统经济发展观遭遇了极其严峻的挑战，于是国外学者对第一阶段的经济发展学说进行了反思，在经济总量增长的同时关注于经济结构的变革、满足人的基本需要，强调经济发展是为了消除贫困、失业和收入分配的不均衡等问题。在经济发展理论方面，西方经济学者重点探讨了经济发展的驱动因素和发展模式，对经济发展理论研究视野较为宽泛且比较深入，已经进入到微观层面，深入分析了经济发展的驱动机制，这标志着经济发展理论研究的成熟和进步。

从某种意义上说，中国具备最早形成发展经济学的独特历史条件，因此可以被认为是世界发展经济学的原产地之一。国内学者在不同时期对我国经济发展也做了深入的研究。我国学者通过对西方相关经济发理论的解构，丰富了我国发展经济学说。但在经济发展研究的对象和内涵方面，两者还有一定的差异：西方发达国家的社会政治制度较为成熟和相对固定，因此西方经济学的增长理论基本上是回答国民经济怎样发展的问题，一般不涉及社会变革问题。而在发展中国家和地区，经济发展的内涵更多地是指国家和地区摆脱贫穷落后状态、实现现代化的过程，这一过程除了经济增长以外，还包括经济结构、政治体制、文化法律的发展变化乃至风俗习惯、思想观念更新的重大变革，经济发展意味着国民经济要产生质的飞跃。发展中国家的经济发展不但要求数量增长，而且还要求伴随经济的数量增长出现相应的社会变革过程，任何对经济发展简单化的理解都会脱离经济发展的本质，从而对国家和社会造成损害。

从中外经济发展理论的演变也可以看出，当代国内外经济发展观是一个从单一经济发展观向协调发展观和以人为中心的综合发展观及可持续发展观的转变过程。经济发展理论的完善实现了从以物的增长为中心向以人和社会的发展为中心的转变，即从经济发展初期对单一经济数量增长的关注，扩大到对经济增长所引起的问题和代价的重视。这样的经济发展理论演变是人们基于对经济发展进行反思并为追求更加合理科学的经济发展方式的结果。

总之，随着国内外学者对经济发展研究的深入，在对经济发展的认识上，无论中外，都区分了经济发展与经济增长的不同内涵，经济发展均被认为是从传统农业社会向现代工业和信息社会转型基础上的进步过程。从这个意义上说，中外学者都对经济发展内涵做了科学的阐释，并且由此将经济发展延伸到政治、文化、社会发展等领域。从国内外经济发展理论的演变过程看，全面、协调、可持续的经济总量规模壮大和质量提升才是合理而科学的经济发展理论。

（二）社会发展方面

从西方社会发展的研究进程与成果来看，在国家和社会发展过程中为了应对发展需求而采取的一系列社会变革促进了西方社会发展理论的出现和完善。从实践效果来看，西方国家社会发展体系的建立和运行是社会发展研究的重要前提，在社会发展研究过程中，国外社会发展理论是在一系列社会公共活动层面开展的，国外许多国家的社会发展研究积累了丰富的实践经验和方法，为社会发展研究提供了有效的分析框架和工具。

从研究的方法来看，国外学者能够依托公共管理改革的背景，侧重理论指导下的实证研究。在对社会发展分析过程中会对决策的风险进行框架设计，将政策、法制等手段纳入社会发展的管理体系之中，且进行必要的实证分析及验证，由此形成了许多理论派系。西方社会发展研究在一定程度上迎合了国家和民众对社会发展的渴望，揭示了社会发展演变规律。西方发达国家社会发展的策略主要注重从法律层面实施依法治国，注重监管和经济手段。西方的社会发展是全程治理机制，包含社会发展事件发生前的利益表达机制、事件发生中的合作治理机制和事件发生后的风险化解机制。在全程治理中包含治理主体多元性、治理方式民主性等主要特征。同时，西方社会发展研究引入社会科学方法对实验的有效性相关因素进行测量，常常采用系统的、多学科方法对重大社会事件进行影响评估，并提供评估报告，其评估范围明确规定从政治环境、经济发展、社会福利、生态环境、历史文化等不同角度对项目方案进行充分论证，并从制度结构、社区资源、人口特征、个人和家庭因素、行政和社会资源等方面评估事件对社会发展造成的影响，以解决社会发展的发生机制问题。

西方国家对社会发展研究的局限性在于未能从社会劳资矛盾运动本质规律中揭示和把握社会矛盾和冲突，因此，他们关于社会发展的思想并不能从根本上解决资本主义面临的现实问题。但是，西方理论界关于社会发展的研究符合社会发展趋势，在一定程度上也反映出资本主义国家社会发展演变的特殊机理。认真梳理和归纳他们关于社会发展思想的研究，对维护整体社会发展无疑具有一定的理论指导价值。

我国对于社会发展研究的起步虽然较晚，但是随着我国经济社会的高速发展，我国学者针对社会发展研究也在不断扩展和深入，社会发展概念、内涵等基本问题的提出以及相关社会发展评价方法、社会发展的发生机理、影响因素、保障机制等理论也逐步建立和成熟，这些都表明了我国学者对社会发展问题的研究层次在不断提高。但是，社会发展研究的目的是更好地应用于实践，而从我国学者对社会发展研究的现实情况来看，这些研究大部分理论性太强，实际操作难度大，有些理论和观点比较含糊，难以量化分析，这些研究成果对构建系统、科学合理的社会发展机制还存在一定的不足。目前，我国学者关于社会发展的研究主要是与我国国情和需要相结合，其研究内容非常丰富、研究过程发展迅速，研究成果多集中于社会发展治理主体多元化、社会发展治理手段复合化、社会阶层分化及其对社会发展的影响，以及社会发展治理价值和目的的公平化等方面。在研究方法上，我国学者在进行社会发展问题研究的时候，往往是以社会发展问题产生的过程为主要分析对象，在分析的基础上归纳总结我国政府社会管理过程中存在的问题，并提出完善的对策和建议。纵观我国学者关于社会发展的研究成果，各方面的内容还不够成熟和完善，总体来看我国对社会发展研究还停留在初级阶段，研究体制还欠成熟。由于理论与实践上的缺失，使得社会发展责任主体对社会发展问题的认识尚不够深入，以至于不能充分发挥社会发展机制在区域治理方面重要的推动作用。

（三）经济社会协同发展方面

无论中外，在传统的经济理论中，最初都经济发展当作是一种纯粹的经济问题，特别是在研究初期把迅速的工业化和人均收入增长当作发展的最重要含义，认为经济学的主要问题是效率问题，对经济发展引发的一系列社会问题鲜有涉及，以至于传统理论认为对社会发展的认识基本上属于社会学研究范畴，不属于经济学研究范畴。从这个意义上看，早期的分析方式在很大程度上割裂了经济社会之间的系统关联性，将两者视为各自脱离系统的独立存在，个别研究两者关系的文献，也仅仅分析了两个子系统单独存在时彼此之间的外在影响，其分析的深入程度受到较大限制。

随着经济发展理论研究的深入，经济发展内涵逐渐被推演到社会发展、人的发展、生态协调、甚至政治文化领域。今天的经济发展已经和社会、文化、资源、环境等的协调发展密切联系在一起，成为一个整体概念。因此，当今国内外学者都普遍将经济社会发展视为一个统一体，并以系统理论思想研究二者之间复杂的相互关系。在对经济发展子系统和社会发展子系统进行研究的同时，国内外学者开始关注经济社会发展的互动关系。国内外学者重点探讨了经济社会发展的相互影响和相互形塑以及两者关系的动态演化。研究视角的转变引发了研究路径的变迁，即从强调单项的、静态的因果关系研究方法转向动态的、过程取向的研究方法。经济正义、社会正义、环境正义等各种哲学范畴的研究思想此时也蓬勃兴起，并广泛渗透到学术界，逐渐影响到经济和社会活动的诸多领域。中外学者对经济社会协同发展问题反思的结果，就是在肯定增长是经济发展的基础上，还更多地注意到发展中的协调性问题，广泛关注经济增长与经济结构间的协调、经济增长与社会发展之间的协调以及经济增长与资源环境的协调问题。在中外学者理论研究的推动下，当前经济社会协同发展观已经达成，即经济社会的协同发展不只是单单强调GDP的增长，而是在经济规模数量增长的同时，协调发展的理念也被注入其中，既包括经济社会领域内部各要素之间的协调，又包括经济与社会环境之间的协调。

进入21世纪以后，经济社会问题研究步入新的繁荣期，获得了进一步的发展，国内学者对经济发展和社会发展协同治理问题的研究热情愈加高涨，一些具有政治学、社会学、人类学、民族学、历史学、地理学等学科背景的学者广泛介入，使我国的经济社会问题研究向多学科综合研究的方向发展。但在对国外相关理论的吸收借鉴上，目前我国学者还停留在对国外相关理论的简单介绍层面，有的学者把这些理论与我国和谐社会、科学发展观等相关协同理论进行对比，并结合国内实践要求提出相应的观点与模式。还有很多研究开始采用协同学的相关思想和方法对经济社会的协同发展问题进行分析，建立了经济社会协同发展评价模型和演化模型，完善了经济社会协同发展问题的研究。

近年来，西北地区经济社会问题逐渐成为我国学者研究的一个热点问题，在众多学者孜孜不倦的研究下，当地经济社会发展的历史线索和研究构架已基本建立。我国学界对西北地区经济社会的关注具有强烈的问题意识，在研究内容上集中于西北地区经济社会发展、文化发展、民生建设、人民权益、社会公平和谐、资源开发和生态环境建设等经济社会治理热点问题，强调西北地区经济社会改革的深化和发展模式革新，这些研究主题与我国当前经济社会体制建设方向高度一致。丰富的研究理论和方法体系深化了对我国西北地区经济社会问题的研究，扩充了西北地区经济社会问题研究体系，适应了当前西北地区经济社会治理的实际需要。

在研究视角上我国学者对西北地区经济社会问题的研究绝大多数仍

然采取自上而下的视角,而对西北地区的基层社会、地方性事务与中央政府自下而上的互动关系则缺乏必要的关注和讨论,特别是对我国西北地区经济社会发展过程中遇到的一些特殊问题缺乏具体的研究与论证。另外,通过对我国学者关于西北地区经济社会问题研究成果的归纳还可以发现:虽然理论层面很丰富,但对于西北地区经济社会协同发展治理模式的时空异质性研究不足,导致在实践层面缺乏可行性,尤其是在我国新的治理理念下,就如何实现西北地区经济社会协同发展和良性互动研究较少。

当前我国学者对西北地区经济社会发展问题研究的学术方向紧随我国经济社会战略导向,重点围绕改革、发展、稳定等领域的相关问题展开研究。其采用的方法,国内学者早期多应用历史学理论与方法研究西北地区有关经济社会发展问题。自 20 世纪三四十年代开始,在对西北地区经济社会问题的研究中多种学科开始介入,到 21 世纪初已经形成了多学科综合研究的局面。当前,我国学者对西北地区经济社会问题的研究方法更加多元和开放,不同专业背景的学者根据自己不同的学科背景和理论专长,对西北地区经济社会展开多角度的研究,取得了巨大的理论建树。在现当代,我国学者已经察觉到传统的"历史/文化"研究范式在西北地区经济社会问题治理实践中的局限性,因此在对西北地区发展历史研究的基础上也逐渐转向对这一地区的政治、经济、军事、文化、宗教、生态环境等内部事务治理的全面研究,这些研究理论成果对当前我国西北地区经济社会现代化发展产生了较大的影响。国内外实践经验表明:在以经济建设为中心的思想指导下,人们很容易重视发展的经济指标而忽视社会代价,也很容易把经济增长等同于经济发展与社会进步。而如果缺乏对社会发展的自觉,经济发展就可能伴随着巨大的社会代价。当前,我国正处于经济社会转型的关键时期,在经济发展过程中只有确立"社会"这个维度,才能在落实科学发展观和构建社会主义和谐社会的过程中使经济和社会的协同发展处于自觉状态。

总之,目前经济社会协同发展问题已成为国内外研究的热点问题,研究方法多样,研究成果斐然,取得了重大的理论突破。特别是国外学者在经济社会问题研究中所持有的独特研究视角、全球性研究视野、跨学科研究方法、整体研究体系结构、宽泛而深入的理论成果等还显示出一定的领先地位。国内学者对于经济社会协同发展问题的研究比较符合我国国情，他们对区域经济社会协同问题的研究意识、观照意识和使命意识比较强烈。在研究方法上更注重田野调查和实证性研究，在他们的研究过程中更注重发挥一手资料对研究成果带来的理论突破和创新作用。他们的研究视角也比较独特，问题切入点具有很强的经济社会针对性，由于大部分的研究问题比较专一，所以对问题就能够展开深入研究。在这种研究方式下，国内学者对经济社会协同发展问题的研究取得了一系列适应我国区域实际且极富实用价值和应用价值的理论成果，相对深入地刻画了我国经济社会协同发展的现实，揭示了我国经济社会协同发展某些方面的影响关系和演变规律。但是从研究内容的框架体系来看，这些研究成果多数情况下是对区域经济或社会某一个或几个问题点的把握，对区域经济社会协同发展问题的整体性及结构性关系把握稍显不足。受这种研究格局限制，国内学者对我国经济社会协同发展问题的研究视野不如国外学者开阔。而在这一研究过程中，国内外学者都存在着一个共同的不足，那便是在研究方法上对经济社会的协同研究普遍是从历史学、人类学、社会学、民族学等角度进行定性分析，均缺乏定量评价分析的依据，这种研究方式造成了对区域经济社会协同发展问题研究客观性和科学性的相对不足，研究理论难以从区域经济社会的内生机理和作用规律中形成质的突破。

在计量研究日益发展的今天，这种研究方法在其他研究领域均有广泛的应用，且产生了许多单纯定性分析所不能达到的效果，但这一方法在国内外经济社会协同发展研究领域的应用还显得十分薄弱。另外，从研究内容上来看，在已有的研究中，对区域经济社会发展单方面的研究成果数量较多，大部分都集中在经济发展或社会发展的各个具体活动方面，而对两者之间的相互影响关系及其协同发展模式研究相对比较欠缺，这种研究现状导致在经济社会发展的协调和一致性方案的构建上，还没有关于两者整体协同研究模式的理论和方法。就整个研究体系来看，由于经济社会发展问题本身具有的复杂性和动态性，国内外研究无论是对这一问题层次关系的科学解构还是对发展规律的正确把握都还远远没有完成。

第二节 理论基础

一 西北地区研究理论

（一）边疆学理论

在我国，边疆学这一名词出现在 20 世纪三四十年代，但作为一个学科名词却是出现在 20 世纪末期，是在中国社会科学院中国边疆史地研究中心马大正研究员的呼吁和倡导下发展起来的。但是目前无论在国内还是国外，边疆学的学科研究对象、学科研究方法和学科体系都还没有成型，还不能作为一门独立的学科，边疆学实际是在传统中国边疆史地研究和民族文化研究的基础上，将边疆视为一个完整的研究对象，综合应用历史学、民族学、社会学、经济学、政治学、地理学、法律学、国际关系学等学科知识和理论，对边疆的历史现状和未来展开多角度考察，实现边疆基础理论研究与应用研究相统一，从而揭示边疆形成发展的历史规律，全面科学地认识边疆的现状。其研究目的是更好地服务于边疆经济社会的发展、边疆的和谐稳定、国家的对外开放与外交政策的制定。

当前，我国的边疆学理论在继承国内传统边疆研究优秀成果的基础上，充分借鉴了西方近现代边疆理论的相关成果，特别是西方学者的一些论著学说对我国当前边疆经济社会发展有重要启示意义。其中以美国学者弗雷德里克·杰克逊·特纳（Frederick. J. Turner，1861—1932）为代表的边疆学派提出的"边疆学说"，以及欧文·拉铁摩尔（Owen Lttimore，1900—1989）、托马斯·巴菲尔德（Thomas Barfield）、狄宇宙（Nicola Di Cosmo）等西方学者从区域研究的角度，对我国亚洲内陆游牧民族和农耕民族互动关系的研究理论在建构我国边疆历史的阐释框架和理论研究范式中发挥了重要作用。这些西方学者的边疆理论观点是对我国传统边疆学理论的重要补充，对促进边疆史地及经济社会研究具有重要影响。借鉴这些研究成果，可以在西方学界所持的"亚洲中心论"视角下，形成对中国西北边疆的整体性认识。

（二）政治地理学理论

政治地理学是研究人类社会政治现象空间分布与地理环境关系的学

科之一，主要研究内容包括：国家和政治区域的面积、形状、功能、地理位置、自然环境和领土特征、疆界的进退变动、国际政治关系的地理背景等。同时政治地理学还根据对于领土（包括领海、领空）主权和国界划分的理论研究以及有关国界变动的史实考证，确定本国与邻国以及其他国家之间在边界争端中的立场和依据，探讨各国之间的矛盾和协作，分析比较世界各个国家集团的组合和演变，以及公海问题、国际政治关系的格局及其发展变化等。

在历史上，古希腊哲学家柏拉图、古罗马学者斯特拉波均对国家的地理关系进行过探讨。1897年拉采尔发表的《政治地理学》一书，第一次把政治地理学作为地理学的一个分支进行研究。时至今日，政治地理学的研究内容和研究体系已经逐步完善，其研究的核心是分析国家的产生、发展及其特征，并探讨地理环境对国家制度与政治决策的影响，为国家的政治活动、国际事务等工作提供决策依据。当前，政治地理学的研究多集中在政治过程、政治行为及国际政治关系格局与发展变化趋势等方面，重点在国际政治关系的地理背景下探讨各国之间的矛盾和协作，该理论学说在西北地区研究中有广泛的应用，对我国西北地区政治区域的结构和功能以及政治区域之间的相互关系研究具有重要意义。

（三）地缘政治理论

地缘政治学是政治地理学的一种理论，是西方政治地理学中创立较早、影响较大的核心理论，最早由瑞典政治地理学家契伦在其所著《论国家》（1917）一书中提出。地缘政治理论主要是根据各种地理要素和政治格局的地域形式，分析预测世界或地区范围内的战略形势和有关国家的政治行为。该理论学说主要研究地缘格局对国际政治的特征、历史、结构，尤其是与他国关系的影响，把地缘因素视为影响甚至决定国家政治行为和决策的一个基本因素，并依据这些地缘因素和政治格局的地域形成来分析预测世界或者地区范围内的战略形势以及有关国家发展战略的政治行为。

地缘政治学创立的初期，其核心思想包括拉采尔的国家有机增长理论、美国海军史学家马汉的"海权思想"，以及契伦在拉采尔关于有机体国家论基础上发展起来的地缘政治学说、英国地理学家麦金德的"陆权思想"、斯皮克曼提出"陆缘说"、鲍曼提出的"民族自决论"、意大利空军战略理论家杜黑的"空权论思想"等,这些观点或学说构成了地缘政治学理论的核心。我国地缘政治学的研究内容丰富,其中不少内容涉及西北地区问题或国家领土疆界问题。当前,现代地缘政治学沿袭了从地理空间研究全球地缘政治格局的思路,但更加侧重现实主义思潮下区域或地区在全球地缘格局中的影响以及地缘经济、文化对全球地缘格局的深层次构建。这种研究视角的转变,在当前国际问题讨论和国际形势决策中起着相当重要的作用。

二 经济发展理论

(一) 政治经济学理论

政治经济学中的"政治"(Politics)一词,源于希腊文的 politikos,含有"社会""国家""城市"等多种意思。政治经济学就是以社会生产关系及其发展规律和再生产中人和人的关系作为研究对象的学科,主要研究人类社会各个发展阶段上支配物质生活资料的生产、交换、分配和消费规律。在我国,建立在辩证唯物主义和历史唯物主义基础上的马克思主义政治经济学是研究区域经济的基本理论基石。马克思主义政治经济学以劳动价值论为基础,从剩余价值理论出发,论述了劳资关系中存在的一些基本对抗性矛盾,这些理论对当前我国西北地区经济发展过程中遇到的一些现实经济社会问题,如收入分配差距问题、贫困问题、就业失业问题、劳动保障问题、劳资关系冲突问题、社会保障问题、民生问题、社会富裕与公共贫困问题、官员腐败和制约失衡问题等有重要指导启示。当然,经济发展规律是社会生产各要素综合作用的结果,而政治经济学不是以经济发展的一般规律为对象,多数情况下是从定性的角度研究生产关系运动的宏观规律。由于政治经济学自身研究范式的这些局限性,政治经济学与一般经济学相比较而言,不能把握经济活动运行的微观规律,也不能全面揭示经济活动的本质,更无法对一般的经济活动进行有效计量研究。

(二) 民族经济学理论

民族经济学是20世纪70年代由中国理论界首先提出,并逐步形成体系的一门研究各民族经济问题的新型学科。民族经济学是关于民族和经济研究的统一学科,具有民族学和经济学的共同属性,它既是民族科学的一个分支学科，又是经济科学的一个分支学科。从广义上来说，民族经济学是以世界上某些民族的经济问题作为专门研究对象，既可以把一个民族的经济问题作为专门研究对象，也可以把若干民族的经济问题作为专门研究对象。从狭义上来说，我国的民族经济学理论是以我国少数民族为研究对象，专门研究我国少数民族地区的生产力发展及生产关系演变问题，它既可以把我国一个民族的经济问题作为专门研究对象，也可以把一个民族地区（包括若干个少数民族）的经济问题作为专门研究对象，还可以把我国所有少数民族的经济问题作为综合研究的对象，其研究的主要问题是对民族经济生活进行历史及现实的具体分析，揭示我国民族经济发展过程中的基本特点和一般规律。

（三）发展经济学理论

发展经济学是第二次世界大战结束后，为解决发展中国家经济转型与发展问题而建立的一门新的学科。发展经济学主要研究对象为贫困落后的农业国家和发展中国家，研究的主要内容是在这些国家如何实现工业化、摆脱贫困、走向富裕的问题。20世纪40—60年代，在经济政策上，发展经济学主张要突出经济发展过程中计划的重要性，认为制约发展中国家重要的经济问题就是经济结构带有明显的刚性结构特征，刚性结构意味着在较长的时期内发展中国家的经济结构不会有明显的改进，克服这种刚性必须有计划地大力发展工业化。20世纪六七十年代，发展经济学以新古典主义发展思路为主，从克服由结构刚性导致的价格抑制出发，提出了与之相对的基本概念，即价格弹性，在政策取向上突出了市场的重要作用。20世纪80年代以后，发展经济学吸取了新古典政治经济学的相关思想，在政策取向上突出"制度"的重要作用。认为在发展中国家的结构刚性与价格弹性一定的条件下，可以从制度绩效角度来考虑发展中国家各种制度配置的作用和效率，出现了新古典政治经济学理论学说，如R.科斯（R. Coase）和D.C.诺思（D. C. North）研究了产权界定及制度安排对于社会资源配置的作用，证明产权结构的基本功能在于向社会提供更有效利用资源的激励。

进入21世纪以来，人类发展的内涵愈加丰富，作为发展中国家重要经济发展理论的发展经济学步入了新的繁荣阶段，这一领域的理论创新不断加大。如林毅夫对发展经济学学说的理论框架进行了重新界定，他强调在经济发展过程中，市场和政府之间要相互联系，形成协同作用，政府要从经济发展的阶段性特征出发进行各种制度安排，经济的结构性特征是由发展中国家资源禀赋结构和市场作用的内生力量所决定，而不是旧结构主义所宣扬的由权力或其他外生刚性因素所决定。我国是世界上最大的发展中国家，自改革开放以来，在发展经济学理论指导下经济取得飞速发展，并形成了独具中国社会主义特色的经济发展模式，发展经济学理论对我国经济学理论和实践具有重大价值和意义。其中，从当前我国西北地区经济社会转型实际情况来看，其经济发展所处的阶段具有典型的发展阶段特征，发展经济学许多理论所探讨的情形都与这一地区经济社会发展的实际非常契合，因此发展经济学的理论学说对西北地区经济社会的健康发展具有重要的理论指导意义。

（四）新经济地理学理论

20世纪60年代以来，随着工业化和城市化的急剧发展，在世界范围内原有的经济社会结构和生活环境发生了重大改变，在人类经济活动与地理环境关系方面，出现了一系列全球性或地区性的新问题。这种新形势对地理学提出了新课题，要求探讨经济社会活动地域系统的形成过程和发展方向。在这种形势下，新经济地理学应运而生。该学说将传统的地理研究视角转向对经济发展和地理环境之间关系的研究，指出造成经济空间分布的根本动力是自然环境以及经济自身的集聚和扩散力量。基于这种研究观点，经济地理学显示出典型的交叉性和综合性学科特点。一方面，影响经济集聚和扩散的因素是多元的，包括各种自然要素以及经济、社会、文化、制度等人文要素；另一方面，人类在地表的经济活动正在强烈地改变着自然格局，造成了全球性、区域性和地方性等不同空间尺度的环境变化和环境问题，成为改变自然环境最主要的动力。此外，由于新经济地理学长期以来对区域问题的综合性研究，这门学科也在经济社会实践中起着重要作用，特别是在国土开发、区域发展和区域规划、地区可持续发展战略、重大项目的战略布局等领域产生了重大作用，新经济地理学的这些特点，无疑对西北地区经济社会的研究具有指导意义。

（五）生态经济学理论

经济社会的发展，不仅要满足物质需求，而且要保护资源的再生能力，要保持人类生存、发展的良好生态环境。生态经济学就是研究生态系统和经济系统的复合性结构、功能及其运动规律，即生态经济系统的结构及其矛盾运动发展规律的学科，是生态学和经济学相结合而形成的一门边缘学科。生态经济学围绕经济发展与生态环境之间的作用关系，对人类的生产生活、发展条件与生态需求、生态价值、生态经济的结构和功能，生态经济效益，生态经济发展模式，生态经济管理等进行全面研究，旨在促进经济社会发展和生态平衡的基础上实现经济的可持续发展。生态经济的本质，就是把经济发展建立在生态环境可承受的基础之上，实现经济发展和生态保护的"双赢"，从而建立经济、社会、自然良性循环的复合型生态系统。生态经济研究的目标是使生态经济系统整体效益优化，从宏观上为经济社会的可持续发展指出方向，因此具有战略协同意义。经济社会要实现可持续发展，就要走生态之路，即要以科学发展观为指导，坚持经济效益、社会效益和生态效益高度统一的原则，坚持以建立绿色发展体系为根本目的、实现当地社会与自然和谐统一的原则，坚持依靠科技进步推进产品结构调整，提高资源利用效率，以促进人与自然的和谐为区域长远发展的根本大计。

（六）经济正义理论

经济正义是指在正义的一般意义之下，突出反映经济活动的实践理性精神或现实规定，即人的经济行为需要选择理想的体制性目标和规范，经济社会关系及其矛盾冲突需要平衡和解决。经济正义是从人类本性、社会财富分配和经济社会对人类发展影响的角度对人类经济行为准则的定义。经济正义产生于人获得财富与经济权利的需要，其直接的表现是以契约为基本形式的稳定经济关系。契约是经济主体双向承认的形式，经济正义就是维护和履行契约，履行契约是正义的起点和源泉，经济正义依存于契约和契约所界定的权利，判定一个社会经济正义与否的唯一标准是守约履约还是违约。在现实意义上，经济正义是一切经济关系所含正义性的总和，主要体现在两大方面：一是经济发展方式的正义性问题，二是收入分配的正义性问题。经济正义的重要性在于：通过各种背景下所做的决策来引导经济组织不断完善，优化资源配置，影响个体发展机会和生存境况。经济正义是在"正义"这一普世性的价值判断准则下来解决经济社会关系所产生的各种矛盾，其最基本的特征就是在一定的经济社会关系中追求生产力自由和生产关系的解放，基于经济正义理论能够揭示社会公平的基本特征，因此这一理论在当前我国和谐社会建设中具有基础性的地位。

三 社会发展理论

（一）民族社会学理论

民族社会学是从社会学的视角来探讨与民族相关联的社会现象和社会问题，同时也从民族的角度来理解社会的良性运转和协调发展。民族社会学的研究可以追溯到19世纪英国学者E. B. 泰勒、美国学者L. H. 摩尔根等人类学家的相关思想。我国自20世纪20年代开始开展民族社会学方面的研究，这一时期先后出版了蔡元培的《说民族学》（1926），费孝通的《花篮瑶的社会组织》（1936），林耀华的《凉山彝家》（1947）和田汝康的《芒市边民的摆》（1946）等以社会调查研究为主要内容的民族社会学著作。

1981年2月，费孝通先生在《民族社会学调查的尝试》的发言中提出：民族学在中国主要是搞少数民族地区的社会调查，所以在中国社会学和民族学从学术分科上说可以合二为一。当前民族社会学研究的内容非常广泛，主要针对不同民族的生活、语言、法律、道德、文化意识等特点及其形成的社会条件，不同民族现象、民族问题的社会本质，不同民族社会形态的结构、功能及其发展趋势，不同民族的关系、社会类型及社会文化变迁的历史发展过程等展开研究。由于任何民族群体都是一个社会，所以凡是社会学涉及的问题也都是民族社会学所要研究的领域。当前，我国民族社会学越来越重视对现代各民族社会文化生活的研究，涉及民族地区的城乡建设、工业发展、就业、人口及其迁移等一系列经济社会问题。

（二）社会治理理论

进入20世纪90年代后，随着志愿团体、慈善组织、社区组织、民间互助组织等社会自治组织力量的不断壮大，它们对公共生活的影响日益重要，理论界开始反思政府与市场、政府与社会的关系问题。在此基础上兴起的治理理论进一步拓展了政府改革的视野，它对现实问题的处理涉及政治、经济、社会、文化等诸多领域，治理理论还包括治理主体的多元化，主体间权力的互相依赖和互动，自主自治网络体系的建立，政府作用范围及方式的重新界定等。

当今社会治理理论的兴起，是各国政府对经济、政治以及意识形态变化所作出的理论和实践上的回应。在此背景下，社会多中心的治理结构要求在公共事务领域中，国家和社会、政府和市场、政府和公民共同参与，结成合作、协商的伙伴关系，形成一个上下互动，双向多维的管理过程。就其体现的改革和创新而言，社会治理也是适应全球化、市场化和民主化发展趋势的要求，在国家公共事务、社会公共事务甚至政府部门内部事务的管理上，借助多方力量共同承担责任，其中既有对事务的管理，也有对人和组织的管理；既有对眼前事务的管理，也有对长远事务的管理，其特别之处在于用一种新的眼光思考什么样的管理方式可以实现社会利益的最大化。

（三）公共管理理论

公共管理（Public Management）就是依托各种公共组织，充分运用政治、经济、司法等公共权力，为有效实现公共利益而进行的有关管理活动。这一理论是20世纪80年代中后期，在"新公共管理"运动的推动下，以解决经济社会发展过程中越来越多的公共部门管理问题为核心，融合社会管理、行政管理、危机管理等多种学科力量和方法而形成的一个知识框架。公共管理所依托的公共组织既有政府组织，也有非政府组织。任何社会和时代都要面临这样或那样需要重视和解决的公共问题，如公共交通、公共安全、公共设施等，这些就是社会公共问题。社会公共问题是多种多样的，这些问题在不断得到解决的同时又不断产生新的问题，公共管理面对的社会问题相当广泛，诸如文化、教育、福利、市政、公共卫生、交通、能源、住宅、生活方式等等。公共管理的目的是实现公共利益，公共利益的实现主要表现为公共物品的提供与服务。其中公共物品的含义非常广泛，既可指有形的物品，如公共场所、公共设施、公共道路交通，也可指无形的产品和服务，如社会治安、社会保障、教育、医疗等。

（四）公共政策理论

公共政策（Public Policy）理论是第二次世界大战以后产生于美国的一门新兴交叉学科，是目前世界上公共管理研究的主要范畴。公共政策理论是在传统政治学和行政学的基础上，为了满足公共组织管理国家和社会事务的需要而形成的管理理论，主要是为了规范国家、社会和公民之间的利益制衡。同时通过政治学和行政学的原理及模型对国家、地方和团体层面的政策制定、执行与评估进行研究，为高质量的公共政策提供咨询。公共政策之所以能形成专门的理论体系，其主要原因是社会问题的压力、政府管理的需要以及政治科学的发展。公共政策作为对社会利益的权威性分配，集中反映了社会利益，从而决定了公共政策必须反映大多数人的利益才能使其具有合法性。因而，许多学者都将公共政策的目标导向定位于公共利益的实现，认为公共利益是公共政策的价值取向和逻辑起点，是公共政策的本质内涵、出发点和最终目的。

具体而言，公共政策是公共行为主体在公共管理过程中经由政治过程所选择和制定的为解决公共问题、达成公共目标、以实现公共利益的方案而形成的各项方针、原则、策略、措施、计划和行为规范的总和，是政府等公共组织管理社会公共事务的指导准则，它决定着管理活动的方向和目标。正确的公共政策及有效的执行，将为国民经济和社会的发展带来良好的效果。相反，公共政策失误或执行不力，将导致一定的恶果。从某种意义上来说，公共政策问题是国家立法活动、司法活动、行政活动和政党活动的核心问题之一，因此受到了世界各国越来越多的重视和研究。

四 协同发展理论

（一）耦合理论

耦合（Coupling）是物理学上一个重要的名词，原意是指两个或两个以上的电路元件或电路网络的输入与输出之间存在紧密配合，并通过相互作用从一侧向另一侧传输能量的现象。后来这一概念被用于各种领域，如物流、生态、社会、经济、地理等，主要是指两个或两个以上的事物之间通过相互作用而发生相互影响，这种相互作用、相互影响的关系就称之为耦合，耦合关系既可能是相互促进的关系，也可能是相互制约的关系，前者可以使事情的结果朝着积极的方向发展，而后者则可能使事情的结果朝着消极的方向发展。耦合分析可以揭示两个或两个以上不同主体之间普遍联系的关系，不同主体间联系越多，其耦合性越强，同时表明其独立性越差，降低耦合性，可以提高其独立性。社会学和经济学家们也用"耦合"来描述经济社会领域中的现象，希望通过对耦合原理的研究分析，寻找到两个或更多系统之间相互作用的最佳结合方式，使其相互促进，互为支撑，协调发展。但有一点需要我们注意，对于物理学中的耦合，其必须满足系统间相互独立的条件，因为每一种配件或者元件都是独立的个体，不可能重合。而对于人文社会学科，事物之间必然存在联系，每一种系统都相互影响，不可能完全满足相互独立的条件。因此在经济社会领域，经济社会发展的耦合关系可以被定义为：经济社会发展各组成要素之间共生、互动、匹配、协同，通过这样的关系，共同推动经济社会资源配置和经济社会结构发展，从而形成经济社会一体化过程。在此基础上构建西北地区经济社会发展的耦合模型及协同发展模型，不仅可以测算西北地区经济社会之间的耦合程度，也可根据实证结果分析两者之间所存在的问题以及制约因素。

（二）协同理论

协同理论是20世纪70年代以来在多学科研究基础上逐渐形成和发展起来的一门新兴学科，是系统科学的重要分支理论。协同理论是研究不同事物共同特征及其协同机理的学科，是近十几年来获得发展并被广泛应用的综合性学科。它着重探讨各种系统从无序变为有序时的相似性。协同理论认为客观世界存在着各种各样的系统，这些看起来完全不同的系统，却都具有深刻的相似性，各种系统的联合作用可以产生宏观尺度上的结构和功能，从而产生整体效应或集体效应，实现自组织系统的优化。

我国自古以来就有丰富的协同思想，如《汉书·律历志上》："咸得其实，靡不协同。"《后汉书·桓帝纪》："内外协同，漏刻之闲，桀逆枭夷。"《三国志·魏志·邓艾传》："艾性刚急，轻犯雅俗，不能协同朋类，故莫肯理之。"《乐府诗集·燕射歌辞二·北齐元会大飨歌皇夏三》："我应天历，四海为家。协同内外，混一戎华。"《三国志·魏志·吕布传》："卿父劝吾协同曹公，绝婚公路。"在我国古代思想中，协同的内涵具有关系的团结性，机制的和谐性，运转的合作性，主体参与的多元性，状态的运动性等特点。

西方的协同思想散见在西方各种经典文献中，其内涵也比较注重过程与目的的和谐性。进入近代，西方在协同理论研究方面取得突破性进展，最具代表性的，就是德国物理学家赫尔曼·哈肯提出的协同理论。哈肯的协同理论是在其从事物理学研究过程中发现的，同时他在发现协同关系的过程中也特别强调了其对社会科学的适用性。哈肯在其著作《协同学：大自然构成的奥秘》一书中通过对不同案例的分析，阐述了他的协同思想。他所界定的协同有以下几个特点：第一，协同是一种新的研究范式，它打破了以往社会科学、自然科学固有的研究范式（即从点到线再到面的研究思路），它注重研究既有结果出现的规律性特征（即注重对结果的研究）。第二，协同的内在机理注重自然和社会现象的量变状态，协同关注量变瞬间的关系状态，从这一视角研究各种构成要素在量变中的功能与作用。第三，协同强调整体视角，它注重把整体的状态、关系作为研究的基本前提与维度，从宏观向微观过渡。第四，协同在强调微观构成要素功能性的前提下，更为强调整体大于个体的结构性特征。

（三）自组织理论

自组织理论是在没有外部指令的条件下，系统内部各子系统之间能自行按照某种规则形成一定结构或功能的自组织现象的理论。该理论主要研究系统怎样从混沌无序的初态向稳定有序的终态演化过程和规律。自组织理论认为产生自组织的系统必须是一个开放系统，系统只有通过与外界进行物质、能量和信息的交换，才有产生和维持稳定有序结构的可能。系统从无序向有序发展，必须处于远离平衡的状态，即非平衡是有序之源，开放系统必然处于非平衡状态。同时，系统内部各子系统之间存在着非线性的相互作用，这种相互作用使得各子系统之间能够产生协同动作，从而使系统由杂乱无章变成井然有序。除以上条件外，自组织理论还认为，系统只有通过离开原来状态或轨道的涨落才能使有序成为现实，从而完成有序新结构的自组织过程。

第三章 经济社会协同发展机理及方式

第一节 经济社会发展核心概念内涵

一 经济发展

发展是指事物从低级向高级的连续进步变化过程，是事物的不断更新，这一过程既有量的变化，又有质的飞跃。通常情况下，一个国家或地区从贫困落后状态走向经济和社会生活现代化的过程即称为经济发展。由此可知，经济发展是相对于经济增长而言的，包括经济质量与数量两方面的高质量发展，而不仅是指经济的数量增长。随着人类生产社会化的不断扩大，经济结构日趋复杂，经济发展的内涵也在不断演化，单纯的 GDP 增长已经不能真实反映经济的增长，经济发展最终指向通过经济结构的改进和优化，实现经济价值和经济效益的发展。但对于贫困落后的地区来说，经济发展的含义通常首先体现为数量的增长，即通过各种经济活动使这一地区的产品和劳务在总量上保持较快增长，为经济结构优化及效益提升创造基本条件，同时实现经济增速处于适度合理的区间，形成与当地社会协同发展的格局，这构成了贫困落后地区经济发展的基本内容。如果从发展经济学来看经济发展过程，发展中国家或地区的经济发展应当是一个与当地经济发展水平保持和谐平稳的过程，是一个能够反映当地经济总体发展水平的综合性概念，其经济发展的含义比发达国家和地区成熟的经济发展体系要更加广泛，它的内涵不仅包括国民经济规模在总量上的扩大，还包括当地经济结构持续高级化的创新过程和经济素质的提高过程等一系列问题。经济发展是经济学的核心概念，在传统的西方发展经济学中，经济发展的内涵是指各种经济活动不断调适的过程，更高层面上经济发展常常被定义为经济结构的改变或转换，其目标就是保持经济结构的协调性，减少结构内部性矛盾。其中，国民经济素质是经济发展的重要表现，主要是指一个国家或地区国民经济系统各种内在因素有机结合形成的整体功能特性，它表现为一个国家或地区长期有效地开发和利用各种资源创造国民财富的基本条件和能力。对现代经济发展过程而言，经济发展就是经济综合素质的提高过程，经济越发展，投资、费用、时间等经济要素在流通、管理、服务等环节的协同效率越高，越能促进经济的进一步发展。经济发展情形下，可以有效提升经济系统功能相联系的内在整体性，理顺经济发展的内部机制，增强经济系统开发和利用各种资源创造国民财富的条件和能力，提高社会福利水平和人们的经济生活质量。在艾玛·阿德尔曼看来，经济发展的意义具有双重性，在经济发展更高的层面，除了物质目的外，一个国家和社会的经济发展还要能够实现使作为经济主体的人从中得到全面的提高和发展，以便解除对自我成长（如得到受教育机会、称心如意的工作、社会地位、安全、自我价值实现）的种种障碍。

二 社会发展

发展是一个相对概念，是指事物由小变大，由简单到复杂，由低级到高级的变化。从社会学意义上讲，社会发展是社会系统良性运行的综合表现，是一个社会发展阶段中的协调有序状态和社会要素的协调发展状态。在社会发展状态下，通常存在着相对一致的凝聚力，社会中的大部分人员能够共同遵守并维护社会的规范和秩序，使社会趋于一个没有矛盾的整体而向前发展，保持一种动态的社会平衡。一般情况下，社会系统通过各个子系统分别承担它们相应的组织结构功能，使各个子系统的功能得到有效的发挥，从而实现整个社会系统的平稳和均衡发展。因此，社会发展是一个涉及不同社会系统的综合性阐释体系，它通过不同时期社会运行中的各种具体问题表现出来。从历史唯物主义来看，社会发展表现出鲜明的历史性和动态性，在人类社会发展的不同历史时期，社会发展的内容和形式常常有所差别，即使在一个社会同一历史时期的不同发展阶段，社会发展的内涵和外延也会发生新的变化，呈现出动态更新的特点。恩格斯指出："平衡是和运动分不开的。"① 因此，社会发展与一个国家和社会的经济、政治、历史、文化等基本国情息息相关，真正的社会发展是在不断解决社会矛盾和社会冲突，不断克服社会各种不发展因素的基础上形成的发展，是在社会发展与进步的不断平衡中实现的发展。

　　同时社会发展也是一个复杂的社会运行系统，具有综合性。社会发展包含的内容具有多元化特征，其中主要包括政治稳定、经济稳定、社会秩序化以及社会价值观念的整合四个方面。政治稳定是以国家政权和根本制度性质不变为前提的一种动态平衡，是国家政治局势可控和有序的一种状态，具体表现为社会制度落实情况稳定、国家政权维持稳定、思想意识团结稳定和社会成员有统一的政治认同。政治稳定是社会发展的前提基础，在社会转型期扮演着十分重要的角色，对于国家和地区的良性运行及协调发展具有非常重要的作用。经济稳定是社会发展体系中的基础，经济稳定首先是指经济活动能够保持持续、平稳、协调发展，包括一个国家或地区的基本经济制度、经济主权、经济体制、资源配置、产业结构、分配结构等经济发展基本环境处于稳定且有效的发展状态。经济环境的稳定性和有效性能从根本上巩固完善社会政治制度和核心价值体系，缓和区域经济发展过程中的劳资关系，防止两极分化，实现共同富裕，推动经济科学发展，维护公平正义，从而增强国民经济的综合素质和社会凝聚力。社会秩序化是指人们在社会活动中必须遵守的行为规则、道德规范、法律规章，通常被分为经济秩序、政治秩序、劳动秩序、伦理道德秩序、社会日常生活秩序等几个大的方面，它们分别包含着相应的社会关系内容及体现这些关系的社会规范与规则，是一种影响社会控制的因素，在社会控制中发挥着重要作用，社会秩序稳定即表示这些方面保持动态有序平衡的社会状态。在西方，16世纪英国哲学家T. 霍布斯用社会契约论来解释社会秩序的起源：独立的个人为摆脱"各自为战"的混乱状态，相互缔结契约，从而形成社会秩序，因此社会秩序稳定就是指社会规则规范体系处于有序或动态平衡状态。社会价值观念的整合就是充分发挥社会文化中核心价值观念的凝聚力，使其所倡导的

---

① 《马克思恩格斯全集》第20卷，人民出版社1971年版，第589页。

主流文化价值观念、道德观念能够被大多数社会成员所认同，制定的各种法律、制度、规范、方针、政策也能被广大社会成员所遵循，在精神上、文化上有较大的共融性和一致性。

三 协同

协同一词来自古希腊语，具有同步、和谐、协调、协作、合作等含义，是协同学（Synergetics）的基本范畴。现代"协同"概念最早由德国斯图加特大学教授、著名物理学家赫尔曼·哈肯（H. Haken）于 1971 年提出，1976 年哈肯在其《协同学导论》中又系统地论述了协同理论，该理论主要研究远离平衡态的开放系统在与外界有物质或能量交换的情况下，如何通过自己内部相互影响和合作的作用，自发地在时间、空间和功能上从无序走向有序结构状态。"协同"一词具有共同合作、调和、和谐等含义，可以被引申为协调、协助或相互配合等含义，其核心含义是指协调两个或者两个以上的不同资源或者个体，协同一致地完成某一目标的过程或能力。因此，所谓的协同，可以被认为是在事物发展过程中，通过内部或者外部影响因素对事物的发展施加干预，使两个或两个以上的不同部分或者个体在共同的目标导向下，通过整合各种方法或者手段实现整体利益的过程。从概念内涵的逻辑演化上来看，协同是与其相近的"协作""协调"等一般概念的高级形态。"协作"一词与劳动分工对应，最基本的特征就是各个独立劳动部分通过组合搭配，实现共同目标的活动。而"协调"则不仅强调要集合各种特定劳动要素，还要考虑这些劳动要素如何在时间和数量上实现合理配置，通过最优的组合搭配，实现资源要素配置效率的最大化。而"协同"是比协调更高级的运动形态，其不仅含有协调、合作的意思，而且强调在协调合作的作用下，事物发展产生质的变化，事物发展形成新结构和功能，事物内部运动关系更加有序合理，事物组成的各个部分能够利用集体行动和关联，最大限度上利用资源和尽可能放大整体的功能。协同也可以被认为是指协调两个或者两个以上的不同资源或个体，通过优势互补，相互协作完成某一同向目标，从而达到共同发展和互利共赢的效果。总之，协同指的是由大量子系统组成的远离平衡态的开放系统在一定的条件下，通过子系统之间的相互配合和协作，使系统在宏观上从无序状态转变为有序状态，形成具有一定功能的自组织结构。协同学的主要内容就是用演化方程来研究协同系统的各种非平衡定态和不稳定性（又称非平衡相变）。协同发展论和优胜劣汰理论一样，是自然法则对人类的贡献，已被当今世界许多国家和地区确定为实现社会可持续发展的基础。

协同具有增效作用，当两个或两个以上的部分相加或调配在一起，所产生的协同作用要大于各部分单独应用时作用的总和。协同效应常用于指导系统各组分的合理组合，以求得最终管理绩效的增强，是有效利用资源的一种方式。协同效应就是使系统整体效益大于各个独立组成部分总和的效应，该效应经常被表述为"1+1>2"或"2+2=5"。安德鲁·坎贝尔等（2000）在《战略协同》一书中说："通俗地讲，协同就是'搭便车'。当从公司一个部分中积累的资源可以被同时且无成本地应用于公司的其他部分的时候，协同效应就发生了。"通常，协同模式下协同系统的各个部分可以通过共享技能、共享有形资源、垂直整合、联合发展等方式实现协同。协同强调的是事物发展在演变过程中基于系统复杂、开放的特征，系统内部的各个子系统之间，受到某种外在力量的干预控制，形成一种非线性的相互作用产生叠加放大效应。协同在宏观运动上是因各种微观量变关系的有机协调，最终导致事物发展运动在整体上产生的质变行为（即从旧结构演变为新结构的机理）。协同理论主要研究协同系统在外参量的驱动下和各个子系统之间的相互作用下以自组织的方式在宏观尺度上形成空间、时间或功能有序结构的条件、特点及其演化规律。协同系统的状态通常情况下是由一组状态参量来描述的，这些状态参量随时间变化的快慢程度是不相同的。当系统逐渐接近于发生显著质变的临界点时，变化慢的状态参量数目就会越来越少，有时甚至只有一个或少数几个。这些为数不多的慢变化参量就完全确定了系统的宏观行为并表征系统的有序化程度，故称序参量。

总之，在协同论看来，大量不同子系统为实现某一新的目标，通过不断相互作用和相互协调，最终取得一致的结果。可以说协同的本质就是不同系统之间以及系统内外部之间在各种序参量的支配引导下，各个子系统围绕共同的目标，使系统从混沌、无序、失控状态演化序列，走向有序、稳定的过程。

四 协同机制

"机制"一词最初指的是机器的构造和运作原理，或有机体的内在构造、功能和相互关系，后来在自然科学和社会科学领域开始广泛使用，其含义主要是指系统（事件）在运行过程中内部构成要素运行变化的规律。现代管理理论对机制的解释为：泛指一个工作系统的组织或部分之间相互作用的过程和方式。结合上述"协同"一词的内涵，协同机制就是在整合系统资源，协调系统各个部分之间运行关系，使其由无序走向秩序，以更好地发挥系统整体作用的具体运行方式。由此可以看出，协同机制就是指协同系统的各个组成部分和各种要素之间的结构关系和运行方式，是协同体系为了协调两个或者两个以上的不同资源或者个体之间的关系，从而形成一个多元素配合的完整协同发展体系，使各种资源或个体能够更好地相互融合，形成协同效应，相互协作完成某一目标，达到共同发展的双赢效果时所遵循的管理运行关系和方式，包括为完成这一过程所涉及的领导、组织、执行、督察、考评、奖惩等环节的方案、政策、制度、法律法规的建立与实施。根据经济合作与发展组织（OECD）观点，协同机制主要分为"结构性协同机制"（Structural Mechanisms）和"程序性协同机制"（Procedural Mechanisms）两大类。前者侧重协同过程中的组织载体，即为实现协同而设计的结构性安排，如中心政策小组、部际联席会议、专项任务小组、跨部门政策小组等，最为明显常见的是设置各种临时议事机构；后者则侧重于实现协调的程序性安排和技术手段，如面临"跨界问题"时的议程设定和决策程序、制度化信息交流和沟通程序、促进政策协同的财政工具和控制工具的选择等，突出体现各个不同系统之间运转的顺畅衔接，政策执行在横向及纵向方面的有效延续传递。协同机制是一个微观概念，包括对协同体制和协同制度的运行和执行，其本质就是对协同组织职能和协同组织不同岗位责任及权利的调整及配置模式，包括协同体系运行过程中政治、经济、文化、社会、生态等具体制度及其运作模式，协同体制是协同发展运行的基本制度和核心原则，也是协同机制发挥作用的前提条件，包括系统的机构设置、管理权限、工作部署等组织制度。

在现实中，通过与之相适应的体制和制度的建立，协同机制方能得到转换，使其在实践中得到有效的体现。从历史唯物主义角度说，协同机制是联系协同有机体各组成部分之间的神经系统，是协同体各组成部分之间发生相互联系、相互作用的桥梁和纽带，协同机制是为协同基本制度服务的，协同机制运行正常与否也决定着协同制度、路径、对策的走向。

第二节　协同机理分析

协同理论认为：事物的秩序往往是少数几类事物相互作用的结果。在一个系统的运动过程中，描述系统运动的变量通常可以被分为快变量和慢变量，序参量是慢变量，它们阻尼很小，随时间变化很慢。序参量是系统相变前后所发生质的飞跃时最突出的标志，用于描述系统的整体行为，它表示着系统的有序结构和类型，是各个子系统相应微观参量通过随机变动和相对耦合对系统秩序贡献的集合，即它是所有子系统对协同运动的贡献总和，是子系统介入协同运动程度的集中体现。事物的演化过程、最终结构和有序程度通常都由序参量控制，序参量会随着外界条件的变化而变化，当系统无序时，序参量为零，当系统达到临界点时序参量会按指数增加，使系统处于不稳定状态，它们支配着系统，把系统引到一个新的状态，出现一种宏观有序的结构。而另一些随时间的变化很快，阻尼很大，能迅速地按指数衰减达到某种稳定状态，对系统的作用或影响很快消失的变量叫快变量，它们只能使系统趋于原来的稳定状态，对系统的变化无重要意义。慢变量支配着快变量，也支配着系统，随着控制参量的不断变化，当系统靠近临界点时，子系统之间所形成的关联逐渐增强。当控制参量达到"阈值"时，子系统之间的关联起主导作用，因此在系统中出现了由关联所决定的子系统之间的协同作用，出现了宏观的结构或类型。

在一个复杂的系统中，往往同时存在很多参量，这些参量在特定的情形下相互妥协、相互制约、相互牵制，从而会形成少数几个序参量共同控制整个系统的局面，最终形成联合一致的态势，使系统呈现某种程度协同一致的有序时空结构和功能行为。也就是说为数众多的变化快的状态参量通常由序参量支配，并可绝热地将他们消去，这一结论称为支配原理，它是协同学的基本原理。序参量是微观子系统集体运动的产物，同时也是系统合作效应的表征和度量，序参量支配着子系统的行为，主宰着系统演化过程，随时间变化所遵从的非线性方程称为序参量的演化方程，是协同学的基本方程。在一个系统中，各个子系统常常处于自发的无规则的独立运动状态，同时，各个子系统又相互影响，彼此受到其他子系统的共同作用，各个子系统由此形成彼此相互关联的协同运动。在系统自组织理论中，协同学研究的一个重要问题便是：子系统是通过怎样的合作才在宏观尺度上产生空间、时间或功能上的整体作用的。该理论认为：在一个复杂的耗散结构系统中，必定包含维持稳定，抑制或制约偏离的负反馈，代表静、稳定、抑制、负熵等，同时也包含促进系统发育、发展、进化的正反馈，代表动、进化、兴奋、熵等，正负反馈之间在各自发展和稳定的基础上实现两者的动态平衡，才是一个健全的系统。协同是系统发展运动的客观需求，系统在序参量的驱动和子系统之间的相互作用下会以自组织的方式在宏观尺度上形成空间、时间或功能有序结构的条件、特点及演化规律。

当今社会，人类命运已经成为一个息息相关的共同体，随着资源、能源、环境等人类共同面临的一系列重大问题的出现，在人类命运共同体视域下，协同发展模式由于能够使系统各个组成部分共享资源，达到各方共同发展的效果，协同发展便成为区域经济社会持续健康发展的内在要求，该理论已被当今世界许多国家和地区确定为实现经济社会可持续发展的基础。同时，伴随着区域经济社会一体化进程的加快，经济社会被组合成了一个复杂开放的系统，该系统的演化发展已经超越了孤立发展的阶段，形成了特殊的内在目标动力机制，经济社会发展大系统具有自组织演化的驱动力和演化特征，因此对经济社会发展的协同演化问题宜运用自组织理论所揭示的系统从无序向有序演化的规律，探索经济社会协同发展的演化机制。从本质上而言，经济社会协同发展过程，也是一个由经济社会旧结构到新结构的自组织演变过程。按照自组织理论，经济社会系统内部的各个组成部分和各种因素对该系统的影响是存在差异和不平衡的，在经济社会发展演变过程中，如果该系统中控制变量的变动能够把经济社会系统推过线性失稳点时，这时候经济社会系统的差异和不平衡就会暴露出来，同时该系统的快变量和慢变量也会被区分出来，慢变量主宰着经济社会协同发展演化进程，支配着快变量的行为，会成为经济社会新结构的序变量。因此，基于其自组织特征，通过对经济社会发展系统内部不同变量相互作用而引发的结构演化过程进行比较分析，便可以有效揭示经济社会发展过程的演化机制。

一　系统的开放性特征形成演化交换机制

开放系统理论认为：组织都是由多个部分组成的复杂系统，组织是一个整体，对周围环境是开放的，开放系统最重要的特点就是系统与外界环境之间有物质、能量和信息的交换。开放系统理论告诉我们，在信息化时代背景下，对任何系统的管理绝不能持孤立的、片面的思维考虑问题，要注意不同系统在整个管理环境大系统中的位置，同时更要关注一个系统与其他系统的联系，即系统与系统间各要素的交互作用和相互影响。经济社会发展系统是否能够与其所处的外部环境存在各种要素的输入输出关系是衡量其开放性特征的重要标准。开放性特征要求经济社会系统与外部环境之间以及系统内部各子系统之间必须拥有灵活高效的物质、能量和信息交换机制，而且这种交换机制越充分，与外界联系越密切，其开放性就越强。在自组织视角下，经济社会发展系统本身就是一个具有多元组分特征的开放系统，经济社会协同发展的根本动力也正是来源于系统的开放机制，开放机制越完善，经济社会协同发展演进的速度就越快。一方面，经济社会发展环境能够提高经济社会系统生存发展所需的各种物质、信息、人才和资金要素；另一方面，经济社会系统也会向环境输出技术和服务等产品，经济社会系统通过不断适应环境的要求，并且通过努力能动地改造环境，营造出更加有利的发展环境。我国经济社会协同发展演化的过程正是在和谐社会建设的大背景下，与作为其所处环境其他系统进行着广泛和充分的物质、能量、信息交换和相互反馈，而在系统内部，经济社会发展形成融合发展模式，其内部各部分之间形成新的竞争和协同关系，使经济社会发展的协同模式经历从低级向高级、从简单到复杂、从无序向有序的不断优化动态发展过程。

当今社会是一个开放的大系统，各行各业相互交织，彼此影响，区域之间相互渗透，相互融合，经济社会发展一体化趋势不断增强，其最大的影响便是在经济发展和社会发展两个领域形成了价值交换和多方共识机制。在诸多地区，区域经济社会发展很难再被视为是一个孤立和单一的过程。在实践层面，两者的发展目标都会受彼此价值判断的影响而实现各自系统的优化。也可以认为，经济发展目标的性质和内容主要取决于社会价值观念，而社会价值观念又影响着生产关系的性质。从这一点来说，经济发展的目标就是经济发展所要达到的社会效果，同时一个社会的发展也离不开一定的经济价值判断，经济社会系统的开放交互模式是经济社会协同发展的基本条件，这一条件成为两者协同发展的前提基础。现实证明：在区域发展过程中，经济社会发展系统越开放，其发展潜力愈大。开放系统特征下，经济社会发展才可能自发组织起来，向更有序的状态发展，最终实现协同发展的格局。耗散结构理论也表明，在系统的进化与退化之间并没有截然分明的鸿沟，所以在经济社会之间，系统开放是其自组织进化的一个必要条件，经济社会要发展，只有两个系统形成充分的开放，才能使两个系统与环境的充分交换成为可能。也就使经济社会系统远离平衡成为可能。在开放环境中，经济社会发展系统交换愈加频繁和有效，这时，在两个系统中内因和外因相互作用，就有了两个系统之间的充分联系，促使两者在相互交换中共同进化。

二 非平衡性动态势能是协同演化的重要动力

事物都是由矛盾构成的，复杂系统中各种矛盾以及矛盾的不同方面在事物发展中的地位和作用常常是不同的，主要矛盾和次要矛盾、矛盾的主要方面和次要方面造成了系统发展中的不平衡性，这种不平衡性也是不同时期、不同条件下矛盾特殊性的重要表现。在系统的发展过程中，主要矛盾和矛盾的主要方面常常会居于优势地位，呈现出较为强势的支配作用，对事物的发展起主导和决定作用，主要矛盾和次要矛盾之间、矛盾的主要方面和次要方面之间也会随着事物的发展形成不平衡现象，从而在两者之间形成地位、作用、价值、重要性等方面的差异和落差，随着系统的不断发展，具有支配地位的矛盾常常表现出更强劲的发展势头，积蓄巨大的能量，形成事物发展的势能，推动系统的发展。在发展过程中，主要矛盾和次要矛盾、矛盾的主要方面与次要方面彼此之间又会相互转化，促进系统向平衡状态发展。这种不平衡性产生的势能成为系统协同演化的重要动力，促进了系统的动态平衡发展。

从理论上来说，经济社会发展常常在不同情形下会以主要矛盾和次要矛盾、矛盾的主要方面和次要方面等形式表现出来，两者之间常常会出现不能平衡发展的现象，经济的发展或社会的发展常常会造成彼此间的不协调，因此经济社会发展常常成为一个从不平衡到平衡不断运动的过程，也是一个失调与协调不断互动的过程。在当今时代，经济社会的巨大变迁不可避免地会造成原来经济社会结构和功能的失调，使各种矛盾冲突不断出现，而经济社会矛盾在不断积累和爆发的过程中，又会催生经济社会协同发展的动力，并通过一系列制度、体制、机制等多种内容的共同竞争与合作相互促进，使经济社会系统各方发挥各自特长优势，及时转轨创新，以求得各方的共同发展和繁荣，进而达到经济社会的多样性和全面协同发展，使各种矛盾得到解决，达到新的协调，实现经济社会发展之间原来平衡关系的突破与超越。另外，随着我国经济社会发展进入新常态，经济社会逐渐形成为一个统一整体，其系统要素之间也会形成有机整合。在这种情形下，经济社会系统通过协同发展模式才能有效汇聚各种经济社会资源和要素，突破经济社会创新主体间的壁垒，充分释放经济社会之间人才、资本、信息、技术等创新要素的活力而实现两者之间的深度合作，最终使两者之间形成以互惠、共享、资源优化配置、行动最优同步为主要特征的高水平系统匹配度，进而形成经济社会共同发展的协同创新动力，促进经济社会高质量发展。

经济社会发展系统也不是彼此孤立和静止状态的系统，它与外界密切联系，整个系统随时间而变化，而作为一个开放的系统，其平衡状态总是相对的，而非平衡状态却是绝对的，其系统内部呈现出不同程度的非均匀性和多样化特点，该系统内部的差异、分化使系统功能趋于复杂，继而使系统中的两个部分远离平衡状态。在非平衡状态下，系统为了趋于完善，经济社会发展两个部分会相互博弈，这便是自组织理论强调的"非平衡是有序之源"理论。对于发展中国家和地区而言，经济社会协同发展演化就经常处于一种明显的非平衡状态，通常经济发展包括经济增速适当、经济发展模式合理、经济结构优化等，而社会发展系统包括政治局势安定，社会秩序稳定、社会核心价值观统一等方面。在现实中，发展中国家和地区经济社会之间经常是非平衡的，是一种远离平衡系统。客观来讲，在发展中国家和地区经济发展普遍注重量的积累，过于强调

GDP 的单纯增长，对社会发展兼顾不够，经济与社会发展不平衡性长期存在。一般情况下，在温饱问题得到解决前，人民群众对社会问题的感受和要求不是特别明显和强烈，可是随着人民群众物质生活水平的日益提高，人民对精神文化、健康安全等方面的需求会日益增长，同时对于政治参与方面的要求也会相应增长，不再仅仅满足于经济小康，对于文化小康、社会小康，甚至政治小康都提出了很多具体的要求。随着经济发展，社会生活变化更加广泛和深刻，社会利益主体进一步多元化，经济社会成分、组织形式、利益分配和就业方式等都进一步多样化，使经济社会系统成为一个远离平衡态的非均衡系统，呈现动态演化的耗散结构特征，经济社会发展系统形成势能差，这成为经济社会协同发展演化的重要动力来源。

三　涨落促进协同演化关系从无序到有序

涨落是自组织的重要动力，指系统中某个变量或行为对统计平均值的偏离，涨落不可避免，是一切实际系统的固有特征。在物质世界不同层次和类型的系统中，"通过涨落达到有序"是自组织理论的基本原理。涨落性与能动性、相关性构成了系统的基本特征。一般来说，在客观世界不同层次不同类型的系统自组织演化过程中，涨落作用在与能动作用、相关作用等因素的交叉作用中，产生了系统内部及其与外界环境间的一定的相互作用，当这种作用在自组织内部达到一定的程度，就会促使系统结构趋向某种结构的对称。在远离平衡的开放系统，涨落是系统演化的内部诱因，在系统演化过程中起着关键性作用，涨落对系统自组织基核的形成发展和奇点的演化具有重要作用，并对系统的自同构、自复制、自催化和自反馈等自组织基本演化形态产生重要影响。这时，涨落作用在与能动作用、相关作用的交互中会产生各种流，一定的物质流、能量流与信息流之间的相互作用，又影响着系统的形成、演化、发展与衰亡过程。

涨落是非平衡系统所表现出来的固有的非均匀性以及非对称牲的突出体现。涨落会导致系统对称性的破缺，没有涨落的发生，系统就无从认知新的有序结构，就没有非线性相互作用的关联放大和序参量的形成，也就不可能有系统向高级形态演化。涨落在系统自组织发展过程中普遍存在，是系统自我调节的重要方式，其对系统自组织体系的形成和演化发展起着重要作用，影响着系统自组织结构的稳定性和有序化进程，系统自组织在系统发展的各个瞬间，各类系统自身及其相互之间会在不同方面和不同阶段上存在各种差异，这种差异会体现为系统自组织过程所固有的千差万别的涨落作用。所以，从一定意义上来讲，差异其实就是涨落。所有的差异产生和变化过程，都是一定的涨落过程。因而，在不同层次各类系统的自组织演化过程中，涨落作用是普遍存在的。而涨落作用的形成往往是时空中各种非平衡态关系的体现，是各种运动过程间非平衡态关系的体现，是相应的由一定复杂关系所构成的复杂机制的产物。

经济社会协同发展演化系统，也是由各种元素之间与外界环境相互协调作用构成的一个有组织的统一体，这一系统也会通过一定的自组织过程而形成、演化、发展和衰落。由于经济社会系统内部和外部各种因素的复杂作用，涨落是必然和普遍存在的，同时涨落也是经济社会协同发展的一种启动力，其产生的作用力会影响经济社会发展自组织体系结构和方式，可以导致经济社会发展形成有序发展的格局，也可以将经济社会发展带入新的不平衡状态。所以涨落是系统发展演化的建设性因素，经济社会系统的演化发展，正是由于一些随机涨落因素的存在，驱动着经济社会系统中的子系统在获取物质、能量和信息时的非平衡过程。因此，在经济社会协同发展的实践中，经济社会系统要特别强调发挥涨落调节功能的积极作用，趋利避害，尽量通过一些微小变化产生巨大的结果性偏差，实现协同效果的最大化。在经济社会发展领域，当涨落被放大后，有时还会出现突变，这时经济社会发展还有可能转换到一个新的运作状态。但是不管在哪一种情况下，按照协同学理论，经济社会系统之中都会区分出来慢变量和快变量。在一定条件下，特别是在经济社会协同发展的临界区域附近，涨落加上非线性相互作用形成的关联放大效应，会进一步加剧协同演化的过程，系统于是会快速形成主导事物发展趋势的序参量，并由这样的序参量主宰系统演化发展的方向和模式。这就是说，正是涨落诱发了支配力量序参量的形成。因此，在经济社会协同发展演化过程中，要特别重视经济社会系统中各种涨落因素形成的建设性作用。

四 非线性作用的整体性发展

线性系统的整体形态通常可由各局部形态叠加或放大得到,从逻辑上说,非线性就是不满足线性叠加原理的性质。因此,叠加原理的成立与否是区别线性与非线性的重要判断依据。从方法论上讲,任何复杂的、整体的事物,我们都可以把它还原为简单的、部分的子系统来研究,然后把各部分的性质、规律加起来就能得到整体的性质、规律,这是研究整体性复杂事物的重要方法。还原论方法虽然取得了辉煌的成就,并且其精神实质仍在指导着人们的实践,但是以线性叠加原理为基础的还原论有其不可弥补的弱点,它忽略了子系统之间的相互作用,认为部分间相耦合构成整体,其中耦合性质对整体性质的贡献不大,其实这正是线性方法适用的前提。然而世界本质上是非线性的,正如直线是曲线的特例一样,在非线性程度较强的情况下,子系统之间的相互作用较强,它对各子系统的性质及系统整体的性质有不可忽略的贡献时,线性叠加原理就不适用了,整体的性质与各部分性质的线性叠加就会有较大的偏离,从而产生整体大于部分之和或整体小于部分之和的结果,这时以线性叠加为基础的经典还原论就不得不让位于以非线性叠加原理为基础的还原论。人类完成了从定量研究线性现象到定性研究非线性现象,再到定量研究非线性现象的过程,这不仅是科学的进步,而且是关于整体与部分关系问题的方法论的成熟和深化。我们知道非线性是复杂性的根源,这不仅表现在事物形态结构的无规律分布上,也表现在事物发展过程中的随机变化上。然而,通过混沌理论,我们却可以洞察到这些复杂现象背后的简单性。例如,气象学家洛沦兹用一组简单的确定性非线性方程的反复迭代便可以模拟天气变化中的无规律性和不可预测性。这使人们想到世界上存在的种种现象,很可能是一些简单的非线性方程反复操作的结果,非线性把表象的复杂性与本质的简单性联系起来,系统的非线性作用就是在系统发生变化过程中,往往有性质上的转化和跳跃。

自组织理论的根本含义就是指系统在无须外界指令控制的条件下,能够自行组织,自行创造,自行演化,即能自主地从无序走向有序,形成有序结构的系统,且结构和功能不断得以提升的不可逆的发展过程。系统的自组织演化离不开非线性作用,非线性作用也是自组织的根本机制，会使得对立的双方成为不可分离、有内在联系的整体，使对立的双方产生有机联系乃至转化。自组织理论认为，系统中各要素或子系统之间的非线性相互作用是系统向有序演化的根本动力机制。通常情况下认为，如果在系统内各要素之间的相互作用仅仅是线性关系，那么无论在系统内如何组合，都只有量的增减而不会带来质的变化，这样的系统就是一种无序的系统，或者是一种表面的、暂时的有序而实则是无序的系统。

现实中，在非线性作用下，经济社会系统产生整体性行为，系统才能真正走向非平衡，系统内的涨落才能得到放大，系统内各要素之间才能发生竞合关系，系统才能产生协同效应，系统才能具有从无序走向有序的动力机制。在一个非平衡系统内经常会有多种变化着的因素，这些因素之间相互联系和制约，决定着经济社会系统的可能状态和演变方向。对于经济社会协同发展演化系统而言，各种要素通过相互作用，最终形成经济社会协同发展价值增值体系，如经济发展使贫富差距缩小，经济发展带动社会保障体系更加完善、经济发展促进民生事业建设，经济发展提高社会福利水平等都是经济社会发展存在复杂的非线性相互作用和反馈机制的体现。在特殊情况下，非线性作用也会导致经济社会系统在时间和空间上对称性的失衡，引起经济社会系统物质、能量、资源、信息等在系统中的各部分重新搭配，从而改变系统的内部结构及各要素之间的相互依存关系，成为系统有序演化的内部源泉。因此，经济社会发展要从无序向有序发展并使系统重新稳定到新的平衡状态，就要在保持开放和远离平衡的前提下，通过两者内部构成要素间非线性、立体网络式的相互作用来完成，使其产生各种效用叠加的非线性因果关系，实现经济社会发展演化关系产生质的飞跃，从而使经济社会协同发展体系形成功能更加趋于完善的有序耗散结构。

第三节 协同方式

一 矛盾个体之间的分化与统一

系统中各种矛盾个体之间在斗争、分异、排斥的基础上形成的竞争与合作是事物协同发展的主要方式和路径。矛盾是客观存在的，系统往往就是一个复杂的矛盾体,在这个复杂系统中,矛盾双方的对立与斗争正是在它们存在这种本质差异的基础上展开的,矛盾双方的分离首先体现在本质差别之中。在激烈的矛盾斗争中,存在着本质差异的矛盾双方常常朝各自相反的方向产生相互作用,即矛盾着的各种对立面之间相互排斥的属性。矛盾的斗争性通常体现为矛盾对立的双方互相分离的性质和趋势,矛盾斗争性的具体表现形式常常为矛盾对立面之间相互否定、相互反对、相互限制、相互离异、相互分化、相互批评等等。矛盾对立面相互排斥的进一步发展是相互克服,矛盾双方都力图剥夺对方的存在,矛盾个体的分化成为系统发展的动力源泉,矛盾个体之间的斗争和分异促进事物从量变产生质变,其结果导致了事物的发展、飞跃。克服是矛盾斗争最高阶段的表现,是矛盾双方相互分离达到极端、顶点的状态。

在一个复杂系统中,矛盾双方相互依存,互为条件,共处于一个统一体中,任何矛盾的对立双方都不能单独存在,而是在一定条件下,各以自己的对立面作为自己存在的前提,如果没有对方,它自己也将不会存在。即"有无相生,难易相成,长短相形,高下相倾,音声相和,前后相随"。因此,复杂系统的子系统常常具有多样性,子系统构成了系统的矛盾个体,这些矛盾个体除了相互斗争之外,不同的个体也会在相互协作中各取所需,形成合作发展的格局,系统协同运行的关键就在于承担不同功能的子系统在运行过程中形成矛盾的统一。矛盾着的对立面之间相互渗透、相互贯通,这是矛盾同一性的更重要的一层含义。矛盾的相互贯通表现为相互渗透和相互包含,矛盾的每一方都包含和渗透着对方的因素和属性,你中有我、我中有你,此中有彼、彼中有此。矛盾双方的相互渗透是矛盾双方相互贯通的一种表现,是矛盾双方的相互包含、相互交叉。它是从相互依存形式上的相互连接进而到内容上的相互连接,因而它是比相互依存更前进一步的同一性状态和阶段。矛盾双方在一定条件下还可以相互转化,这种转化总是向着自己的对立面转化,这也表明对立面之间有互相贯通的性质,有内在的同一性。矛盾双方的相互转化是矛盾双方联结达到极端或顶点的状态,是矛盾双方在相互渗透中准备起来的整体性变化,矛盾双方转化后形成新的统一体,矛盾双方又在新统一体的基础上继续相互依存,因此它又是相互依存的动态形式。

一般情况下，区域经济社会发展既具有相对独立的内涵，同时在各自发展实践中又有着具体的合作诉求，两者彼此联系，具有不可分割的统一性和整体性。一个国家或地区的经济发展就是最大的民生问题，而社会发展则属于国家或地区最大的政治问题。民生与政治这两个看似不同领域的问题实质上从来都是通过和谐发展这一传导机制相互作用并交织在一起的，两者在本质上并没有严格的边界区分，以此推动社会形态从特定形式的传统社会转向特定形式的增长社会。经济社会发展是相互影响、互为因果的关系，特别是在现代社会中，经济发展已经成为社会发展的原动力，对于一个国家或地区而言，良好的经济发展水平和经济的有效增长能为社会发展提供必要的物质基础，从而提高人们的获得感和幸福感，当人们日益增长的物质文化水平得到有效满足的时候，便可以有效减少不和谐事件的发生；但与此同时，经济发展过程中出现的贫富分化、经济结构失调或对公平经济秩序的破坏等不良经济运行现象同样也会传导到社会发展系统，使社会处于无限的压力环境，导致社会结构出现紧张状态以及由此产生的种种社会冲动力量对社会和谐发展造成严重威胁，从而使社会控制的难度加大，增加社会控制成本，造成经济社会的不和谐发展。同理，良好的社会发展环境会以其系统性、整体性、平衡性、协调性、有序性、动态性以及时空开放性为经济发展提供合法性、民主性、稳定性、公平性、效率性和廉洁性的社会生态环境，进而促进经济的持续良性发展。而恶劣的社会发展环境不仅会破坏经济发展所依赖的各类支持系统，增加社会管理成本，甚或还会使经济发展已取得的成果损失殆尽。

二 共治共建的集体行动

随着人类社会的高速发展，价值取向日趋多元，利益诉求更加多样，人类社会发展的各类矛盾也并行存在，风险日益交织叠加。因此，在复杂经济社会环境下，单靠一方的力量很难战胜经济社会发展过程中遇到的各种困难。为了抵御人类面临的更大威胁，增强人类经济社会抵抗风险的能力，共治共建便成为人类经济社会协同发展的重要表现形式和路径选择。具体而言，在共治共建视域下，协同发展方式表现为在系统协同发展过程中，政府通过顶层设计，构建共治共建制度平台，调动各种力量，形成公共参与和优势互补，通过各种共建体制安排、共享制度供给、共享机制支撑、共享共建成果才可以有效推进经济社会共同发展。这种发展方式，能让更多的社会主体参与经济社会协同发展，充分调动各种力量参与到经济社会协同发展的具体行动之中，统筹各种资源支持协同发展，激发人类社会发展的活力，从而在发展过程中形成内生驱动机制和自我化解机制，最大限度地发挥协同治理效应，使更多的社会主体更加公平地享受协同发展带来的成果，最终达到认识统一、行动协调、结果共享的社会化协同发展效益。在人类社会发展过程中，协同发展最终需要形成良性自治的社会化治理格局。

在现实中，经济社会的协同发展就是一个各方协同主体互动的持续性共治共建行为活动。不同协同主体之间能够通过弹性化的协同网络整合各方力量，运用集体行动理念，处理不同协同关系主体之间的矛盾和冲突，使经济社会发展呈现彼此联系，彼此互动，彼此均衡的共治共建格局。在协同发展模式下，经济社会发展的协同主体之间会形成一种协作参与和多元互动的交流机制，采用理性化的决策方式对不同协同主体的利益进行整合优化，培育和发展跨领域的协作机制，提升经济社会发展的公共价值，提高经济社会发展质量，使经济社会发展形成一个物质文明、政治文明、精神文明、社会文明、生态文明全面提升的共同体。在经济社会协同发展格局下，围绕两者协同关系的制度建设也会突出多元主体参与共建的特点，明确协同发展的方向，使协同关系不仅呈现多元、协商、依法、共治的共性，而且又体现出社会化、法治化、专业化的特色。经济社会发展共治共建模式可以有效克服传统管理模式下的经济社会发展单个主体单方参与治理时的信息有限性、利益视角局限等内在缺陷。

三 多元主体实现资源共享

协同理论倡导多元主体在系统发展过程中平等参与、协同合作与共识达成。在系统协同发展过程中，各子系统形式和类型多样，优势各异，发展目标不尽相同，子系统多元化现象越来越突出。在系统发展过程中，出于自身发展的需要，子系统彼此之间的联系及合作交流也会变得更加密切，在不断地融合、竞争及合作过程中，随着子系统之间交流的深入，以往松散的协调机制也将发展成为具有具体职能、具体任务和具体目标的协同平台。各子系统之间可以取长补短，推进统一的协同创新体系的形成和发展，子系统之间最终会成为一个统一的大平台，为系统内部各种要素的合理流动、整合及有效配置创造良好条件，促进系统能够快速集聚优质资源，为各子系统的发展提供配套服务，使其在更大范围和更广领域共享信息、服务等资源，实现资源的高效配置，在最短时间内以最低的成本实现资源的高效协同和有效利用，从而使系统达到优势互补，合作共赢的效应，最终使系统实现资源共享、机制优化、收益增长的协同发展方式，推动系统趋向更高级的平衡状态发展。

经济社会的协同发展模式通常是经济社会发展到一定阶段的必然产物。随着经济社会的不断发展，巨大的经济社会发展成就能为经济社会资源共享提供前提和基础。在经济社会发展成就的推动下，各种经济社会资源会在政府、市场、社会组织、公众之间形成优势互补、功能互惠、价值共享的关系，从而可以构建新型的经济社会关系制度，促进经济资源、教育资源、文化资源、社会福利资源等的优化配置，使各种资源的利用效率达到最佳状态，促进经济社会发展的公平和效率，推动经济社会之间的互惠共赢。经济社会协同关系主体也能够以跨界互动的理念进行资源交换和优势组合，建设性地对各种经济资源、公共财政资源、政治制度资源、政治文化资源、治理信息资源等进行跨区域、跨行业、跨部门的协同配置，解决传统合作模式下单一组织中不能处理或者不容易处理的各种资源合理配置问题。

四　博弈运动中实现新的均衡

系统发展过程中充满了竞争，大量的子系统博弈问题是非合作博弈，在非合作博弈状态下，子系统面对利益冲突时常常会做出相应的策略反应，这种反应的出发点是使自己的期望收益最大化，这时每一个子系统必须在既定的选择里集中做出选择，其最基本的合作状态就是纳什均衡，即在其他参与人选择策略一定的条件下，每一个参与人都选择获得最大支付的策略，这种策略能够满足自己期望收益最大化的需求。所以，大量的非合作性博弈在日常生活中普遍存在，在竞争中实现博弈的纳什均衡也是系统协同演进的重要表现方式。

在经济社会的协同发展过程中，经济社会发展是两个不同的利益组织，代表着不同的利益群体，从博弈论的角度来看，按照个体理性的一般规律，经济社会之间的博弈主体始终追求的是各自利益的最大化，即各方在多数情况下会选择完全有利于自己的策略作为占优策略。纵观经济社会发展历史，很多情况下由于经济社会发展整体水平低下，经济社会系统的外部适应能力较差，所以当经济社会发展进入到重大变革时期，经济发展和社会发展之间的关系也会在特定的时空环境条件下演化，并表现为一种暂时的具有斗争或竞争性质的博弈关系，这种博弈关系最终促成经济发展和社会发展在某种发展水平上保持统一与均衡，这也成为我国经济社会改革和转型过程中经济发展和社会发展协同演化发展的内在动力。但随着经济社会的不断发展，经济社会发展的博弈环境会发生改变，经济社会发展两个不同的利益主体双方都能认识到合作才是两者共同选择的占优策略，通过竞争和合作，才能实现经济社会协同发展的"帕累托最优"，实现各自决策收益的最大化。

五 现实的整体性发展

在系统的发展过程中，除了非合作博弈之外，合作博弈也是系统发展的基本模式，与非合作博弈强调个体收益最大化不同，合作博弈强调系统的整体理性、效率和公平，强调竞争与合作，强调"共赢"。因此协同发展的实质就是子系统关联互动合作博弈模式下的整体性发展。协同理论更强调集体行动和共担合作责任，按照统一的计划或意图，充分调动、周密组织和有效协调各种力量，密切配合，汇聚资源，形成整体力量，建立共同使命和价值观念，协调一致实施计划。系统通过整体性发展模式，可以有效提升系统自身管理和服务能力，实现资源共享和业务整合，解决子系统个体势单力薄，管理和服务能力不足的问题，因此构建整齐划一的业务模式便成为协同发展方式的关键，只有在整体性发展过程中，各类优质资源才能得到集聚和整合，系统才能实现高效、协作的发展目的，最终形成多元主体协同治理的格局，从而满足整个人类社会发展的巨大要求。

人类社会现实的整体性发展要求决定了经济社会协同发展观或整体发展思想的形成，而协同发展观能够全面揭示当前社会发展的存在状态及发展样式。构建和谐社会的内涵和主旨就是要全面追求人本性、全面性、协调性、可持续性等，这些方面都可以从经济社会发展的协同性发展模式中引申、衍生、阐释。协同发展是构建和谐社会的具体方法路径，协同性发展的先进性和多维表现，使其代表了人类社会发展的基本趋势和方向，人的全面发展、社会的协调发展、和谐发展、可持续发展等都是协同性发展的不同角度或方面的具体表现。只有这样的发展观和发展模式，才能在有效克服一系列严重的发展问题实践中，把经济社会的全面发展引向光明和安全的未来。进入新时期以来，我国的经济社会发展已经成为一个有机整体，经济社会发展从发展理念、发展布局和发展实践等方面为两者的协同发展创造了良好的条件和基础。因此，在协同发展模式和路径下，任何一个地区的发展，都不能满足于"个体要素"或"部分领域"的发展，而应当关注经济社会综合结构的协同演进，从经济社会全面发展的视野和需求出发，探寻区域发展的趋势和规律，调整发展思路和模式，这正是研究经济社会协同发展机制发展的主旨要义所在。

第四章 西北地区经济社会协同发展水平测评

第一节 协同发展建设现状

一 协同思想建设现状

党中央国务院历来十分重视西北地区经济与社会发展工作，西北地区经济社会协同发展在我国社会主义和谐社会建设大局中具有重要的战略地位。2000年以来，我国政府在西北地区相继部署了"西部大开发""一带一路""兴边富民"等一系列提升经济社会整体发展水平的重大战略决策，加大了西北地区经济社会改革的步伐。党中央国务院多次指出，中央及西北地区各级政府要在社会主义经济社会发展理论学说的指导下，不断深化这一地区的经济社会体制改革，明确指出要以发展促稳定，以稳定促发展，确保西北地区各族人民群众更加紧密地团结在党和政府周围，努力开创西北地区民族团结、经济蓬勃、社会繁荣发展的新局面，这些指导思想为西北地区改革、发展、稳定协同发展机制的设计与优化创造了良好的基础。

党中央和国务院多次强调，西北地区是西部的战略屏障，是西部大开发的重点，要加快实现西北地区经济持续、快速、协调发展和社会的全面进步。为实现西北地区经济与社会发展的双重目标，中央强调在西北地区这样一个多民族、多宗教、多种语言文字、多种生活习俗并存的特定地域空间，必须坚持中国共产党的领导和社会主义制度，坚持依法治国，维护祖国统一和民族团结。党中央国务院强调必须始终用"邓小平理论""三个代表""科学发展观""社会主义核心价值观""习近平新时代中国特色社会主义思想"来统一西北地区各族干部群众尤其是领导干部的思想，从政治的高度不断加深对西北地区工作特殊性和重要性的认识，实施西北地区持续发展与稳定的战略，促进西北地区经济社会协同发展。在新的历史阶段，党中央国务院和西北地区各级政府提高了西北地区经济社会协同发展的思想认识，在行动上加大了对西北地区经济社会协同发展的决策部署，长期不懈地坚持经济发展和社会发展两手抓、两手都硬的治理思想，通过贯彻落实西北地区经济发展和社会发展工作的各项指示措施，积极践行着西北地区经济社会协同发展的目标路线。

二 协同组织基础建设现状

在经济发展组织建设方面，作为政府机构和部门，西北地区现已建设有各级发展和改革委员会、财政部门、住房和城乡建设部门、商务部门、交通运输部门、科学技术部门、自然资源部门、水利部门、工业和信息化部门、文化和旅游部门、农业农村部门等政府机构，这些机构担负着不同的经济发展职能，构成西北地区经济发展重要的组织基础。在社会发展组织建设方面，除了各级党政组织外，作为维护西北地区社会发展重要的组成部门，西北地区现已建成民族事务委员会、应急管理部门、公安部门、司法部门、民政部门、卫生健康委员会等政府机构，这些机构在维护西北地区社会发展方面各司其职，全面负责西北地区社会发展事务。

在西北地区经济社会协同发展组织建设方面，虽然还没有建成负责经济社会协同发展事务的专门机构，但在实践中，有一些综合性、协调性部门，如各级党委、政府、各级人民代表大会、人民政府办公厅以及作为政府直属特设机构的各级国有资产监督管理委员会等组织机构代表党和政府全面负责组织、统筹、协调及综合管理西北地区行政区域内的经济社会协调发展工作，成为西北地区经济社会协同发展管理的重要组织机构。

以上这些组织机构责权明晰，职能全面，一方面积极推动西北地区经济快速、持续、稳定增长；另一方面也积极为西北地区社会创建稳定的社会秩序，促进了西北地区经济社会有组织、有计划地向前演进。

三 协同制度建设现状

中华人民共和国成立以来,西北地区的经济社会发展均取得了巨大成就,其中,以公有制为主体,多种经济成分并存的所有制制度、社会主义市场经济制度、按劳分配,兼顾公平的分配制度构成了西北地区经济制度的主体。人民代表大会制度、中国共产党领导下的多党合作和政治协商制度、民族区域自治制度、基层群众自治制度成为西北地区社会发展制度的主体,这些建立在社会主义基本制度基础上的经济社会制度成为保障西北地区经济社会协同运行发展的基本制度。在功能上,我国在西北地区实行的一系列经济社会制度有利于保障西北地区各族人民当家做主的权利得以实现,有利于发展西北地区平等团结互助和谐的社会主义民族关系,有利于促进西北地区社会主义现代化建设事业的蓬勃发展。这些制度不仅增强了西北地区各民族、各地区的凝聚力和向心力,使西北地区各族人民把促进当地经济社会发展与促进国家繁荣昌盛的使命结合起来,把热爱本民族与热爱祖国的深厚感情结合起来,从而更加自觉地担负起推动西北地区经济社会建设、捍卫祖国统一、保卫西北地区繁荣与稳定的光荣职责。民族团结、民族平等、共同繁荣的各种制度与规则的形成与完善,为西北地区经济社会协同发展机制建设打下了良好的制度基础。

党的十九大报告指出了加强经济社会协同治理制度建设的重要性和具体途径,西北地区各级党委和政府以党的十九大精神为指引,持续深化改革,推出一系列加强经济社会协同治理制度建设的措施,不断提高经济社会协同治理水平。特别是在信息化社会背景下,在民族区域自治制度的引导下,西北地区经济与社会发展管理借助先进的信息共享平台,优化资源配置和组织效能,从宏观、中观和微观方面入手,对经济社会演化发展进行有目的的干预和处置,实现经济社会管理机制的不断优化和效率的不断提高。当前,在西北地区经济社会系统中,不同机制通过相互作用,基于一定的关联关系,已经形成错综复杂的交互网络和管理体制,并基于协同创新管理机制发挥着积极作用,且不断促进各种创新要素最大化地发挥作用,实现经济社会系统内部资源的高效整合,确保了经济社会发展系统有序、健康运行。

四 协同发展格局

长期以来,在西北地区,经济社会发展虽然分属不同部门管理,但在具体的管理实践中,这两个系统常常能够发挥协同的积极作用,做到协同决策,形成制度化、经常化和有效的"跨界"合作,从而增加经济社会管理的公共价值。

首先,在西北地区各级党政部门能够形成联席议事机制。在西北地区经济与社会发展管理过程中,西北地区各级政府主要是对当地经济发展进行宏观管理,通过充分发挥市场机制的作用,促进资源的合理配置。同时,各级党委主要抓思想、抓方向,为西北地区经济发展创造良好的社会环境和思想保障,党政联席议事机制有力保证了西北地区经济社会发展环境的平稳运行。在这一过程中,虽然各级党委和政府对西北地区经济与社会发展工作的重心有所不同,但在涉及经济社会发展的全局问题上,党政联席议事机制已经成为西北地区经济社会协同发展常态化的工作决策机制。党政联席协同工作机制的主要特点是各党政机关、各部门都在党委统一领导下进行,由牵头的部门或领导组织实施,各部门按照职责分工抓落实,坚持高效协同,在保持现有党政机关、处室机构、职数不变的基础上,通过业务梳理,组织相同、相似或关联度高的机构、部门、处室进行协同,使职能管理更加聚集,责任分工更加明确,协同效率更加高效。

其次,在西北地区经济发展和社会发展领域实现了部门协同工作机制。正如西北地区这一时期政府组成部门建制所表现出的协同关系那样,经济职能部门和社会发展职能部门分工明确,职权明晰。在不同职能部门,其日常业务办理都能按照部门分工由各部门负责人组织实施,但在这些部门分工的同时,部门之间也形成了相应的协调机制,某些部门遇到急难险重任务时,也会由牵头领导协同其他部门共同完成相应的工作任务。西北地区通过实施部门协同工作机制,有效解决了当地经济社会发展过程中工作任务重与部门人员少的矛盾,促进了西北地区经济社会管理工作规范化、科学化、制度化,同时也培养了各部门的全局观念,提高了各部门工作人员的综合素质。当前,在西北地区各级党政管理部门已经形成聚焦总目标,敢于担当、齐抓共管、务求实效的良好局面,部门协同工作机制已经覆盖到西北地区各级党政机关，覆盖到全体干部职工，强化了干部职工全局观念和团结协作意识。

最后，是形成了经济社会发展两个领域的互融互通演化机制。随着"西部大开发""一带一路"等战略的实施，西北地区经济与社会发展子系统都被置于共同管理的开放平台，两者之间的关联日益密切，两者相互融合，资源共享、成果分享的各种创新实践引发许多新现象和新问题，这些现象和问题的出现又进一步引发了西北地区经济社会发展范式与理论体系的重构。党和政府已经意识到西北地区现有的经济社会发展目标、评价体系和方法、发展模式等已不能准确反映当地经济社会之间的影响互动关系，因此在组织保障、制度建设、政策调整、法律法规及标准规范制定等方面都有了许多新的调整。经济社会的全面发展既对政府经济社会协同创新发展产生了显著的"倒逼"效应，也为构建经济社会协同治理模式提供了经验积累以及技术与数据支撑。经济社会协同发展既是"西部大开发""一带一路"等战略背景下西北地区经济社会发展的客观要求，也是这些战略造就的必然结果。

第二节　协同水平测度

一　评价指标体系的构建

（一）评价指标体系的构建原则

经济社会发展是相互区别又相互联系的有机整体，这两个系统各自又由若干相互联系的部分构成，这些不同部分的运行状况影响着经济社会发展的整体质量。因此，在对西北地区经济发展和社会发展评价指标的选取上总体遵循从宏观到微观，从数量到质量的设计思路：

1. 系统性原则。在西北地区经济与社会发展指标体系的构建中，首先突出各指标之间的内部逻辑关系，这些指标不但要从不同的侧面反映西北地区经济社会子系统的主要特征和状态，而且还要反映西北地区经济社会系统之间的内在联系。

2. 区域性原则。在西北地区经济与社会发展系统评价过程中，对西北地区经济社会发展的评价除了从常规的国民经济和社会发展指标角度进行测度外，特别考虑到西北地区特殊的经济社会传统与现实，确保评价指标具有一定的区域代表性和典型性，尽可能准确地反映出西北地区经济社会的区域特征，突出西北地区经济社会发展的地域特色。

3. 动态性原则。在研究过程中，尽量加大研究的时间尺度，从时间序列反映数据的动态变化特征，从而准确反映出西北地区经济与社会发展的互动影响关系规律。

4. 简明科学原则。各指标体系的设计及评价指标的选择简明科学，所选指标要求能直观真实地反映西北地区经济社会发展的特点和状况，各指标尽量简单明了，便于收集，能客观全面反映各指标之间的实际关系。

5. 可比、可操作、可量化原则。在指标选择过程中，注意指标在总体范围内的一致性。指标体系的构建是为西北地区经济社会政策制定和科学管理服务的，指标选取的计算量度和计算方法要求一致统一，可比较，可量化。

6. 综合性原则。西北地区经济社会协同发展评价是对一系列经济社会状况的综合反映，涵盖的范围很广，涉及经济社会事业发展的各个方面，因此要通过构建综合性的指标体系全面准确地测度经济发展和社会发展的协同水平。

（二）评价指标说明

对经济发展而言，不同地区，不同阶段其衡量的标准会有所不同。西北地区地处内陆，属于欠发达地区，其经济发展环境和条件具有特殊性。从这一时期西北地区的现实情况来看，对西北地区经济发展的衡量和评价应当把西北地区经济发展的现实基础和所处的发展阶段及这一时期西北地区区域性的经济发展目标任务结合起来，制定西北地区经济发展评价指标体系。综合西北地区经济发展的具体特点，结合已有的研究文献，将西北地区经济发展的内涵界定为经济发展规模、经济发展结构、经济发展速度、经济发展效率、经济发展的稳定性、经济发展的可持续性、经济发展的创新性 7 个维度集于一体的完整现象。这些指标再进一步通过各自相应的具体指标（共 28 个指标）来体现。（见表 4-1）

表 4-1　　　2006—2015 年西北地区经济发展评价指标构成

评价类型	评价指标	计量单位	指标属性 正指标	指标属性 负指标	指标属性 适度指标
经济发展规模	地区 GDP X_1	亿元	√		
	公共财政预算收入 X_2	亿元	√		
	固定资产投资总额 X_3	亿元	√		
	社会消费品零售总额 X_4	亿元	√		
	进出口总额 X_5	亿美元	√		
经济发展结构	城市化程度 X_6	%	√		
	第一产业贡献率 X_7	%		√	
	第二产业贡献率 X_8	%			√
	第三产业贡献率 X_9	%	√		
	货物进出口总额占 GDP 比重 X_{10}	%	√		
经济发展速度	GDP 增长率 X_{11}	%			√
	公共财政预算收入增长率 X_{12}	%	√		
	固定资产投资总额增长率 X_{13}	%			√
	社会消费品零售总额增长率 X_{14}	%			√
	进出口总额增长率 X_{15}	%	√		
经济发展效率	劳动生产率 X_{16}	元/人	√		
	投资产出率 X_{17}	%			√
	投资效果系数 X_{18}	%	√		
经济发展的稳定性	经济增长波动率 X_{19}	%		√	
	生产价格波动率 X_{20}	%		√	
	消费价格波动率 X_{21}	%		√	
经济发展的可持续性	万元地区 GDP 能源消费量 X_{22}	万吨标准煤/万元		√	
	万元地区 GDP 三废排放量 X_{23}	吨/万元		√	
	环境污染治理投资占 GDP 比重 X_{24}	%		√	

续表

评价类型	评价指标	计量单位	指标属性 正指标	指标属性 负指标	指标属性 适度指标
经济发展的创新性	R&D 投入占地区 GDP 比重 X_{25}	%	√		
	地方财政用于教育和科学事业的支出 X_{26}	万元	√		
	重大科技研究成果奖励数 X_{27}	项	√		
	专利授权数 X_{28}	件	√		

西北地区区位闭塞，区内及周边社会环境复杂，社会发展影响因素多样，西北地区的社会发展全面受当地地缘、政治、经济、文化以及周边环境因素的影响，这一地区现实和潜在的社会矛盾冲突较多，由于西北地区社会自身发展水平的限制，西北地区社会自我防范和治理能力极为不足。基于这些特殊的情况，把西北地区社会发展的内涵界定为由社会痛苦指数、社会幸福指数、社会公平、社会保障、公共安全、人口和家庭构成、社会紧张程度 7 个维度，通过相应的 34 个具体指标构成。（见表 4-2）

表 4-2　　　　西北地区社会发展评价指标体系构成

评价类型	评价指标	计量单位	指标属性 正指标	指标属性 负指标	指标属性 适度指标
社会痛苦指数	通货膨胀率 Y_1	%		√	
	城镇失业率 Y_2	%		√	
	贫困人口比率 Y_3	%		√	
社会幸福指数	人均 GDP Y_4	元/人	√		
	人均住房使用面积 Y_5	平方米/人	√		
	就业率 Y_6	%	√		
	居民可支配收入 Y_7	元/人	√		
	社会消费品零售总额增长率 Y_8	%	√		
	居民消费水平指数 Y_9	%	√		
	居民家庭恩格尔系数 Y_{10}	/		√	

续表

评价类型	评价指标	计量单位	指标属性 正指标	指标属性 负指标	指标属性 适度指标
社会公平	居民人均年收入差距 Y_{11}	元		√	
	城乡人均年收入差距 Y_{12}	元		√	
	区域经济发展基尼系数 Y_{13}	/		√	
社会保障	社会服务事业费占财政支出比重 Y_{14}	%	√		
	社会福利支出占财政支出比重 Y_{15}	%	√		
	社会救助支出占财政支出比重 Y_{16}	%		√	
	自然灾害救助支出占财政支出比重 Y_{17}	%		√	
	医保覆盖率 Y_{18}	%	√		
	养老保险覆盖率 Y_{19}	%	√		
	失业保险覆盖率 Y_{20}	%	√		
公共安全	自然灾害直接经济损失占 GDP 比重 Y_{21}	%		√	
	其他公共安全事故直接经济损失占 GDP 比重 Y_{22}	%		√	
人口和家庭构成	年末人口老龄化比率 Y_{23}	%		√	
	总人口自然增长率 Y_{24}	%			√
	老年人口抚养比 Y_{25}	%		√	
	少年儿童抚养比 Y_{26}	%	√		
	少数民族人口比重 Y_{27}	%			√
	流动人口与常住人口比 Y_{28}	%		√	
	受教育人口比重 Y_{29}	%	√		
社会紧张程度	信访数 Y_{30}	件		√	
	民间纠纷案件 Y_{31}	件		√	
	公安机关查处的治安、刑事案件 Y_{32}	件		√	
	典型的违纪腐败事件 Y_{33}	件		√	
	恶性社会公共安全事件 Y_{34}	起		√	

二　数据来源及评价方法

(一) 数据来源

研究数据主要来源于 2007—2016 年西北五省区的统计年鉴、《中国民族年鉴》、《中国民政年鉴》、2006—2015 年西北五省区国民经济和社会发展统计公报，以及相关网站公布的统计数据，部分数据通过原始数据计算整理获得。

(二) 评价方法

对经济发展和社会发展协同水平进行评价的方法较多，可以采用的方法主要有层次分析法、相对指数法、因子分析法、模糊聚类分析法、主成分分析法等。在该研究所构建的西北地区经济社会指标体系中，由于部分评价指标信息不可避免地会存在不同程度的重叠性，由此可能产生变量之间较大的相关性，而这些评价方法并未充分考虑各分项指标之间可能存在的高度相关性，因此研究拟采用模糊评价法对西北地区经济社会协同发展进行评价，该方法的具体过程如下：

第一步：对初始数据编码。

初始数据编码即是对数据进行命名后得到的样本数据。在本研究中，分别对西北地区经济发展和社会发展进行评价，若以 m 表示年份，n 表示指标，则初始矩阵 A 为：

$$X = \{X_{ij}\}_{n \times m}, i = 1, 2, 3, \cdots, m; j = 1, 2, 3, \cdots, n$$

X_{ij} 表示第 i 个年度第 j 项指标的测量值。

第二步：对指标进行标准化处理。

由于西北地区经济社会系统是一个复杂的系统，评价指标体系之间综合性非常强，而在研究过程中所选择的指标由于性质不同、计量单位不同，各指标间的差异非常大，如果直接使用原始值进行分析，在同一属性的指标中就会突出数值较高的指标在综合分析中的作用，削弱数值水平较低指标的作用，使各指标以不等权重参加统计分析。对于不同属性的指标来说，由于每一项指标的计量单位和数量级并不统一，这些指标之间没有可比性，影响结果的计算。因此在用它们进行综合评价前，首先利用极差方法对原始数据进行标准化处理，使异质指标同质化，即把指标的绝对值转化为相对值，从而得到矩阵 A'，再进行后续计算。本研究中采取的极值法对数据进行无量纲化，即用每一个变量与变量最小值之差除以该变量取值的全距，无量纲化后各变量的取值范围为［0，1］。由于正向指标和负向指标数值代表的含义不同（正向指标数值越高代表结果越好，负向指标数值越低代表结果越好），因此，对于正向负向指标数据需要采用不同的算法进行无量纲化处理，正向指标采用式（1）进行标准化处理；负项指标采用式（2）进行标准化处理；适度值指标采取式（3）进行正向化处理后再按式（1）进行标准化处理。适度指标的适度值根据项俊波（2008）、任保平（2017）及其他学者的相关文献整理而得，投资率的适度值为38%、消费率适度值为60%、投资产出率适度值为25%。考虑到西北地区区位和经济社会实际，第二产业贡献率、GDP 增长率的适度值参考我国中东部经济社会发展较好省区市的指标进行综合测算。按照西北地区经济社会协同发展评价指标体系的内容，各指标标准化处理的结果分别如表4-3和表4-4所示。

$$X'_{ij} = \frac{X_{ij} - \min\{X_{1j}, X_{2j}, X_{3j}, \cdots, X_{nj}\}}{\max\{X_{1j}, X_{2j}, X_{3j}, \cdots, X_{nj}\} - \min\{X_{1j}, X_{2j}, X_{3j}, \cdots, X_{nj}\}} \tag{1}$$

$$X'_{ij} = \frac{\max\{X_{1j}, X_{2j}, X_{3j}, \cdots, X_{nj}\} - X_{ij}}{\max\{X_{1j}, X_{2j}, X_{3j}, \cdots, X_{nj}\} - \min\{X_{1j}, X_{2j}, X_{3j}, \cdots, X_{nj}\}} \tag{2}$$

$$X_{ij} = \frac{1}{|X_{ij} - X_{\text{适度值}}|} \tag{3}$$

第三步：基于灰色理论的经济社会发展关联度测度。

关联度是指不同系统之间的因素随时间或不同对象变化时表现出来关联性大小的量度。在系统相关要素发展过程中，如果两个因素变化的趋势具有明显的一致性，即同步变化程度较高，就可以认为二者关联程度较高；反之，则较低。事物之间的关联作用形式包括前向关联、后向关联和旁侧关联，前向关联是指事物对后置条件或事物的影响，后向关联是指事物发展对前置条件或事物提出新的要求，旁侧关联是指事物的发展使周围事物产生一系列变化。显然西北地区经济与社会发展的关联方式更接近于旁侧关联，研究力图揭示这两个系统之间的旁侧关联影响方式。在对这两个系统关联性评价过程中，数据来源与无量纲化处理方

表4-3 2006—2015年西北地区经济发展评价指标标准化得分

评价类型	评价指标	2006年	2007年	2008年	2009年	2010年	2011年	2012年	2013年	2014年	2015年
经济发展规模	地区GDP	0.0000	0.0034	0.0081	0.0087	0.0170	0.0253	0.0316	0.0383	0.0441	0.0445
	公共财政预算收入	0.0000	0.0032	0.0067	0.0080	0.0134	0.0238	0.0328	0.0432	0.0505	0.0528
	固定资产投资总额	0.0000	0.0019	0.0046	0.0084	0.0131	0.0210	0.0313	0.0438	0.0545	0.0610
	社会消费品零售总额	0.0000	0.0029	0.0072	0.0105	0.0153	0.0218	0.0278	0.0339	0.0400	0.0439
	进出口总额	0.0000	0.0070	0.0200	0.0072	0.0122	0.0209	0.0245	0.0282	0.0283	0.0161
经济发展结构	城市化程度	0.0195	0.0049	0.0069	0.0078	0.0206	0.0227	0.0245	0.0265	0.0349	0.0381
	第一产业贡献率	0.0077	0.0039	0.0156	0.0312	0.0799	0.0058	0.0058	0.0000	0.0214	0.0039
	第二产业贡献率	0.0200	0.0082	0.0243	0.0114	0.0203	0.0103	0.0145	0.0183	0.0178	0.0000
	第三产业贡献率	0.0078	0.0182	0.0000	0.0165	0.0099	0.0158	0.0109	0.0059	0.0082	0.0279
	货物进出口总额占GDP比重	0.0135	0.0158	0.0283	0.0099	0.0092	0.0119	0.0110	0.0102	0.0077	0.0000
经济发展速度	GDP增长率	0.0160	0.0123	0.0123	0.0123	0.0123	0.0197	0.0197	0.0135	0.0074	0.0000
	公共财政预算收入增长率	0.0067	0.0258	0.0212	0.0000	0.0241	0.0413	0.0211	0.0188	0.0067	0.0258
	固定资产投资总额增长率	0.0100	0.0093	0.0140	0.0175	0.0176	0.0269	0.0265	0.0234	0.0111	0.0000
	社会消费品零售总额增长率	0.0162	0.0309	0.0193	0.0084	0.0139	0.0172	0.0110	0.0090	0.0064	0.0000
	进出口总额增长率	0.0162	0.0273	0.0308	0.0000	0.0190	0.0219	0.0148	0.0146	0.0118	0.0027

续表

评价类型	评价指标	2006年	2007年	2008年	2009年	2010年	2011年	2012年	2013年	2014年	2015年
经济发展效率	劳动生产率	0.0000	0.0034	0.0082	0.0085	0.0173	0.0260	0.0323	0.0386	0.0439	0.0425
	投资产出率	0.0409	0.0394	0.0374	0.0245	0.0254	0.0203	0.0126	0.0064	0.0031	0.0000
	投资效果系数	0.0311	0.0285	0.0323	0.0032	0.0363	0.0274	0.0155	0.0124	0.0090	0.0000
经济发展的稳定性	经济增长波动率	0.0123	0.0067	0.0190	0.0277	0.0000	0.0056	0.0128	0.0180	0.0180	0.0190
	生产价格波动率	0.0149	0.0112	0.0000	0.0218	0.0109	0.0068	0.0175	0.0177	0.0180	0.0213
	消费价格波动率	0.0182	0.0124	0.0203	0.0176	0.0000	0.0125	0.0044	0.0238	0.0185	0.0163
经济发展的可持续性	万元地区GDP能源消费量	0.0000	0.0056	0.0140	0.0107	0.0217	0.0228	0.0193	0.0175	0.0177	0.0145
	万元地区GDP三废排放量	0.0084	0.0000	0.0129	0.0106	0.0138	0.0138	0.0138	0.0128	0.0152	0.0170
	环境污染治理投资占GDP比重	0.0218	0.0212	0.0205	0.0186	0.0211	0.0127	0.0117	0.0110	0.0081	0.0000
经济发展的创新性	R&D投入占地区GDP比重	0.0000	0.0000	0.0126	0.0303	0.0290	0.0278	0.0303	0.0315	0.0315	0.0353
	地方财政用于教育科学事业支出	0.0000	0.0026	0.0071	0.0103	0.0163	0.0234	0.0295	0.0346	0.0373	0.0436
	重大科技研究成果奖励数	0.0165	0.0193	0.0011	0.0000	0.0222	0.0140	0.0250	0.0326	0.0286	0.0193
	专利授权数	0.0000	0.0032	0.0028	0.0062	0.0126	0.0133	0.0206	0.0349	0.0371	0.0693

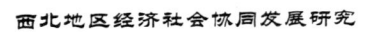

表4-4　　2006—2015年西北地区社会发展评价指标标准化得分

评价类型	评价指标	2006年	2007年	2008年	2009年	2010年	2011年	2012年	2013年	2014年	2015年
社会痛苦指数	通货膨胀率	0.0182	0.0046	0.0000	0.0274	0.0108	0.0021	0.0137	0.0112	0.0182	0.0187
	城镇失业率	0.0000	0.0000	0.0095	0.0048	0.0333	0.0331	0.0238	0.0232	0.0323	0.0181
	贫困人口比率	0.0278	0.0240	0.0252	0.0273	0.0000	0.0015	0.0022	0.0113	0.0216	0.0297
	人均GDP	0.0000	0.0024	0.0058	0.0060	0.0121	0.0182	0.0226	0.0272	0.0309	0.0302
	人均住房使用面积	0.0000	0.0016	0.0047	0.0087	0.0102	0.0110	0.0142	0.0157	0.0173	0.0268
	就业率	0.0000	0.0002	0.0009	0.0027	0.0069	0.0182	0.0289	0.0453	0.0502	0.0567
社会幸福指数	居民人均可支配收入	0.0000	0.0026	0.0047	0.0062	0.0087	0.0121	0.0164	0.0200	0.0261	0.0316
	社会消费品零售总额增长率	0.0080	0.0078	0.0069	0.0055	0.0055	0.0159	0.0102	0.0083	0.0059	0.0000
	居民消费水平指数	0.0000	0.0113	0.0067	0.0093	0.0245	0.0167	0.0273	0.0074	0.0144	0.0186
	居民家庭恩格尔系数	0.0082	0.0089	0.0000	0.0035	0.0061	0.0100	0.0111	0.0167	0.0212	0.0243
社会公平	居民人均年收入差距	0.0222	0.0213	0.0204	0.0194	0.0183	0.0141	0.0104	0.0040	0.0038	0.0000
	城乡人均收入差距	0.0177	0.0159	0.0144	0.0137	0.0125	0.0106	0.0080	0.0061	0.0040	0.0000
	区域经济发展基尼系数	0.0050	0.0074	0.0149	0.0037	0.0124	0.0074	0.0000	0.0186	0.0223	0.0261
	社会服务事业费占财政支出比重	0.0034	0.0034	0.0164	0.0232	0.0307	0.0143	0.0270	0.0257	0.0000	0.0051
	社会福利支出占财政支出比重	0.0101	0.0069	0.0000	0.0038	0.0057	0.0107	0.0245	0.0277	0.0258	0.0189
	社会救助支出占财政支出比重	0.0000	0.0063	0.0142	0.0214	0.0013	0.0219	0.0207	0.0197	0.0231	0.0230
社会保障	自然灾害救助支出占财政支出比重	0.0000	0.0073	0.0075	0.0087	0.0057	0.0094	0.0074	0.0113	0.0126	0.0094
	医保覆盖率	0.0000	0.0029	0.0061	0.0088	0.0119	0.0168	0.0203	0.0227	0.0236	0.0232
	养老保险覆盖率	0.0000	0.0022	0.0056	0.0073	0.0132	0.0201	0.0241	0.0263	0.0279	0.0276
	失业保险覆盖率	0.0000	0.0009	0.0034	0.0048	0.0072	0.0113	0.0142	0.0160	0.0169	0.0171

续表

评价类型	评价指标	2006年	2007年	2008年	2009年	2010年	2011年	2012年	2013年	2014年	2015年
公共安全	自然灾害直接经济损失占GDP比重	0.0119	0.0108	0.0102	0.0147	0.0000	0.0130	0.0110	0.0138	0.0045	0.0062
	其他公共安全事件造成的直接经济损失占GDP比重	0.0156	0.0122	0.0172	0.0068	0.0000	0.0133	0.0110	0.0125	0.0118	0.0109
人口和家庭构成	年末人口老龄化率	0.0194	0.0173	0.0160	0.0161	0.0087	0.0107	0.0099	0.0086	0.0028	0.0000
	总人口自然增长率	0.0153	0.0492	0.0246	0.0000	0.0060	0.0004	0.0113	0.0145	0.0367	0.0201
	少数民族人口比重	0.0000	0.0027	0.0034	0.0058	0.0139	0.0127	0.0153	0.0149	0.0202	0.0284
	流动人口与常住人口比	0.0235	0.0232	0.0222	0.0199	0.0173	0.0147	0.0126	0.0099	0.0000	0.0005
	受教育人口比重	0.0447	0.0261	0.0088	0.0052	0.0068	0.0078	0.0023	0.0000	0.0062	0.0143
	老年人口抚养比	0.0000	0.0021	0.0024	0.0037	0.0167	0.0152	0.0189	0.0210	0.0318	0.0376
	少年儿童抚养比	0.0720	0.0682	0.0492	0.0421	0.0034	0.0030	0.0018	0.0013	0.0012	0.0000
社会紧张程度	信访率	0.0000	0.0013	0.0135	0.0160	0.0163	0.0172	0.0163	0.0180	0.0178	0.0181
	民间纠纷案件	0.0385	0.0253	0.0216	0.0174	0.0155	0.0033	0.0037	0.0000	0.0044	0.0048
	公安机关查处的治安、刑事案件	0.0000	0.0028	0.0022	0.0048	0.0126	0.0207	0.0238	0.0278	0.0425	0.0534
	典型的违纪腐败事件	0.0166	0.0028	0.0054	0.0063	0.0247	0.0331	0.0220	0.0068	0.0097	0.0000
	恶性社会公共安全事件	0.0093	0.0057	0.0108	0.0093	0.0067	0.0060	0.0072	0.0000	0.0068	0.0066

法同上，灰色关联系数采用模型式（4）进行计算：

$$\xi_i(j)(t) = \frac{\min\limits_{i}\min\limits_{j}|Z_i^X(t) - Z_j^Y(t)| + \rho\max\limits_{i}\max\limits_{j}|Z_i^X(t) - Z_j^Y(t)|}{|Z_i^X(t) - Z_j^Y(t)| + \rho\max\limits_{i}\max\limits_{j}|Z_i^X(t) - Z_j^Y(t)|}$$

（4）

在这里，$Z_i^X(t)$、$Z_j^Y(t)$ 分别为 t 时刻经济发展和社会发展指标的无量纲化要素值，ρ 为分辨系数，$(0<\rho<1)$，ρ 的大小决定着 $\max\limits_{i}\max\limits_{j}|Z_i^X(t) - Z_j^Y(t)|$ 对 $\xi_i(j)(t)$ 贡献的大小，对于平稳或正态分布的数据样本来说，ρ 一般取值 0.5，而且 ρ 越大其关联程度越高。考虑到西北地区作为内陆省份，其经济社会发展具有较大的波动性，当序列不平稳时，ρ 如果取值较大，则 $\xi_i(j)(t)$ 受 ρ 的支配较大，以至于 $\xi_i(j)(t)$ 的值会非常接近 1，造成求出的关联度系数彼此更加接近，不便于区别序列之间的差异性。结合西北地区经济社会发展波动性较大的特点以及为了取得良好的区分效果，研究中适当降低 ρ 的取值，根据测算，最后决定 ρ 取 0.25。$\xi_i(j)(t)$ 是 t 时刻的关联系数，$0<\xi\leq1$。

因为按照这一方法计算出的关联系数是西北地区经济发展和社会发展比较曲线与参考曲线在 t 时刻的相对差值，所以它的数值不止一个，信息过于分散，不便于从整体上进行比较。因此，将这些关联系数按样本数 k[①]，求其平均值可以组成一个 $l\times p$ 的关联度矩阵 γ，（式5）反映经济社会发展耦合作用的复杂关系。γ_{ij} 作为关联度的数量表示，可以通过其大小反映出西北地区经济发展和社会发展系统内部指标间的相互关系程度。γ_{ij} 的值通常介于 0 到 1 之间，值越大单个指标之间的关联性就越大，单个指标之间的耦合作用就越明显，反之亦然。当 $0<\gamma_{ij}\leq0.35$ 时，单个指标之间的关联度为弱，指标间耦合作用弱；当 $0.35<\gamma_{ij}\leq0.65$ 时，单个指标之间的关联度为中，指标间耦合作用中等；当 $0.65<\gamma_{ij}\leq0.85$ 时，单个指标之间的关联度为较强，两指标耦合作用较强；当 $0.85<\gamma_{ij}\leq1$ 时，单个指标之间的关联度为极强，耦合作用极强。若取最大值 $\gamma_{ij}=1$，则说明经济发展某一指标 $Z_i^X(t)$ 与社会发展某一指标

---

① k 既可取时间序列样本，也可取截面数据样本，由于本研究有两个不同的系统，有两组不同的截面数据，考虑到以截面数据为样本研究会变得异常复杂，因此根据本研究的特点和需要，取时间序列样本。

$Z_j^Y(t)$ 之间关联性大，即 $Z_i^X(t)$ 与 $Z_j^Y(t)$ 的变化规律完全相同，其中，关联系数的矩阵为：

$$\gamma = \begin{vmatrix} \gamma_{11} & \cdots & \gamma_{1l} \\ \vdots & \gamma_{ij} & \vdots \\ \gamma_{p1} & \cdots & \gamma_{pl} \end{vmatrix} \quad (5)$$

在关联度矩阵基础上分别按行或列求其平均值，得到式（6），根据其大小及对应的值域范围可以遴选出经济发展和社会发展两个系统中最主要的交互因素。

$$\begin{cases} d_i = \dfrac{1}{l} \sum_{j=1}^{l} \gamma_{ij}(i=1,2,\cdots,l;j=1,2,\cdots,p) \\ d_j = \dfrac{1}{p} \sum_{i=1}^{p} \gamma_{ij}(i=1,2,\cdots,l;j=1,2,\cdots,p) \end{cases} \quad (6)$$

为从整体上判别西北地区经济与社会发展两个系统关联度大小，在式（4）的基础上构造西北地区经济与社会发展系统总体关联度模型式（7），通过该模型数值的时序变化可以从时间序列定量评价西北地区经济与社会发展系统关联强度。其计算公式如下①：

$$G_{(t)} = \frac{1}{l \times p} \sum_{i=1}^{l} \sum_{j}^{p} \xi_i(j)(t) \quad (7)$$

式中 $G_{(t)}$ 为两系统的关联度，l，p 分别为经济发展和社会发展系统的指标数。（见表4-5）

表4-5　　　　　　　　关联度等级划分

关联度得分（G）	0＜G≤0.35	0.35＜G≤0.65	0.65＜G≤0.85	0.85＜G≤1
关联度等级	弱	中等	强	极强

第四步：基于灰色关联的经济社会发展耦合度测度。

通过以上分析可以看出，由于关联度是各关联系数的简单平均，而关联系数则是反映单个指标之间的"距离"，无法有效刻画单个指标之

---

① 这个公式的含义是对整个关联矩阵中关联系数的简单平均，有部分学者将此直接按系统之间的耦合度对待，显然会出现评价过程中的共线性问题。

间的影响关系，而耦合度是基于不同系统驱动要素之间的离差性，因此关联度和耦合度既有联系又有区别。耦合度是指两个或两个以上的系统或运动方式之间，通过各自的耦合元素相互作用而彼此影响的一种现象，耦合程度反映二者之间的联系以及联系的密切程度。耦合度与关联度有所不同，耦合度的强弱反映了要素或系统之间的依赖程度，其大小主要取决于要素或系统间对接的复杂性、作用的方式以及数据传输的多少，耦合关系包括控制关系、调用关系、数据传递关系。

耦合分析就是对两个或两个以上的要素或系统进行综合全面的分析，以明确不同系统之间相互影响变化的程度。经济社会发展两个系统的耦合不仅意味着它们的数值较大，而且它们之间的相对离差小，即离差系数越小两个系统耦合性越强，耦合度采用基于变异系数的耦合测度模型测算式（8）：

$$C = \left\{ f(X) \cdot g(Y) \bigg/ \left[\frac{f(X) + g(Y)}{2} \right]^2 \right\}^k \tag{8}$$

其中，C 为耦合度，C 值越大越协调，$0 \leq C \leq 1$，k 为调节系数且一般情况下 $2 \leq k \leq 5$，$f(X)$、$g(Y)$ 为西北地区经济发展和社会发展两个子系统综合水平评价函数，分别为：

$$f(X) = \sum_{i=1}^{l} a_i X_i, \quad g(Y) = \sum_{j=1}^{p} b_j Y_j$$

X_i、Y_j 由初始数据经过无量纲化处理得到。

式（8）反映了经济发展和社会发展系统在一定条件下［即 $f(X)$ 与 $g(Y)$ 之和一定］，经济发展水平与社会发展水平进行组合协调的数量程度。为使西北地区经济发展和社会发展两个子系统综合效益最大，［即 $f(X)$ 与 $g(Y)$ 之积最大］本研究取 $k = 2$。

当 $C = 0$ 时，经济社会发展处于完全不耦合状态，这时经济社会系统之间和系统要素之间处于无关状态，整个系统呈现负涌现，系统最终会向无序发展；$0 < C \leq 0.3$ 时，经济社会之间耦合作用处于较低水平；当 $0.3 < C \leq 0.5$ 时经济社会发展系统结构之间耦合作用处于中等阶段；当 $0.5 < C \leq 0.8$ 时，经济社会发展系统结构之间处于良性耦合阶段；当 $0.8 < C \leq 1.0$ 时，经济社会发展系统结构之间处于高水平耦合阶段，两者之间相得益彰，相互促进。（见表4-6）

表 4 – 6　　　　　　　　　耦合度等级的划分

耦合度 C	C = 0	0 < C ≤ 0.3	0.3 < C ≤ 0.5	0.5 < C ≤ 0.8	0.8 < C ≤ 1.0
耦合等级	不耦合	低度耦合	中等耦合	良性耦合	高水平耦合

第五步：基于灰色耦合的经济社会协同发展度测算。

由于单一的耦合度指标在某些情况下很难反映出系统之间联系的真实情况，特别是对于像西北地区这样经济社会发展水平均较低的地区，在这两个系统中，常常会存在系统的综合评价值 $f(X)$ 与 $g(Y)$ 均较低的情况下，耦合度却有可能较高，因此进一步构建反映西北地区经济和社会协调发展水平的协同发展度模型：

协同发展度计算公式：

$$D = \sqrt{C \cdot T} \tag{9}$$

其中，D 为协同发展度，T 为综合评价指数，$T = \alpha f(X) + \beta g(Y)$，$\alpha$、$\beta$ 为待定权数，对于一个国家或地区的经济社会协同发展来说，通常 α、β 的取值均为 0.5。

21 世纪以来，随着我国区域发展战略的调整，我国政府明显加大了西北地区经济建设的步伐，西北地区经济发展成为当地区域发展的重要内容之一。同时，西北地区在经济发展过程中，因经济发展引发的一系列社会矛盾加剧了社会的不和谐程度，导致社会不稳定因素进一步增多。由于西北地区特殊的民族社会结构和地理区位环境，在西北地区的经济社会发展关系中，社会发展形势比较复杂，稳定对当地改革发展具有特殊的意义，结合西北地区经济社会发展中这些特殊情况，以及党中央对西北地区社会发展问题重要性的特别指示，在研究过程中使社会发展水平权数适当大于经济发展水平的权数，故取 $\alpha = 0.4$，$\beta = 0.6$。（见表 4 – 7）

三　变量的选取及计算

将相关变量的数值分别代入公式（7）、（8）、（9），计算得出西北地区经济与社会发展之间的关联度、耦合度、协同发展度。计算结果分别为表 4 – 8、表 4 – 9、表 4 – 10 所示。

表4-7　经济社会发展系统协同发展度分类体系及其判别标准

第一层次		第二层次		第三层次（基本类型）
D 值	类型	类型	$f(X)$ 与 $g(Y)$ 的对比关系	类型
协同发展类（可接受区间）	0.90—1.00	优质协同发展类	$f(X)>g(Y)$ $f(X)=g(Y)$ $f(X)<g(Y)$	优质协同发展类但社会发展滞后型 优质协同发展类且经济社会发展同步型 优质协同发展类但经济发展滞后型
	0.80—0.89	良好协同发展类	$f(X)>g(Y)$ $f(X)=g(Y)$ $f(X)<g(Y)$	良好协同发展类但社会发展滞后型 良好协同发展类且经济社会发展同步型 良好协同发展类但经济发展滞后型
	0.70—0.79	中级协同发展类	$f(X)>g(Y)$ $f(X)=g(Y)$ $f(X)<g(Y)$	中级协同发展类但社会发展滞后型 中级协同发展类且经济社会发展同步型 中级协同发展类但经济发展滞后型
	0.60—0.69	初级协同发展类	$f(X)>g(Y)$ $f(X)=g(Y)$ $f(X)<g(Y)$	初级协同发展类但社会发展滞后型 初级协同发展类且经济社会发展同步型 初级协同发展类但经济发展滞后型
过渡类（过渡区间）	0.50—0.59	基本协同发展类	$f(X)>g(Y)$ $f(X)=g(Y)$ $f(X)<g(Y)$	基本协同发展类但社会发展滞后型 基本协同发展类且经济社会发展同步型 基本协同发展类但经济发展滞后型
	0.40—0.49	濒临失调类	$f(X)>g(Y)$ $f(X)=g(Y)$ $f(X)<g(Y)$	濒临失调类但社会发展受损型 濒临失调类且经济社会发展共损型 濒临失调类但经济发展受损型
失调衰退类（不可接受区间）	0.40—0.49	轻度失调类	$f(X)>g(Y)$ $f(X)=g(Y)$ $f(X)<g(Y)$	轻度失调类但社会发展受损型 轻度失调类且经济社会发展共损型 轻度失调类但经济发展受损型
	0.40—0.49	中度失调类	$f(X)>g(Y)$ $f(X)=g(Y)$ $f(X)<g(Y)$	中度失调类但社会发展受损型 中度失调类且经济社会发展共损型 中度失调类但经济发展受损型
	0.40—0.49	高度失调类	$f(X)>g(Y)$ $f(X)=g(Y)$ $f(X)<g(Y)$	高度失调类但社会发展受损型 高度失调类且经济社会发展共损型 高度失调类但经济发展受损型
	0.40—0.49	极度失调类	$f(X)>g(Y)$ $f(X)=g(Y)$ $f(X)<g(Y)$	极度失调类但社会发展受损型 极度失调类且经济社会发展共损型 极度失调类但经济发展受损型

表4-8　　2006—2015年西北地区经济与社会发展系统关联度得分

年份	2006	2007	2008	2009	2010	2011	2012	2013	2014	2015
关联度得分（G）	0.6885	0.6897	0.6908	0.6908	0.6868	0.6890	0.6887	0.6885	0.6874	0.6841

表4-9　　2006—2015年西北地区经济与社会发展系统耦合度得分

年份	2006	2007	2008	2009	2010	2011	2012	2013	2014	2015
$f(X)$	0.2815	0.3284	0.4074	0.3478	0.5243	0.5326	0.5532	0.6194	0.637	0.6151
$g(Y)$	0.3779	0.3811	0.3622	0.3838	0.4011	0.4447	0.4915	0.5115	0.5941	0.6369
耦合度得分（C）	0.9577	0.9890	0.9931	0.9952	0.9649	0.9839	0.9930	0.9819	0.9976	0.9994

表4-10　　2006—2015年西北地区经济与社会发展系统协同发展度综合得分

年份	2006	2007	2008	2009	2010	2011	2012	2013	2014	2015
$f(X)$	0.2815	0.3284	0.4074	0.3478	0.5243	0.5326	0.5532	0.6194	0.637	0.6151
$g(Y)$	0.3779	0.3811	0.3622	0.3838	0.4011	0.4447	0.4915	0.5115	0.5941	0.6369
T	0.3393	0.3600	0.3803	0.3694	0.4504	0.4799	0.5162	0.5547	0.6113	0.6282
协同发展度综合得分（D）	0.5701	0.5967	0.6145	0.6063	0.6592	0.6871	0.7160	0.7380	0.7809	0.7923

第三节　经济社会协同发展关系分析评价

一　关联度分析

计算结果表明，西北地区经济与社会发展表现出来较高的关联度。从西北地区经济发展的角度来说，对于西北地区这样一个经济发展环境复杂，经济发展基础薄弱的地区，经济发展更需要一种稳定的社会环境作为保障。这是因为，即使在当代我国社会主义国家时期西北地区的行政地位和经济、社会发展水平均比以前有很大发展，但在国家梯度发展战略下，西北地区经济社会发展仍不可避免地带有一定的区域滞后性，这种滞后性造成西北地区的经济基础比较薄弱，产业结构不合理，经济的竞争优势和比较优势不足，这就在客观上要求西北地区的经济发展必须建立在更加稳定的社会环境中，因为只有社会稳定和谐发展才能使薄弱的经济基础实现不断积累壮大，经济发展的进程才能保持连续性，才能使西北地区的生产力得到根本壮大和发展。也就是说西北地区只有在稳定和谐的社会环境中发展，集聚经济、规模经济和外溢经济的正向效应才能得到实现。邓小平同志曾经就中国经济发展中的社会发展问题十分明确地指出："中国的问题，压倒一切的是需要稳定。没有稳定的环境，什么都搞不成，已经取得的成果也会失掉。"这从根本上概括了稳定和谐的社会发展环境对经济发展的意义。同时，社会发展也离不开经济的发展，因为社会发展是一个具体的概念，经济发展是实现社会发展的根本要求，离开了经济发展，社会发展就会失去所依赖的物质基础，社会发展就会被理想化和抽象化，西北地区各族人民如果长期不能切实感受到经济发展给自己生活带来的实际获得感，就会越来越感到社会福利水平的空洞意义，在心态和观念上就会对我国社会主义制度优越性产生各种质疑，就会动摇西北地区社会安定团结的思想基础。只有经济发展才能使社会财富得到不断积累，从而提高人们的物质文化生活水平，才能体现社会主义制度的优越性，也才能为协调社会利益关系和解决社会基本矛盾提供必要的物质手段，从而实现整个社会系统的稳定。

从实际情况来看，经过多年的建设和发展，西北地区经济发展和社会发展两者关系有一定的关联性：这集中体现在当前我国政府在西北地区的一系列经济措施综合成效比较显著，由于经济的发展，西北地区社会发展的局面在某些方面取得成效。西北地区的经济发展，产生了一定的社会综合收益，如人均 GDP 的增加，消费指数的增长，恩格尔系数降低等，这些经济指标的提高和优化，促进了西北地区社会发展水平的提高，也就是说西北地区的经济发展不光产生了经济红利，同时还产生了一定的社会红利。而西北地区现行的社会发展机制对西北地区经济体制改革形成了某种程度的制约。研究期内，西北地区的社会发展机制仍然是一种鲜明的社会管控主导机制，随着西北地区区域社会的发展，该地区的社会管控机制从激发经济活力、引导经济创新、提高经济效益的角度看，其作用还是非常有限的。西北地区的社会发展，在很大程度上是政府采取一系列政策主导的结果,是建立在政府主导这一模式之上,相应地西北地区社会改革与经济改革的配套性和适应性方面就比较差,因此西北地区的社会发展实质是建立在以耗费巨大的社会资源和社会管理低效率的基础之上。这样,西北地区当前的社会发展局面应当是一种政府主导意义上的外驱式发展,而不是经济社会内部和谐共生条件下形成的内生性协同发展。如果从经济社会发展环境来说,这种发展格局脱离了经济社会发展的一般科学规律,因此这种经济发展模式与社会发展模式之间不是自发匹配的。在现实中,由于这一时期西北地区社会管理的核心在于维稳,相应地西北地区经济发展功能地位会被降低和削弱,加上西北地区维稳方式比较传统,造成了西北地区经济发展中所依赖的社会管理成本非常高昂,所以这种经济社会管理关联模式对当地经济社会发展效率和发展环境的维护作用都十分有限。

二 耦合度分析

经济社会发展的耦合关系是两者之间存在的动态关联关系,它描述的是经济发展和社会发展相关属性相互接近的动态适应过程,既是两者形成协同关系的基础,也是两者协同发展的核心。经济社会的耦合发展,可以有效化解两者之间的矛盾。借助经济社会发展的耦合作用,可实现经济社会相关领域资源利用效率的最大化,促进资源要素流向的最优化,再结合经济社会耦合创新,有助于构建崭新的经济社会关系体系。经济社会发展耦合的目的是提升两个系统内部的竞争力,通过两者的互补与耦合发挥协同效应。从宏观层面来看,虽然经济社会发展看似彼此各自独立,但事实上两个系统一旦相互脱离,两者都难以持续健康发展,这是由于社会发展能够为经济的发展壮大提供承载空间,反过来经济的发展能为社会发展提供物质基础和动力支撑。从微观层面来看,经济的发展需要借助社会发展的支持,借助各种社会保障来化解经济发展风险,经济社会的耦合发展,还会衍生出新的业务模式,特别是为和谐社会建设提供崭新的解决方案,促进经济社会发展领域的融合创新。因此,经济社会发展从客观上存在着相互影响、相互促进的耦合关系。

耦合度是衡量西北地区经济发展和社会发展的离差性,经济社会耦合发展既能够有效壮大经济社会的发展能力,又能够有效分散经济社会发展风险，从而为经济社会发展培育新的发展动力。从计算结果来看，2006—2015年西北地区经济与社会发展之间的耦合度处于较低水平。在个别年份，两者的耦合度在时序上的表现有失调现象，两者特征并不完全一致，这说明西北地区与发达地区不同，发达地区经济社会发展在关联性和耦合度变化趋势上通常是高度一致的，而西北地区经济与社会发展之间是较高关联而低耦合的关系，西北地区经济社会发展不平衡、不协调集中体现为经济发展过程中引发的资源问题、生态问题、贫富分化问题、经济体制问题、公共福利问题、经济正义、社会正义问题等。

总体上看，西北地区经济社会发展的耦合性是经济社会发展过程中表现出的一种现代经济社会关系，这种关系集中地体现为西北地区在经济转型过程中现代工业化制度衍生出来的一系列社会问题，这些问题的出现在个别年份引发了经济社会之间结构性功能失调，造成西北地区经济发展和社会发展系统的结构性不平衡性。

三 协同发展度分析

协同发展度是指为实现某一目标，两个或两个以上的主体相互协作，共同发展达到双赢的效果，不同经济社会主体之间形成耦合协调发展是一个区域经济社会可持续发展的基础。耦合协调发展状态下，系统及其子系统之间相互适应、协作、配合、促进、最终耦合形成良性循环态势，这时系统可以实现最优化，响应以及适应环境约束，即系统之间形成协同发展的良好格局。经济社会耦合协调发展就是指在一定区域范围内，经济发展和社会发展两个系统演变过程中其系统构成要素之间相互依存、相互适应、相互促进和相互调整，使其结构不断优化，系统有序程度不断提升的动态发展过程，从而形成一种内在稳定的运行机制。即通过经济发展和社会发展两个子系统之间的非线性相互作用，达到单个子系统所无法实现的结果或目标，产生"$1+1>2$"的协同发展效应。

2006—2015年，西北地区经济社会协同发展度整体水平偏低。这一阶段，西北地区正处于经济社会改革发展的重要转型期，在这个特殊时期，西北地区经济与社会发展之间的各种矛盾冲突关系集中爆发出来，这些矛盾集中体现为西北地区经济社会发展并没有有效解决相应的资源环境问题、贫富分化问题、计划经济问题、公共福利问题、生态问题等。

以上问题引发了许多社会问题，使西北地区经济与社会发展之间形成了巨大的掣肘。这一时期也是西北地区经济体制改革的关键时期，从国家宏观政策来看，这一时期我国中央政府对西北地区经济体制改革给予了相对倾斜的政策，在这些利好政策的引导下，西北地区经济总量取得了较快的增长，经济改革的红利首先在经济规模上得到了体现。但是增长多为数量规模上的扩大，发展在一般情况下指质量意义上的提高，这是我国经济社会改革领域需要面临的一个基本问题。今天无论是学术界还是政府对经济增长与经济发展的区别已经形成了较为正确的认识，且把这一基本问题总结成科学发展观而贯穿于我国经济社会体制改革进程之中，对提高经济社会耦合协调发展水平产生了巨大的理论引导作用。然而，从西北地区这一时期经济发展和社会发展协同发展度不高的现实情况来看，西北地区经济发展和社会发展领域确实受过是增长还是发展等这些基本问题的干扰，而且对这一问题的认识程度也决定着西北地区经济发展和社会发展质量水平的提升幅度，即西北地区的经济发展和社会发展是不是在科学发展观的统领下实现经济社会发展质量的提高，西北地区经济增长是不是发展意义上的增长。同样，西北地区的社会演变是不是发展意义上的社会质量提升，西北地区经济社会演变是不是经济社会发展催生的结果。对这些问题都要进行辩证分析，使西北地区的社会发展在经济增长的同时形成一种长效的可持续发展机制，这样才能实现西北地区经济与社会发展的长期协调和均衡。同理，西北地区经济的发展也需要有一个持续、健康、和谐的社会发展环境，但并不是说西北地区社会和谐稳定了，经济就一定能够得到发展，问题的关键还是要看西北地区社会到底是不是通过内生性动力驱动实现的和谐稳定。只有界定清楚西北地区经济是如何增长的以及社会是如何发展的这两个基本问题，才能真正理顺西北地区经济与社会发展耦合过程中谁是主导、谁是从属以及它们之间合乎逻辑的作用关系，否则我们只能一直在这两者的悖论关系中徘徊。从这一点来看，西北地区的经济社会发展的协同发展度比较差，例如在研究期内西北地区在经济高速增长的同时社会财富分配的公平机制相对不完善，加剧了社会贫富分化，社会阶层固化，破坏了社会的正义性和公平性，这些问题是导致西北地区经济社会耦合协调度相对较低的根本原因。

另外，在西北地区经济社会发展过程中，西北地区社会体制改革制度供给数量和质量与经济体制改革也不匹配。西北地区社会发展体制改革明显要迟滞于经济体制改革，当地的社会发展与经济发展匹配度不高。从经济社会发展的互动影响关系来看，这体现出在西北地区，社会发展问题的出现与解决并不是在经济体制改革之前就预判到且制定了相应的解决方案，而通常是在经济增长造成社会管理成本日益沉重且激化了社会矛盾时，社会体制改革对社会发展与经济发展长效协同机制的重要性才被显现出来，倒逼着当地进行相关领域的社会改革，以此来维护社会发展。一个明显的例子就是在西北地区经济发展中就曾经出现过多起"先污染，后治理"的现象。面对经济发展过程中各种频发的社会公共危机，社会公众维权诉求与日俱增，而若维权行为无法得到及时有效的回应，必然就会形成以各种维权为主要目标的群体性事件，影响社会的和谐发展。所以，在西北地区这样一个特定地域，很多情况下社会体制改革实际是对经济发展造成的社会问题的一种应激性反应。而在这种情况下，西北地区社会改革表现出来的目的在很大程度上也仅仅是回应强烈的社会不满和潜在的不稳定。整体来看，西北地区社会发展改革机制缺少明确的设计与及时的实施，常常在时效性上非常差，社会体制改革的滞后造成西北地区经济发展与社会发展矛盾愈加突出，这对西北地区经济社会的耦合协调发展产生了较大的影响。

四　总结评价

按照马歇尔的观点，社会体制改革是适应政治权力来取代、补充或修正经济体系的运作，通常情况下可以达到经济体制改革本身无法达到的结果。在西方发达国家和地区，社会政策已经占据所有国家公共政策的核心地位。而相比之下，我们就能看清这一时期西北地区经济社会耦合协调发展的问题所在。事实证明，在西北地区经济社会转型期，西北地区一直试图通过发展经济来平息社会各种不和谐因素的出现，但由于社会改革的滞后性，经济社会发展产生了比较严重的结构性失衡，由于西北地区社会改革总表现为是对经济改革引发的各种不良后果的弥补和回应，因此在本质上难以实现经济社会发展的动态平衡和互补，这正是西北地区经济发展和社会发展耦合协调度不高的根本原因。

实际上，这一时期西北地区在特定的时空背景条件下，经济发展和社会发展之间的边界也并不是非常清晰，特别是由于急于改变区域经济发展落后现状，经济发展常常会侵入社会发展系统，对社会发展系统造成严重破坏，更有甚者使社会发展系统的某些政策被过度商品化，例如教育、医疗、住房等本该被社会化的事业却被严重商业化，削弱了社会发展的基础。当然，在这一时期西北地区经济与社会发展的关系上，受制于西北地区经济社会发展基础条件的限制，我国政府在经略西北地区的经济社会问题上，一直试图在这两个领域通过深化改革，引入新的经济社会政策来解决这两个领域耦合协调过程中出现的不良后果，力图通过市场的引导，采取经济社会协同发展的混合策略方式来解决经济社会协同发展问题，（例如"科学发展观"和"和谐社会"建设）而且对已经出现的问题总在及时纠偏修正，我国政府正是在这种积极的宏观管理方式下，西北地区经济社会发展才避免了出现严重不良问题的结果。

经济社会协同发展问题是一个普遍的问题，不同国家和地区都存在着不同程度、不同类型的经济社会协同发展问题，对协调的解释通常都是以经济社会结构的互补性为基础。西北地区经济与社会发展系统协同发展度低意味着在这两个系统之间存在互补性的巨大空间，但如果这两个系统的行为主体没有能力协调或主观上不愿意协调两者之间的关系，就会造成这两个系统处于帕累托发展的劣势状态，无法达到"合意"的纳什均衡，使西北地区经济社会协同发展整体质量的提升陷于停滞，难以向更高水平的均衡状态演化。

研究期内，西北地区的经济社会发展协调度虽然在逐年提高，但提升的幅度较小，这表明西北地区经济与社会发展系统的协调关系逐渐好转，但现有的调节机制本身并非一种高效率的调节机制，还存在诸多问题。因此为了尽量减少经济社会发展领域规制的非完全理性可能造成的负面反应，以及避免经济社会体制本身所具有的固化、惯性、滞后等缺陷，西北地区经济与社会发展要求在制度建设与政策决策的设计中纳入制度本身具有的可调节性、灵活性、动态性等特点，适时地对西北地区经济与社会发展出现的不协调性进行评判，在西北地区经济与社会发展取得阶段性成效的背景下再看西北地区的经济社会发展，适时地对西北地区经济社会发展战略进行调整，从而形成合理且极具适应性的弹性管理机制，最大限度地实现西北地区经济与社会的协同发展。自1999年国家实施西部大开发战略以来，西北地区的经济社会发展步入了快车道，西北地区经济社会发展关系的演变日新月异。西北地区的经济社会发展战略在新的阶段需要进行动态评价，通过对西北地区经济发展和社会发展动态变化关系进行协调控制，密切跟踪各种经济社会发展政策的实行效果，根据相关反馈信息不断进行修正矫正，通过这种动态的调整，以期实现更好的实施效果，从而促进西北地区经济社会的协同发展。

实践证明，对于一个相对落后的社会来说，国民经济发展的首要目标通常是为了促进社会物质发展水平，而当社会发展进入高级化的时候，国民经济发展的目标通常会转变为改善人民的生活水平和提高社会福利水平，而后者是一个国家或地区经济社会发展最富成效的耦合协调发展路径之一。所以，在经济发展和社会发展耦合关系运动中，当社会发展能够通过经济方式加以解决以及经济发展能够通过社会发展而得到保障的时候，也就预示着经济社会系统进入了良性的自适应发展阶段。这时，经济越增长，促进社会发展积极因素越多，对社会发展的贡献度就越大；同样，社会越稳定，经济发展的外部环境就越有利，经济发展的机会就越多，从而两者形成良性的相互促进机制，这时政府的管理职能通常会发生转变，政府会及时从经济社会管理职能中抽身，简政放权，特别是弱化行政化的经济管理模式和政治化的社会发展手段，从而不仅可以改变政府强势管理的形象，有效树立开放亲民的形象，而且能培育公平高效的经济发展环境和柔性的社会发展秩序。在这种状态下，经济社会发展会形成高度的耦合协调内生机制，这种协调关系模式才是经济社会系统最富逻辑关系和逻辑关系最清楚的体现。

第五章 西北地区经济社会协同发展机制演化及困境分析

第一节 序参量演化模型的构建

自组织理论是研究系统内部演化机制的理论，其基本要点是：在没有外部指令条件下，一个开放的非线性且远离平衡态的系统内部各子系统之间能按照某种规则自身形成结构功能的自组织现象，且如果外部控制变量达到某个阈值时，系统在随机涨落作用机制的触发下，可以与外界形成良好的交换功能，从而突变形成新的更有序的结构。由于系统内部各种子系统的性质及其对系统的影响不相同和不平衡，所以自组织理论强调任何一个系统演化首先表现为该系统结构的变化，如果控制变量发生变化，且能够把系统推过线性失稳点时，这种影响的差异和不平衡就暴露出来，系统演化的动因在于系统内部发展存在着不稳定性。

哈肯把协同学基本原理概括为三个：不稳定性原理、序参量原理和役使原理。对于协同学的具体概念、协同发挥效用的具体机理以及协同实现的具体方法等问题，目前还存在着诸多模糊的理解和认识。与协同学紧密关联的还有如下相关理论：复杂适应系统理论、和谐管理理论、超网络均衡理论、时空网络理论等。综合各方面理论，本研究认为，协同的核心思想是多个子系统或者系统中不同元素围绕一个共同目标，相互作用、彼此协作而产生效益增值的过程。协同的目的是通过多个子系统的并行行为，避免互相作用的不利因素，降低子系统之间的负面干扰，全面提高系统整体效益。

为衡量系统的有序度，哈肯在协同理论的基础上提出了哈肯模型，该模型通过识别描述宏观有序度的序参量来判断系统的演化阶段、特征和机理。哈肯运用数学方法对系统的各种参量进行处理,在此基础上提出了绝热消去法,就是在结构演化后的方程中判断各项参数能否满足绝热近似的假设,从而求解势函数。

假设一个系统在某一时刻 t 的行为效果 $q(t)$ 如果仅仅取决于该时刻的外力 $F(t)$,且结果会随着时间的推移而衰减,即 $F(t) = ae^{-\delta t}$,其中 α 是常数,δ 是阻尼系数,在这种情况下方程 $\dot{q}_{(t)} = \lambda q + F(t)$ 的解为

$$q(t) = \frac{\alpha}{\lambda - \delta}(e^{-\delta t} - e^{-\lambda t}) \tag{1}$$

由于系统会对外力响应产生瞬时性,所以系统演化的过程会进行得很快,以至于系统在这一过程中来不及与外界发生能量交换,因此也将这一响应过程称为"绝热"过程。假设系统的行为效果随时间的衰减比外力随时间的衰减快得多,即系统的阻尼远大于外力的阻尼,($\lambda \gg \delta$)则:

$$q(t) = \frac{\alpha}{\lambda}e^{-\delta t} = \frac{1}{\lambda}F(t) \tag{2}$$

$\lambda \gg \delta$ 是使用绝热消去法对快变量进行消除的前提假设,这一原理称为绝热近似原理。

哈肯通过引入统计学对自组织问题进行了深入的研究,用数学形式把在一定外部条件下由系统内部不同变量相互作用使系统发生的演变过程进行描述。首先设定了快变量和慢变量,通过计算可以区分出快变量,同时找到系统演变的线性失稳点,消去快变量,得到序参量方程,通过对序参量进行有效的识别来对系统的阶段演化进行评估,从而研究系统有序结构的自发形成演化过程。假设 q_1 表示子系统Ⅰ的状态变量,q_2 表示子系统Ⅱ的状态变量,q_1 为该系统中的内在驱动力,q_2 被 q_1 所控制,则两个子系统的运动方程可表示为:

$$\dot{q}_1 = -\lambda_1 q_1 - aq_1q_2 + \varepsilon_1 \tag{3}$$

$$\dot{q}_2 = -\lambda_2 q_2 + bq_1^2 + \varepsilon_2 \tag{4}$$

其中,$\dot{q}_1$ 和 $\dot{q}_2$ 分别为子系统Ⅰ和子系统Ⅱ状态变量的一阶导数,a、b、λ_1、λ_2 表示控制参数,其中,a、b 分别反映 q_1 和 q_2 的相互作用强度,λ_1 和 λ_2 分别表示子系统Ⅰ和子系统Ⅱ的阻尼系数。上述方程反映了在西北地区经济社会系统中,经济发展和社会发展两个子系统的相互

作用。在上述条件下，当系统达到一个定态解，即 $\dot{q}_1 = \dot{q}_2 = 0$ 时，$|\lambda_2| \gg |\lambda_1|$，且 $\lambda_2 > 0$，则表示子系统的状态变量 q_2 的阻尼远大于内力 q_1 的阻尼，表明子系统变化和减弱的速度快于内力的变化和减弱。因此，称其满足绝热近似原理。若"绝热近似假设"成立，突然撤去 q_2，q_1 来不及变化。

令 $\dot{q}_2 = 0$，求得：

$$q_2 \approx \frac{b}{\lambda_2} q_1^2 \tag{5}$$

由式（5）可以看出 q_2 的大小取决于 q_1，内力 q_1 支配控制着子系统和参量 q_2，子系统和参量 q_2 根据内力 q_1 变化而变化，内力 q_1 就是系统的序参量，q_1 的变化支配着整个系统的有序度，主宰着系统的演化。

根据上述序参量演化方程，由于序参量支配着整个系统，因此这也是系统演化方程，将式（5）代入式（3），得到序参量方程为：

$$\dot{q}_1 = -\lambda_1 q_1 - \frac{ab}{\lambda_2} q_1^3 \tag{6}$$

为了便于应用，可将哈肯模型离散化为：

$$q_1(t+1) = (1-\lambda_1) q_1(t) - a q_1(t) q_2(t) \tag{7}$$

$$q_2(t+1) = (1-\lambda_2) q_2(t) + b q_1^2(t) \tag{8}$$

哈肯模型的主要作用是对系统参量间的序参量进行有效的识别，通过确定系统主要作用参量来构造参量两两间的运动方程。所以利用哈肯模型，可以有效识别出系统的序参量并评估整个系统的协同演化规律及特征。通常情况下，系统所呈现的多种动态演化行为表现为以下两种情形：

第一，a 和 b 分别反映了 q_2 对 q_1 的协同影响与 q_1 对 q_2 的协同影响。当 $a > 0$ 时，q_2 对 q_1 起阻碍作用，a 的绝对值越大，阻碍作用力越强；反之，当 $a < 0$ 时，q_2 对 q_1 起助推作用，其绝对值越大，推动力则越大；b 反映了 q_1 对 q_2 的协同影响。当 $b > 0$ 时，q_1 促进 q_2 的增长；反之，当 $b < 0$ 时，q_1 阻碍 q_2 的增长。

第二，λ_1 和 λ_2 分别反映了系统所建立起的有序状态。当 $\lambda_1 < 0$ 时，表明 q_1 子系统已建立起正反馈机制且促进系统有序演化，λ_1 的绝对值越大，有序度也越高；当 $\lambda_1 > 0$ 时，表明 q_1 子系统呈现负反馈机制，λ_1 的绝对值越大，系统无序度也越高，系统的涨落得以放大；当 $\lambda_2 < 0$ 时，表明 q_2 子系统呈现正反馈机制，能够促使系统有序度增强；当 $\lambda_2 > 0$ 时，表明 q_2 子系统已建起有序度增强的负反馈机制。

第二节 变量选取及计算

哈肯模型本身要求至少两个变量参与运算，本研究选取 2006—2015 年西北地区经济发展质量（EDQ）和社会发展质量（SDQ）得分作为研究样本，分析 2006—2015 年西北地区经济与社会的协同发展关系，样本数据来源为通过熵权法计算而得的经济发展质量综合得分和社会发展质量综合得分。熵权法的计算过程如下所示。

第一步、第二步与第四章数据处理步骤及方法相同。

第三步：计算第 j 项指标下第 m 个样本值的权重。

数据标准化处理后，可计算出相应指标值的权重，即第 i 个年度第 j 项指标的比值 P_{ij}，得到无量纲的矩阵 B，计算方法如式（9）：

$$P_{ij} = \frac{X_{ij}}{\sum_{i=1}^{m} X_{ij}} \tag{9}$$

第四步：计算第 j 项指标的熵值。

计算出指标权重后，可以求得相应指标的熵值数 e_j，用来反映第 j 项指标的信息量。

$$e_j = -k \sum_{i=1}^{m} P_{ij} \ln P_{ij} \tag{10}$$

其中：$j = 1, \cdots, n$

$k = 1/\ln m > 0$，$0 \leqslant e_j \leqslant 1$

第五步：计算信息冗余度。

信息的冗余度 d_j 又叫差异度，反映第 j 项指标每个年度所得数据间的差异性，其中信息冗余度 $d_j = 1 - e_j$。

第六步：计算各项指标的权重。

由于每项指标的权重信息不明确，把权重 W_j 用差异度 d_j 表示，差异度越大则权重越大。

$$W_j = \frac{d_j}{\sum_{j=1}^{m} d_j}, j = 1,2,3,\cdots,m \qquad (11)$$

第七步：计算各样本的综合得分。

对每个年度下不同指标的标准化数值加权求和，即可得到综合得分 F_i，将不同年度的指标综合得分进行排序，得分越高表示该年度的指标综合发展质量越好；反之则较差。

$$F_i = \sum_{j=1}^{m} W_j X_{ij}', i = 1,2,3,\cdots,n \qquad (12)$$

在研究中，各指标的综合得分 F_i 取值范围为 [0, 1]，当 $0.8 < F_i \leq 1$ 时，表示该指标综合发展质量优秀；当 $0.5 < F_i \leq 0.8$ 时，表示该指标综合发展质量良好；当 $0.2 < F_i \leq 0.5$ 时，表示该指标综合发展质量中等；当 $0 \leq F_i \leq 0.2$ 时，表示该指标综合发展质量较差。

按照以上计算方法，2006—2015 年西北地区经济发展质量（EDQ）和社会发展质量（SDQ）指标权重、评价指标质量得分、评价类型质量得分、质量综合得分分别如下：

表 5-1　2006—2015 年西北地区经济发展质量评价指标构成及权重

评价类型	评价指标	信息熵	冗余度	指标权重（%）
经济发展规模（权重 0.2305）	地区 GDP X_1	0.8616	0.1384	0.0445
	公共财政预算收入 X_2	0.8358	0.1642	0.0528
	固定资产投资总额 X_3	0.8102	0.1898	0.0610
	社会消费品零售总额 X_4	0.8634	0.1366	0.0439
	进出口总额 X_5	0.9120	0.0880	0.0283
经济发展结构（权重 0.1985）	城市化程度 X_6	0.8815	0.1185	0.0381
	第一产业贡献率 X_7	0.7517	0.2483	0.0799
	第二产业贡献率 X_8	0.9244	0.0756	0.0243
	第三产业贡献率 X_9	0.9131	0.0869	0.0279
	货物进出口总额占 GDP 比重 X_{10}	0.9119	0.0881	0.0283

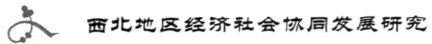

续表

评价类型	评价指标	信息熵	冗余度	指标权重（%）
经济发展速度 （权重 0.1341）	GDP 增长率 X_{11}	0.9389	0.0611	0.0197
	公共财政预算收入增长率 X_{12}	0.9199	0.0801	0.0258
	固定资产投资总额增长率 X_{13}	0.9165	0.0835	0.0269
	社会消费品零售总额增长率 X_{14}	0.9038	0.0962	0.0309
	进出口总额增长率 X_{15}	0.9044	0.0956	0.0308
经济发展效率 （权重 0.1211）	劳动生产率 X_{16}	0.8635	0.1365	0.0439
	投资产出率 X_{17}	0.8728	0.1272	0.0409
	投资效果系数 X_{18}	0.8872	0.1128	0.0363
经济发展的 稳定性 （权重 0.0733）	经济增长波动率 X_{19}	0.9138	0.0862	0.0277
	生产价格波动率 X_{20}	0.9322	0.0678	0.0218
	消费价格波动率 X_{21}	0.9262	0.0738	0.0238
经济发展的 可持续性 （权重 0.0617）	万元地区 GDP 能源消费量 X_{22}	0.9289	0.0711	0.0229
	万元地区 GDP 三废排放量 X_{23}	0.9471	0.0529	0.0170
	环境污染治理投资占 GDP 比重 X_{24}	0.9323	0.0677	0.0218
经济发展的 创新性 （0.1808）	R&D 投入占地区 GDP 比重 X_{25}	0.8902	0.1098	0.0353
	地方财政用于教育和科学事业的支出 X_{26}	0.8645	0.1355	0.0436
	重大科技研究成果奖励数 X_{27}	0.8988	0.1012	0.0326
	专利授权数 X_{28}	0.7845	0.2155	0.0693

表 5-2　2006—2015 年西北地区经济发展评价指标质量得分

评价类型	评价指标	2006 年	2007 年	2008 年	2009 年	2010 年	2011 年	2012 年	2013 年	2014 年	2015 年
经济发展规模	地区 GDP	0.0000	0.0034	0.0081	0.0087	0.0170	0.0253	0.0316	0.0383	0.0441	0.0445
	公共财政预算收入	0.0000	0.0032	0.0067	0.0080	0.0134	0.0238	0.0328	0.0432	0.0505	0.0528
	固定资产投资总额	0.0000	0.0019	0.0046	0.0084	0.0131	0.0210	0.0313	0.0438	0.0545	0.0610
	社会消费品零售总额	0.0000	0.0029	0.0072	0.0105	0.0153	0.0218	0.0278	0.0339	0.0400	0.0439
	进出口总额	0.0000	0.0070	0.0200	0.0072	0.0122	0.0209	0.0245	0.0282	0.0283	0.0161
	城市化程度	0.0195	0.0049	0.0069	0.0078	0.0206	0.0227	0.0245	0.0265	0.0349	0.0381
经济发展结构	第一产业贡献率	0.0077	0.0039	0.0156	0.0312	0.0799	0.0058	0.0058	0.0000	0.0214	0.0039
	第二产业贡献率	0.0200	0.0082	0.0243	0.0114	0.0203	0.0103	0.0145	0.0183	0.0178	0.0000
	第三产业贡献率	0.0078	0.0182	0.0000	0.0165	0.0099	0.0158	0.0109	0.0059	0.0082	0.0279
	货物进出口总额占 GDP 比重	0.0135	0.0158	0.0283	0.0099	0.0092	0.0119	0.0110	0.0102	0.0077	0.0000
经济发展速度	GDP 增长率	0.0160	0.0123	0.0123	0.0123	0.0123	0.0197	0.0197	0.0135	0.0074	0.0000
	公共财政预算收入增长率	0.0067	0.0258	0.0212	0.0000	0.0241	0.0413	0.0211	0.0188	0.0067	0.0258
	固定资产投资总额增长率	0.0100	0.0093	0.0140	0.0175	0.0176	0.0269	0.0265	0.0234	0.0111	0.0000
	社会消费品零售总额增长率	0.0162	0.0309	0.0193	0.0084	0.0139	0.0172	0.0110	0.0090	0.0064	0.0000
	进出口总额增长率	0.0162	0.0273	0.0308	0.0000	0.0190	0.0219	0.0148	0.0146	0.0118	0.0027

续表

评价类型	评价指标	2006年	2007年	2008年	2009年	2010年	2011年	2012年	2013年	2014年	2015年
经济发展效率	劳动生产率	0.0000	0.0034	0.0082	0.0085	0.0173	0.0260	0.0323	0.0386	0.0439	0.0425
	投资产出率	0.0409	0.0394	0.0374	0.0245	0.0254	0.0203	0.0126	0.0064	0.0031	0.0000
	投资效果系数	0.0311	0.0285	0.0323	0.0032	0.0363	0.0274	0.0155	0.0124	0.0090	0.0000
经济发展的稳定性	经济增长波动率	0.0123	0.0067	0.0190	0.0277	0.0000	0.0056	0.0128	0.0180	0.0180	0.0190
	生产价格波动率	0.0149	0.0112	0.0000	0.0218	0.0109	0.0068	0.0175	0.0177	0.0180	0.0213
	消费价格波动率	0.0182	0.0124	0.0203	0.0176	0.0000	0.0125	0.0044	0.0238	0.0185	0.0163
经济发展的可持续性	万元地区GDP能源消费量	0.0000	0.0056	0.0140	0.0107	0.0217	0.0228	0.0193	0.0175	0.0177	0.0145
	万元地区GDP三废排放量	0.0084	0.0000	0.0129	0.0106	0.0138	0.0138	0.0138	0.0128	0.0152	0.0170
	环境污染治理投资占GDP比重	0.0218	0.0212	0.0205	0.0186	0.0211	0.0127	0.0117	0.0110	0.0081	0.0000
经济发展的创新性	R&D投入占地区GDP比重	0.0000	0.0000	0.0126	0.0303	0.0290	0.0278	0.0303	0.0315	0.0315	0.0353
	地方财政用于教育科学事业的支出	0.0000	0.0026	0.0071	0.0103	0.0163	0.0234	0.0295	0.0346	0.0373	0.0436
	重大科技研究成果奖励数	0.0165	0.0193	0.0011	0.0000	0.0222	0.0140	0.0250	0.0326	0.0286	0.0193
	专利授权数	0.0000	0.0032	0.0028	0.0062	0.0126	0.0133	0.0206	0.0349	0.0371	0.0693

表5-3　　　　2006—2015西北地区经济发展评价类型质量得分

评价类型 \ 年份	2006	2007	2008	2009	2010	2011	2012	2013	2014	2015
经济发展规模	0.0000	0.0184	0.0466	0.0429	0.0710	0.1127	0.1479	0.1874	0.2174	0.2184
经济发展结构	0.0550	0.0510	0.0751	0.0767	0.1398	0.0666	0.0667	0.0609	0.0900	0.0700
经济发展速度	0.0624	0.1056	0.0975	0.0382	0.0869	0.1269	0.0931	0.0793	0.0433	0.0285
经济发展效益	0.0720	0.0713	0.0779	0.0362	0.0790	0.0737	0.0604	0.0574	0.0561	0.0425
经济发展的稳定性	0.0454	0.0303	0.0393	0.0671	0.0109	0.0249	0.0348	0.0594	0.0545	0.0566
经济发展的可持续性	0.0302	0.0268	0.0474	0.0399	0.0566	0.0494	0.0449	0.0413	0.0411	0.0315
经济发展的创新性	0.0165	0.0251	0.0236	0.0468	0.0801	0.0784	0.1055	0.1336	0.1345	0.1675

表5-4　　　　2006—2015年西北地区经济发展质量综合得分

年份	2006	2007	2008	2009	2010	2011	2012	2013	2014	2015
综合得分	0.2815	0.3284	0.4074	0.3478	0.5243	0.5326	0.5532	0.6194	0.6370	0.6151

表5-5　　　　2006—2015西北地区社会发展评价指标体系构成及权重

评价类型	评价指标	信息熵	冗余度	指标权重（%）
社会痛苦指数（权重0.0883）	通货膨胀率 Y_1	0.8852	0.1148	0.0253
	城镇失业率 Y_2	0.8489	0.1511	0.0333
	贫困人口比率 Y_3	0.8652	0.1348	0.0297
社会幸福指数（权重0.2314）	人均GDP Y_4	0.8631	0.1369	0.0302
	人均住房使用面积 Y_5	0.8785	0.1215	0.0368
	就业率 Y_6	0.7427	0.2573	0.0367
	居民可支配收入 Y_7	0.8564	0.1436	0.0316
	社会消费品零售总额增长率 Y_8	0.9278	0.0722	0.0249
	居民消费水平指数 Y_9	0.8757	0.1243	0.0374
	居民家庭恩格尔系数 Y_{10}	0.8921	0.1079	0.0338

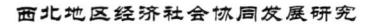

续表

评价类型	评价指标	信息熵	冗余度	指标权重（%）
社会公平（权重0.0660）	居民人均年收入差距 Y_{11}	0.8993	0.1007	0.0222
	城乡人均年收入差距 Y_{12}	0.9198	0.0802	0.0177
	区域经济发展基尼系数 Y_{13}	0.8816	0.1184	0.0261
社会保障（权重0.2727）	社会服务事业费占财政支出比重 Y_{14}	0.8604	0.1396	0.0307
	社会福利支出占财政支出比重 Y_{15}	0.8744	0.1256	0.0377
	社会救助支出占财政支出比重 Y_{16}	0.8952	0.1048	0.0431
	自然灾害救助支出占财政支出比重 Y_{17}	0.9427	0.0573	0.0226
	医保覆盖率 Y_{18}	0.8927	0.1073	0.0436
	养老保险覆盖率 Y_{19}	0.8732	0.1268	0.0479
	失业保险覆盖率 Y_{20}	0.7862	0.2138	0.0471
公共安全（0.0355）	自然灾害直接经济损失占GDP比重 Y_{21}	0.9336	0.0664	0.0146
	其他公共安全事故直接经济损失占GDP比重 Y_{22}	0.9051	0.0949	0.0209
人口和家庭构成（权重0.1628）	年末人口老龄化比率 Y_{23}	0.9120	0.0880	0.0104
	总人口自然增长率 Y_{24}	0.8335	0.1665	0.0267
	老年人口抚养比 Y_{25}	0.8292	0.1708	0.0276
	少年儿童抚养比 Y_{26}	0.6733	0.3267	0.0320
	少数民族人口比重 Y_{27}	0.8714	0.1286	0.0283
	流动人口与常住人口比 Y_{28}	0.8932	0.1068	0.0135
	受教育人口比重 Y_{29}	0.7972	0.2028	0.0243
社会紧张程度（权重0.1433）	信访数 Y_{30}	0.9167	0.0833	0.0184
	民间纠纷案件 Y_{31}	0.8251	0.1749	0.0385
	公安机关查处的治安、刑事案件 Y_{32}	0.8497	0.1503	0.0425
	典型的违纪腐败事件 Y_{33}	0.8070	0.1930	0.0331
	恶性社会公共安全事件 Y_{34}	0.9510	0.0490	0.0108

表5-6　2006—2015年西北地区社会发展评价指标质量得分

评价类型	评价指标	2006年	2007年	2008年	2009年	2010年	2011年	2012年	2013年	2014年	2015年
社会痛苦指数	通货膨胀率	0.0182	0.0046	0.0000	0.0274	0.0108	0.0021	0.0137	0.0112	0.0182	0.0187
	城镇失业率	0.0000	0.0000	0.0095	0.0048	0.0333	0.0331	0.0238	0.0232	0.0323	0.0181
	贫困人口比率	0.0278	0.0240	0.0252	0.0273	0.0000	0.0015	0.0022	0.0113	0.0216	0.0297
社会幸福指数	人均GDP	0.0000	0.0024	0.0058	0.0060	0.0121	0.0182	0.0226	0.0272	0.0309	0.0302
	人均住房使用面积	0.0000	0.0016	0.0047	0.0087	0.0102	0.0110	0.0142	0.0157	0.0173	0.0268
	就业率	0.0000	0.0002	0.0009	0.0027	0.0069	0.0182	0.0289	0.0453	0.0502	0.0567
	居民人均可支配收入	0.0000	0.0026	0.0047	0.0062	0.0087	0.0121	0.0164	0.0200	0.0261	0.0316
	社会消费品零售总额增长率	0.0080	0.0078	0.0069	0.0055	0.0055	0.0159	0.0102	0.0083	0.0059	0.0000
	居民消费水平指数	0.0000	0.0113	0.0067	0.0093	0.0245	0.0167	0.0273	0.0074	0.0144	0.0186
	居民家庭恩格尔系数	0.0082	0.0089	0.0000	0.0035	0.0061	0.0100	0.0111	0.0167	0.0212	0.0243
社会公平	居民人均年收入差距	0.0222	0.0213	0.0204	0.0194	0.0183	0.0141	0.0104	0.0040	0.0038	0.0000
	城乡人均年收入差距	0.0177	0.0159	0.0144	0.0137	0.0125	0.0106	0.0080	0.0061	0.0040	0.0000
	区域经济发展基尼系数	0.0050	0.0074	0.0149	0.0037	0.0124	0.0074	0.0000	0.0186	0.0223	0.0261
	社会服务事业费占财政支出比重	0.0034	0.0034	0.0164	0.0232	0.0307	0.0143	0.0270	0.0257	0.0000	0.0051
	社会福利支出占财政支出比重	0.0101	0.0069	0.0000	0.0038	0.0057	0.0107	0.0245	0.0277	0.0258	0.0189
	社会救助支出占财政支出比重	0.0000	0.0063	0.0142	0.0214	0.0013	0.0219	0.0207	0.0197	0.0231	0.0230
社会保障	自然灾害救助支出占财政支出比重	0.0000	0.0073	0.0075	0.0087	0.0057	0.0094	0.0074	0.0113	0.0126	0.0094
	医保覆盖率	0.0000	0.0029	0.0061	0.0088	0.0119	0.0168	0.0203	0.0227	0.0236	0.0232
	养老保险覆盖率	0.0000	0.0022	0.0056	0.0073	0.0132	0.0201	0.0241	0.0263	0.0279	0.0276
	失业保险覆盖率	0.0000	0.0009	0.0034	0.0048	0.0072	0.0113	0.0142	0.0160	0.0169	0.0171

续表

评价类型	评价指标	2006年	2007年	2008年	2009年	2010年	2011年	2012年	2013年	2014年	2015年
公共安全	自然灾害直接经济损失占GDP比重	0.0119	0.0108	0.0102	0.0147	0.0000	0.0130	0.0110	0.0138	0.0045	0.0062
	其他公共安全事件造成的直接经济损失占GDP比重	0.0156	0.0122	0.0172	0.0068	0.0000	0.0133	0.0110	0.0125	0.0118	0.0109
人口和家庭构成	年末人口老龄化比率	0.0194	0.0173	0.0160	0.0161	0.0087	0.0107	0.0099	0.0086	0.0028	0.0000
	总人口自然增长率	0.0153	0.0492	0.0246	0.0000	0.0060	0.0004	0.0113	0.0145	0.0367	0.0201
	少数民族人口比重	0.0000	0.0027	0.0034	0.0058	0.0139	0.0127	0.0153	0.0149	0.0202	0.0284
	流动人口与常住人口比	0.0235	0.0232	0.0222	0.0199	0.0173	0.0147	0.0126	0.0099	0.0000	0.0005
	受教育人口比重	0.0447	0.0261	0.0088	0.0052	0.0068	0.0078	0.0023	0.0000	0.0062	0.0143
	老年人口抚养比	0.0000	0.0021	0.0024	0.0037	0.0167	0.0152	0.0189	0.0210	0.0318	0.0376
	少年儿童抚养比	0.0720	0.0682	0.0492	0.0421	0.0034	0.0030	0.0018	0.0013	0.0012	0.0000
社会紧张程度	信访数	0.0000	0.0013	0.0135	0.0160	0.0163	0.0172	0.0163	0.0180	0.0178	0.0181
	民间纠纷案件	0.0385	0.0253	0.0216	0.0174	0.0155	0.0033	0.0037	0.0000	0.0044	0.0048
	公安机关查处的治安、刑事案件	0.0000	0.0028	0.0022	0.0048	0.0126	0.0207	0.0238	0.0278	0.0425	0.0534
	典型的违纪腐败事件	0.0166	0.0028	0.0054	0.0063	0.0247	0.0331	0.0220	0.0068	0.0097	0.0000
	恶性社会公共安全事件	0.0093	0.0057	0.0108	0.0093	0.0067	0.0060	0.0072	0.0000	0.0068	0.0066

表 5-7　　2006—2015 年西北地区社会发展评价类型质量得分

年份 评价指标	2006	2007	2008	2009	2010	2011	2012	2013	2014	2015
社会痛苦指数	0.0460	0.0285	0.0348	0.0594	0.0441	0.0369	0.0397	0.0463	0.0731	0.0664
社会幸福指数	0.0226	0.0366	0.0270	0.0396	0.0769	0.0984	0.1258	0.1331	0.1576	0.1781
社会公平	0.0448	0.0446	0.0497	0.0368	0.0432	0.0321	0.0184	0.0288	0.0301	0.0261
社会保障	0.0134	0.0298	0.0532	0.0778	0.0757	0.1046	0.1380	0.1494	0.1299	0.1542
公共安全	0.0119	0.0130	0.0174	0.0235	0.0116	0.0263	0.0240	0.0312	0.0224	0.0271
人口和家庭构成	0.1748	0.1887	0.1266	0.0929	0.0729	0.0645	0.0720	0.0701	0.0989	0.1010
社会紧张程度	0.0644	0.0399	0.0535	0.0538	0.0768	0.0820	0.0736	0.0526	0.0821	0.0843

表 5-8　　2006—2015 年西北地区社会发展质量综合得分

年份	2006	2007	2008	2009	2010	2011	2012	2013	2014	2015
综合得分	0.3779	0.3811	0.3622	0.3838	0.4011	0.4447	0.4915	0.5115	0.5941	0.6370

分别假设 EDQ（经济发展质量）和 SDQ（社会发展质量）为序参量，根据式（7）和式（8），可得到西北地区经济社会协同发展演化方程。

为了识别不同阶段西北地区经济社会协同发展演进驱动机制的序参量，将西北地区经济社会协同发展演进分为 2006—2010 年、2011—2015 年两个阶段。EDQ 和 SDQ 相关数据输入式（7）和（8），利用 Eviews10.0 软件进行回归分析，可得这两个阶段西北地区经济社会协同发展演化方程：

表 5-9　2006—2010 年西北地区经济社会系统分阶段序参量识别结果

序号	模型假设	运动方程	方程参数	结论
1	$q_1 = $ EDQ（序参量）$q_2 = $ SDQ	$q_1(t+1) = 0.9583 q_1(t) + 0.0771 q_1(t) q_2(t)$ (459.3353 ***)　(-2.6582 **)	$\lambda_1 = 0.0417$ $a = -0.0771$	运动方程成立，满足绝热近似假设，EDQ 是系统序参量
		$q_2(t+1) = 0.8738 q_2(t) + 0.0186 q_1^2(t)$ (56.5339 ***)　(3.8377 **)	$\lambda_2 = 0.1262$ $b = 0.0186$	
2	$q_1 = $ SDQ（序参量）$q_2 = $ EDQ	$q_1(t+1) = 0.3625 q_1(t) + 0.0562 q_1(t) q_2(t)$ (286.3353 ***)　(1.2592 ***)	$\lambda_1 = 0.6375$ $a = -0.0562$	运动方程成立，不满足绝热近似假设，模型假设不成立
		$q_2(t+1) = 0.4563 q_2(t) + 0.0806 q_1^2(t)$ (32.8958 ***)　(3.9902 *)	$\lambda_2 = 0.5437$ $b = 0.3429$	

注：括号内为 t 值，*、**、*** 分别表示在 10%、5%、1% 水平上显著，无 * 号表示不显著。

表 5-10　2011—2015 年西北地区经济社会系统分阶段序参量识别结果

序号	模型假设	运动方程	方程参数	结论
1	$q_1 = $ EDQ（序参量）$q_2 = $ SDQ	$q_1(t+1) = 0.5201 q_1(t) + 0.3627 q_1(t) q_2(t)$ (18.3353 ***)　(-3.2077 **)	$\lambda_1 = 0.4799$ $a = -0.3627$	运动方程成立，不满足绝热近似假设，模型假设不成立
		$q_2(t+1) = 0.7433 q_2(t) + 0.3429 q_1^2(t)$ (255.4556 ***)　(2.2679)	$\lambda_2 = 0.2567$ $b = 0.3429$	
2	$q_1 = $ SDQ（序参量）$q_2 = $ EDQ	$q_1(t+1) = 1.0003 q_1(t) - 0.0693 q_1(t) q_2(t)$ (276.5872 ***)　(2.0017 **)	$\lambda_1 = -0.0003$ $a = 0.0693$	运动方程成立，满足绝热近似假设，SDQ 是系统序参量
		$q_2(t+1) = 0.7639 q_2(t) + 0.0366 q_1^2(t)$ (28.7695 ***)　(4.5193 ***)	$\lambda_2 = 0.2361$ $b = 0.0366$	

注：括号内为 t 值，*、**、*** 分别表示在 10%、5%、1% 水平上显著，无 * 号表示不显著。

第三节　协同机制演化分析

从构建的西北地区经济社会协同发展演化机制序参量模型可以看出，2006—2010 年，经济发展质量（EDQ）是西北地区经济社会系统的序参量，经济发展质量在西北地区经济社会系统协同发展中起着支配作用。在这一时期的运动方程中，控制参数 $a = -0.0771 < 0$，反映出这一时期西北地区的社会发展对经济发展起到了一定的促进作用。从研究期内西北地区经济社会协同发展建设实践来看，这一时期，党中央国务院以及西北地区各级地方政府加强了民族团结，推进了西北地区民族地区各民族之间的平等、团结、互助、和谐以及大局意识，稳定的社会环境为西北地区经济发展创造了良好的环境。同时 $|a| = 0.0771$，说明这一时期西北地区社会发展对经济发展的助推作用较小，特别是在这一时期，西北地区还出现了数起严重的社会暴恐事件以及较多的上访事件、暴力犯罪案件、严重的自然灾害、腐败案件、社会犯罪活动等，这些事件对西北地区经济发展产生了严重的制约影响。控制参数 $b = 0.0186 > 0$，表明西北地区经济发展对社会发展也具有一定的促进作用。这一阶段，我国加大了西北地区基础设施领域的投资和建设，推进西北地区产业的发展，加大了对西北地区特别是少数民族地区经济的扶持，深入开展脱贫攻坚活动，西北地区经济发展有效改善了当地民生事业，提高了当地各族人民的获得感和幸福感，提高了社会保障能力，夯实了民族社会发展的物质基础，有效抑制了当地许多社会不稳定因素，促进了社会的和谐发展。

在这一时期的运动方程中，阻尼系数 $\lambda_1 = 0.0417$，表明经济发展子系统在某种程度上还呈现负的反馈机制。这表现在虽然这一时期西北地区经济发展对社会发展起到了一定的促进作用，但在这一过程中，西北地区整体性的贫困问题以及经济发展带来的社会贫富差距进一步加大，经济下行压力增加，社会民生事业与经济发展的不平衡，环境破坏等负面现象比较严重，特别是分析表明，这一时期西北地区在住房、医疗、教育、社会保障等领域出现了过度市场化、经济化现象，导致这一时期西北地区经济发展并没有形成完全有效的正反馈机制。同时，这一时期在西北地区经济发展过程中，落后的经济发展观念、粗放的经济发展模式、僵化的经济发展体制也阻碍了经济社会系统的有序演化。阻尼系数$\lambda_2 = 0.1262 > 0$，说明这一时期西北地区社会发展子系统也呈现负的反馈机制。这主要是因为在这一时期，西北地区面对极其复杂的社会矛盾以及国际环境，当地社会发展机制在某种程度上属于一种政府主导型的社会发展机制，这种社会发展机制在使西北地区社会秩序获得稳定的同时，其社会系统的外向型作用机制被严重抑制，这种社会管理模式对经济社会系统的协同发展环境带来了制约。

2011—2015年，社会发展质量（SDQ）是西北地区经济社会系统的序参量，社会发展在西北地区经济社会系统协同发展中起着支配作用。在这一时期的运动方程中，控制参数$a = -0.3627 < 0$，表明这一时期西北地区社会发展对经济发展仍然起着推动作用，且$|a| = 0.3627$，远大于2006—2010年a的绝对值，说明西北地区社会发展营造了更好的经济发展环境，社会发展对经济发展的促进作用在持续增强。控制参数$b = 0.0366 > 0$，表明经济发展对社会发展仍然具有促进作用，从控制参数b的变化情况来看，这一阶段控制参数b大于前一阶段。这一时期，西北地区积极融入"一带一路"的发展，经济发展步入新常态，经济发展指标更加注重绿色GDP，驱动模式也由传统的要素驱动向依靠科技创新驱动转变，西北地区经济发展更加注重经济、社会、生态环境的综合效益，正在向可持续发展模式转变，西北地区经济发展水平的提高对当地社会发展带来了积极影响。

这一时期的运动方程中，阻尼系数$\lambda_1 = -0.0003 < 0$，表明这一阶段西北地区经济发展子系统已建立起正反馈机制，西北地区经济发展促进了系统的有序演化，虽然从λ_1的绝对值来看偏小，经济发展对西北地区经济社会系统协同发展的有序度有限，但与前一阶段相比，西北地区经济发展子系统在反馈机制上已经出现了翻转，开始由负的反馈机制转变为正的反馈机制。这种转变表明在这一时期西北地区经济发展过程中，经济发展引发的社会矛盾和问题已经得到重视并得到有效解决，经济社会协同发展演进的格局正在逐渐生成。这一时期，阻尼系数$\lambda_2 = 0.2361 > 0$，表明西北地区社会发展子系统依然呈现负的反馈机制，但$|\lambda_2| > |\lambda_1|$，反映出随着社会发展水平的提高，社会发展子系统在反馈机制过程中其所建立的经济社会协同发展系统的有序度正在逐渐增强。

2006—2015 年，西北地区经济社会系统序参量的转变表明：在新的历史时期，西北地区经济社会协同发展进入到新阶段。2006—2010 年，西北地区经济社会的协同发展主要依赖经济发展，而自 2010 年以来，西北地区经济社会的协同发展不仅立足于当地经济水平的提高，社会发展因素在当地协同发展中的效用也日益凸显。同时，从西北地区经济社会协同发展运动方程相关参数的变化也可以看出，这一时期西北地区社会发展子系统的负反馈机制还没有得到明显改观，但总体而言，这一时期西北地区经济社会协同发展的主要参数随时间推移产生的综合效应正在逐步呈现出来，西北地区经济与社会发展正在成为一个彼此关联的复合型系统，整个系统的发展愈加依赖两个子系统协同发展程度不断提高，而不是依赖单纯的经济发展或社会发展某个子系统发展水平的提高。

第四节　协同机制演化的困境及原因分析

中华人民共和国成立以来，特别是改革开放 40 多年来，我国西北地区发生了翻天覆地的历史性变化，实现了经济社会的飞速发展，西北地区的经济社会发展和全国一样，也在不断进步。同时，由于种种历史的、现实的、经济的、文化的、内部的、外部的原因，西北地区在经济社会协同发展方面还面临一些困境。

一　困境分析

（一）经济社会协同发展程度相对滞后且不平衡

改革开放以来，西北地区的经济总量大幅度增加，人民收入不断增长，生活水平不断提高，综合实力不断增强。然而西北地区受自然环境恶劣、基础设施薄弱、产业结构失调、贫困人口众多、自我发展能力薄弱、科教文卫事业落后等因素困扰，在经济社会协同发展方面与内地存在一定的差距，同时在西北地区内部各地区、各民族之间发展速度也同样存在不均衡现象。与全国其他地区一样，目前西北地区进入了城镇化快速发展时期，而作为有大量少数民族聚居的地区，受各种因素的影响，西北地区城镇居民的构成与内地相比呈现出更加多元而复杂的特点，这给西北地区的经济社会管理，尤其是经济社会协同管理带来很大压力。

通过研究可以看出，长期以来，西北地区经济发展子系统与社会发展子系统之间呈现高关联、高耦合、低协同发展的关系。这种情况表明在西北地区经济社会转型期，西北地区的经济改革和社会改革之间存在较大的不平衡性，由此造成西北地区的经济发展和社会发展之间结构性不均衡比较突出。从2006—2015年西北地区经济发展的轨迹可以看出，在这一时期，从中央到地方加大了对西北地区的投资力度，而这些投资大部分是固定资产投资，这表明对于西北地区的经济发展而言，以GDP为目标的经济增长被置于当地经济建设中相当重要的地位。西北地区GDP主义当头下的经济发展模式给西北地区带来的直接危害就是导致经济建设投资过度而社会发展投资严重不足。这与发达国家的做法正好形成了对比，比如在欧洲一些福利型国家，政府大量的投资导向社会领域，包括社会保障、医疗、教育和公共住房等。而通过深入调查研究，西北地区这一时期大量的投资是在公路、铁路、油气管道、桥梁等基础设施领域，社会领域的投资极为不足。

从发展经济学角度看，西北地区作为经济欠发达地区，在经济发展的初始期，启动经济常常需要经济中的相关资源达到一个最低限度水平。因此改革开放以来，特别是进入21世纪之后，我国政府对西北地区加快了开发战略，采用"大推进"方式在西北地区国民经济多个部门内大范围进行大规模投资建设，以促进这些部门的平均增长水平，共同创造经济启动所需要的最低限度资源开发条件，从而推动当地国民经济的高速增长和全面发展。由此可见，这一时期西北地区经济的发展路径就是希望利用"大推进"的规模效益作用来改变当地经济长期落后的状态，打破经济领域长期的低水平发展均衡。因此西北地区在这一时期大规模的固定资产投资非常重要，没有基础设施的投入，西北地区经济社会将很难发展。但是，根据数据分析结果，2006—2015年西北地区经济投入产出比越来越大，表明西北地区经济建设在这一时期已经出现了投资过度的迹象，有些投资项目已经出现产能过剩、重复投资、破坏性投资。在现实的经济活动中，西北地区有些建设项目反复拆建，造成投资严重浪费。在这种投资驱动模式下，西北地区的GDP增长速度较高，但同时又造成了巨大的浪费，对人民生活水平和社会福利水平的提高作用也非常有限。

与之相反，2006—2015 年，西北地区在社会发展领域投资明显不足，特别是在教育、医疗、养老、社会保障、三农、扶贫等领域投资严重不足，社会发展领域的供需矛盾依然十分突出，而且这一时期西北地区有限的社会投资并没有真正直接服务广大贫困人群，尤其是很多社会投资并没有惠及广大农牧区及老少边贫地区，这种投资格局加剧了城乡及区域的社会发展不均衡水平，不仅降低了西北地区社会发展的基础，而且制约了社会民生事业的全面发展，为社会发展带来了更大的风险因素。

（二）经济社会之间的冲突矛盾有所加剧

2006—2015 年，西北地区经济处于转型的关键时期，经济的转型带来了巨大的社会问题，价值观的多元化、贫富差距加大引起的社会公众心理失衡、流动人口规模扩大、公共危机事件频发、资源环境压力加剧、政府职能在转型期社会调控经验和能力不足等因素客观上增加了西北地区社会控制的难度，致使西北地区的社会发展风险因素有所增多。

在这一时期，西北地区居民人均年收入稳定提高，但居民之间的人均年收入差距也随之加大。从西北地区居民内部收入差异的基尼系数来看，2006—2015 年这一指标虽然一直在下降，到 2015 年已经降至 0.48，达到这一时期最低水平，但这一指标仍然高于国际贫富差距的警戒线 0.40。西北地区经济发展过程中出现的两极分化现象使中下层社会群体的"相对剥夺感"更强烈，这意味着西北地区中下层社会阶层对自身处境越来越不满，由此加剧了与上层社会阶层的矛盾对立。在西北地区经济发展过程中，经济上处于弱势的群体其社会地位也相应地处于弱势，经济弱势与社会地位弱势的叠加使弱势群体的生活境遇更加恶化。由于对弱势群体的支持和保护常常有限，弱势群体"被边缘化"的社会地位一直难以改变，社会贫富分化导致的阶层分化常常会激化当地民众的对立情绪，使本来在区域经济发展过程中普遍出现的这种经济现象的负面效应进一步放大，这种负面效应扩散到社会领域后就会发酵，从而对西北地区社会发展造成巨大威胁。在研究期内，西北地区旧体制中的不合理制度和规则上的不统一也大量存在，这些因素导致经济社会领域许多不公平现象频频出现，一些侵犯弱势群体权益的行为在一定范围内还时常发生，弱势群体的权益从根本上来讲还没有得到真正的维护。由于司法保护的诉讼成本过大，致使弱势群体难于支付昂贵的诉讼成本，阻碍了其合法权益的实现。弱势群体缺乏自我保护的能力，更缺少民主参与管理社会公共事务的机会，在这些因素的共同主导下，司法途径对弱势群体的保护只是一种可能性的选择，很难及时转化为现实，法律赋予他们的维权事实上处于虚置状态，其直接后果就是一些弱势群体对正常的法律维权失去信心，在维权过程中常常远离法律，采取上访、信访、报复、犯罪等其他的手段意图实现自己的权利。以上这种现状不仅影响了当地社会的稳定和谐发展，而且延缓了当地社会现代民主发展进程。

随着西北地区经济发展，西北地区的违纪腐败案件也呈现增多的趋势。由于西北地区经济社会发展环境特殊，反腐斗争在这一地区非常敏感。从这一时期西北地区典型的违纪腐败案件来看，广大农牧区也是这一时期腐败案件的多发区，一些典型的腐败案件多发生在这一地区，许多贫困地区利用权力之便倒卖荒地、套取国家项目资金和集体资金，套取占有国家各种惠农救济补贴资金和物资、贪占扶贫款物、挪用扶贫专项资金，也有虚报冒领、优亲厚友，还有作风漂浮、失职失责。总之，这一时期西北地区的腐败问题典型，性质恶劣，群众反映强烈，严重侵害各族人民群众切身利益，特别是扶贫领域腐败和作风问题在西北地区广大贫困地区已经达到非常严重的程度，部分地区的广大农牧民群众甚至要靠巨额贷款来维持生产和生活，这些问题严重干扰破坏扶贫政策和项目资金的精准到位，啃噬群众获得感，造成社会的动荡与不稳。

随着西北地区经济的不断发展，相应的就业机会及优惠政策吸引了大量外来人口，导致各类流动人口的规模在不断扩大。西北地区区域内人口迁移主要围绕城市地区，人口机械过快增长与资源环境的矛盾比较突出。随着西北地区城市化进程的加快，更是加速了人口的流动。这就意味着西北地区资源承载力、环境容量、交通、教育、医疗、住房、就业等领域的压力将进一步增加，加大了社会管理的复杂程度和管理成本，影响西北地区社会的和谐发展。

西北地区公共安全事件主要包括环境污染、公共设施等各类生产安全事故以及各类食品中毒、传染病流行事件等公共卫生事件和恐怖袭击、群体性事件等。2006—2015年，西北地区公共安全事件对西北地区社会发展造成的影响逐年恶化。这一时期，西北地区经济发展过程中出现的环境污染事件，生态破坏事件以及交通、煤矿等安全生产事故居高不下，突发性的公共卫生事件和群体性事件已经成为影响当地社会发展的重要因素，严重威胁着西北地区社会的和谐稳定。总体来看，这一时期西北地区GDP保持了较高的增长速度，但依托资源优势，以能源、原材料为主的重型工业结构和资源型产业体系的能源、资源消耗量大，GDP的增加在某种程度上是以牺牲当地资源环境为代价。在长期过大的生态环境负荷压力下，西北地区经济发展过程中所付出的生态代价对西北地区经济社会发展的可持续性造成了潜在的影响。西北地区前期经济增长过程中造成的生态环境破坏累积对当前西北地区经济社会的可持续性造成了显著的滞后影响效应，这种滞后效应在2010年之后对经济发展可持续性的各种负面影响逐渐暴露出来。

（三）社会问题经济化现象突出

实际上，在西北地区这样一个经济社会发展都比较落后的地区，经济繁荣、社会发展的局面无论是政府还是民众都迫切希望看到，经济社会的协调发展也是政府主导下一系列经济社会改革的根本目的。但在西北地区经济社会发展的现实过程中，面临落后的经济发展局面，在经济利益的诱惑下一些社会改革常常会背离初衷，让位于经济发展，自觉或不自觉地被卷入经济发展的洪流，从而造成经济领域和社会领域不分边界，经济政策和社会政策混合，特别是对发展经济的迫切追求使一些本属于社会领域的改革活动却被过度赋予了经济色彩。一般情况下，经济不发达地区要实现经济社会协同发展比经济发达地区更困难。因为在经济不发达的情形下，公众、政府甚至社会对物质生活提高的渴望常常会使他们把发展经济、改善生活条件放在第一位，他们甚至会把自己推向经济社会协调发展的对立面。按照博弈论的一般原理，在经济发展为先的情况下，公众、政府或社会会首先从"经济人"的立场出发，认为经济社会协调发展会影响自身局部收益最大化，即不符合自己的博弈占优选择策略，所以就会出现公益性、全局性的社会事业改革很难通过政策得以体现且在实际行动中得到贯彻落实，导致社会民生事业、社会公益事业、社会福利等社会发展领域的唯经济化倾向，这些领域的过分经济化常常会弱化该领域的社会协调功能，对社会和谐发展产生严重危害。

从哈肯模型的分析结果也可以看出，研究期内，西北地区社会发展子系统的负反馈机制一直存在。据调查，在这一时期，西北地区医疗卫生、教育、社会保障和福利、住房等行业已经成为西北地区GDP贡献度较高的行业，而这些行业在很多发达国家都隶属社会事业领域，在这些领域的商业化投资有很多限制，且政府是这些领域的投资主体，其投资主要为社会性投资。然而这一时期，西北地区在这些领域的社会化改革不但比较薄弱，而且在有限的社会事业改革领域还出现了本该用在经济体制改革中的一些经济改革措施不加条件限定地被套用过来，在社会事业领域进行各种各样的经济性质改革，导致这些领域经济改革泛滥，而真正的社会改革不足，使这些领域出现严重的产业化、商业化倾向，使本应该成为公共服务的社会管理部门却成为过度盈利甚至暴利部门，甚至被错误地视为把这些社会事业推向市场，使其融入市场就是在这些领域进行的社会化改革，以此拉动当地经济增长，形成当地GDP的绝对增加。这些社会领域的过度经济化虽然获得了当地经济的数量增长，但在本质上，这种经济增长方式带动的是泡沫GDP增长。据进一步的调研分析，在这一时期西北地区经济社会发展现实中，这种经济增长过程常常伴随着一个人或一个家庭大部分的收入支出，因此从普遍意义来说这种行为常常会导致许多家庭问题和社会问题，从而破坏社会领域的正常发展，加剧经济发展和社会发展之间的不协调性。在这种社会事业过度"商业化"发展方式下，西北地区的经济越发展，资本带来的社会扭曲就越严重，社会矛盾越突出，即会形成经济越发展社会问题越多的怪圈。而一旦这种经济泡沫消失，经济繁荣表象背后终究难逃整个社会衰败的结局，严重影响社会的稳健发展。因此，泡沫GDP的存在是导致这一时期西北地区经济发展和社会发展之间协调性越来越差的根本原因。事实也证明，在任何一个国家和地区，特别是在经济发展水平落后的地区，涉及民生领域的社会体制往往更容易被忽略或者破坏，全社会的财富往往会集中在少数人或个别部门手中，从而成为对社会和谐发展产生影响的潜在因子。当然，并不是说在社会民生事业领域要完全排斥市场，借鉴很多发达国家和地区的经验，在社会民生事业发展过程中，市场机制也会被应用到社会领域，但主要是通过充分发挥市场的自由竞争机制，有效避免社会公共事业领域的过度官僚化和提高政府提供社会服务的效率。

（四）经济社会协同发展制度有效供给不足导致路径依赖现象严重

制度是一个社会的博弈规则，是人为设计的用来形塑人们关系的约束，制度构造了人们在政治、社会或经济领域里交换的激励。在诺斯（North）看来，制度往往会通过对人们经济社会活动成本的影响而影响经济社会活动绩效，同时制度可以通过建立一个人们互动的稳定结构来减少经济社会生活的不确定性，保障经济社会各领域的协同发展。经济社会协同发展建设，就要以制度为依据，通过基层治理主体的主观能动性与创造性以及基层民众的积极性和参与性来推进。对于一个地区的经济社会改革而言，首要的是做好当地经济社会制度体系的编制，其首先表现为经济社会关系领域的深刻变革通过一系列高质量的制度供给，优化经济社会存在和发展的关系条件，并形成经济社会主导性发展规则，这样就可以在降低交易费用的同时形成激励机制，从而提高经济社会管理和运行的效率。

西北地区地理位置偏僻，地缘关系复杂，经济社会发展条件有限，这些现实情况构成了西北地区经济社会改革的基础，但也加剧了西北地区经济社会协同发展的复杂性。在历史上，西北地区长期以农牧混合经济为主，经济发展形态落后，商品经济不发达；在社会发展形态上，当地西北地区游牧封建社会长期存在，思想封闭，制度创新不足。由此可见，西北地区经济社会协同发展的历史基础比较薄弱，在经济社会发展领域存在着严重的制度缺失，以致当前西北地区经济与社会的协同发展一方面缺少与市场经济体制的适应性，另一方面与社会民主、法治、公平、正义、协调、可持续等现代社会发展体制对接也不充分。

在诺斯（North，1990）看来，特定的经济社会组织需要有特定的制度框架和模型，因为在特定的制度约束下才能有效规定特定组织的运作范围，从而使博弈规则与行为人行为之间的互动变得更直接、更容易理解。更多情况下，制度安排是出于谋求特定利益的需求，就是说特定经济社会环境下的特定制度需求是推动经济社会制度创新的重要推动力。而从这一时期西北地区经济社会体制改革的制度供给主导机制来看，由于西北地区是一个多民族聚居地区，当地的经济社会体制改革是在党中央的统一领导下有秩序有步骤地进行，所以当地经济发展和社会发展领域的制度供给也是自上而下的。具体地讲，西北地区的经济社会体制要不要改革，改什么，怎么改是由一个权力中心（党中央、国务院）最后定夺的，但从制度的传导机制来看这带有政府强制性制度变迁的色彩，是"由政府命令和法律引入实行的自上而下的制度变迁"（林毅夫，1989），不是由西北地区经济社会系统自发的制度需求直接主导的经济社会发展制度供给模式。在这种制度供给模式下，通常政府主体通过制度供给所要实现的经济社会发展双重目标与非政府主体对制度安排的成本与收益的预期值是不一致的，这就很难避免政府主体和非政府主体对制度创新的需求与政府主体对制度创新的供给差异。正是因为这个原因，西北地区经济社会协同发展制度的供给模式在很大程度上制约了当地经济发展子系统和社会发展子系统的交换关系，从而限制了经济社会系统协同运行的效率。因此，在制度供给方式固定的情况下，西北地区经济社会发展过程中出现制度短缺、制度协同程度不足、效率低下等不良现象是必然的，经济社会协同发展制度供给的不足，最终导致我国各级政府对西北地区经济发展和社会协同发展的决策理念和决策行为也必然是刚性化和低效率的。我国改革开放过程中东西部经济社会发展长期存在巨大差距的实际情况已充分证明了制度在经济社会发展中的绩效作用，特别是一些自下而上的制度供给在促进经济社会协同发展方面的有效性已经被历史所验证。西北地区经济发展和社会发展协调程度不足的现实困境，正是因为在有关经济社会发展机制模型中缺少西北地区经济社会的特殊情境所涉及的特定制度，这种制度供给格局，阻滞了当地经济发展和社会发展良好交互结构的形成。

西北地区经济社会协同发展制度供给的不足导致在现实中难以有效约束经济社会领域多元主体的行为，这也为经济社会协同结构实际运行的混乱埋下了伏笔。这一现实困境难以保障人们平等参与经济、政治、文化和社会活动的权利，不仅割裂了经济社会领域参与者责任与利益的统一，而且在很大程度上增加了参与者行为环境的复杂性和不确定性，易于导致多种行为活动的失败。滞后的制度供给也无法激发西北地区各族人民民主意识的觉醒，降低了各族人民参政议政的积极性，延缓了西北地区的民主政治建设，使社会和谐中最重要的政治和谐即"既定的政治制度与政治体制框架下的政治主体与政治客体、政治主体之间以及整个政治体系的运作保持良好合作与协调互动"难以实现,[①] 滞后的制度更难为西北地区经济与社会多元主体共同发展提供良好的环境。

由此可见,制度创新能力的缺乏,使西北地区经济社会协同发展管理过程中逐渐形成了路径依赖问题,路径依赖又反过来造成了西北地区经济社会发展制度供给结构不合理,制度供给效率低下,供给总量不足等问题,严重阻碍了西北地区经济与社会的协同发展。

二 原因分析

西北地区地处我国西部内陆,这一地区的地缘环境和社会环境比较特殊,当地经济社会协同发展困境的形成有着复杂而实际的影响因素,特别是这一地区特殊的区位环境以及特有的社会发展传统和方式,是造成当地经济社会难以协同发展的主要因素。

(一)协同发展环境条件不健全

1. 区域空间的边缘性

在地理空间上,西北地区远离我国腹地,而"核心—边缘"结构是我国经济社会二元空间结构的一个典型理论模式。在弗里德曼看来,核心区是区域内具有较高相互作用潜力的创新变革中心,通常表现为经济发达,人口密集,社会繁荣稳定;而边缘区通常是指那些相对于核心区域来说偏僻、经济社会文化事业发展落后的地区。在"核心—边缘"经略模式下,我国历代政府限于人力、物力、财力等客观因素的现状,均优先保证核心区的发展与稳定,形成和加剧了我国以中原为代表的核心地区与西北地区的不对等发展格局。历史上西北地区由于远离中原核心地区,这里一直属于中原以外的外围边缘区域,距离中原核心地区遥远,地理位置偏僻,经济生活方式简单,加上散布在周边地区大大小小政权的制约影响,历代中央政府的行政权力及管辖能力在这一地区十分薄弱,因此历史上这一地区都处于我国经济社会治理的边缘区域,得不到有效的重视和开发。在这种特殊的治理环境下,这里各民族文化与中原交汇交融较少、经济方式落后、社会秩序不稳、政治边界变迁频繁。地域空间上的边缘性特征也使这里部分民族归宿意识不强,导致迁徙活动非常

---

① 张二芳:《论和谐社会构建中的制度公正》,《理论探讨》2006年第3期。

频繁，特别是在国家政权和地理疆界的共同作用下，还造成了部分民族迁徙活动跨国跨界的历史现象。跨国跨界民族迁徙造成了这里迁徙移民的多样性，使得这里的一些民族在空间分布上沿我国国家边境线跨界而居，这些跨界民族与境外一些民族在血缘和文化历史上有共同的族源，在语言、宗教、文化上有着传统联系，这对跨界民族的民族利益、民族感情和民族尊严等都会产生影响。正是由于西北地区在区域空间上距离中原核心区的地理空间距离遥远，具有鲜明的边缘属性和特征，所以这一地区与国家核心地区的交流和联系相对较少，在统一的中华民族经济发展和社会发展认同意识方面出现了较大差异，造成这一地区经济社会协同发展与内地的不同步性和滞后性。

2. 系统属性的复杂性

经济社会协同发展系统的属性由自然属性和社会属性两部分组成，自然属性主要包括当地的区位条件、资源构成、产业构成、生产力水平、人口构成、居民职业构成等；社会属性则由一定的社会组织、社会思想、社会制度、社会管理体制等构成。西北地区位于西北内陆，地处边远、地广人稀，干旱缺水，生态脆弱。受资源、区位、开发历史等环境条件限制，这里的经济产业构成单一，结构失衡，贫困落后，经济发展面临着巨大困难。在社会属性方面，这一地区民族成分复杂，少数民族人口数量庞大，约占总人口的30%以上，少数民族呈现出鲜明的地理空间聚集分布。历史上，这一地区民族文化交融频繁，各种世界性宗教在这一地区均有分布。据统计，这一地区信奉各种宗教的信徒约2300万人，占该地区总人口的49.55%，传统宗教文化对当地的经济社会产生着重要影响，这里的地域性文化观念与经济社会协同发展要求的科学、开放、多元、创新、共享等现代化治理范式严重不符，这些客观上的不利因素使西北地区成为我国当前最复杂的经济社会矛盾体之一。西北地区经济发展和社会发展系统的复杂性，直接导致该地区经济社会发展过程中深层次矛盾太多，这些矛盾在现实中阻滞着当地经济社会迈向现代化发展的目标。在这种发展环境下，经济社会协同发展更加困难。

3. 系统形态的异质性

西北地区受地理环境和历史文化影响，这里经济社会地域特色鲜明，呈现出明显区别于我国内地经济社会发展的一面。在地理空间形态上，西北地区具有鲜明边缘性和过渡性，与我国中原区域相比，两者之间在地理景观上存在较大差异。与内地大部分地区不同，西北地区整体自然生态条件恶劣、区位交通闭塞，经济社会发展方式落后、地缘关系复杂，地理景观呈现明显的空间异质性。

在经济形态方面，这里地域辽阔，经济资源丰富，农耕、畜牧、手工业、工业、工商贸易等经济类型交错多样，混合经济特征鲜明，形成了富有特色的民族经济体系和鲜明的少数民族经济生活方式。由于西北地区远离海洋，这里干旱少雨，水资源主要来自高山冰雪冰川融水，导致水资源时空分布不均。在部分内流河沿河地区，分布着众多的绿洲，西北地区因地制宜发展了绿洲农业和灌溉农业，但与我国内地许多农业发达省区不同，这里的农业主要以初级产品加工为主，当地农业产业的附加值较低。在工业产业结构上，西北地区以资源开发为主，工业产业链条短，处于产业分工链条的低端。在经济体制上，西北地区由于远离国内外大市场且市场对接不充分，加上人们市场观念淡薄，计划思维和计划行为在经济活动中还有很大影响，当地市场配置资源的基础作用及市场的活力还没有充分发挥出来，与我国中东部发达地区相比，西北地区的市场化程度非常低，经济发展方式传统，经济类型单一。

在社会文化发展方面，西北地区少数民族风情浓郁。历史上，这一地区是东西方民族和文化重要的交流枢纽，民族交流迁徙频繁，各种宗教思想和民族文化交汇，最终在这一区域形成了包括农耕文化与草原畜牧文化、东西方文化、现代与传统文化、多种宗教文化、民族文化等在内的多元文化相互交融的文化走廊。西北地区少数民族人口占比高，在一些少数民族聚居区，直到今天一些封建半封建的思想意识形态依然存在。在新的社会文化发展环境促进下，西北地区形成了原始与文明、落后与先进、传统与现代并存的社会文化发展格局。同时，由于这一地区距离中原遥远，随着文化传播过程中文化现象随距离增加而衰减的规律性影响，历史上西北地区与我国中原的文化交往相对较少，我国内地传统社会文化的扩散效应在这里显得较弱，因此这一地区形成了具有自身独特地域特色的区域社会文化现象，构成了明显区别于内地的少数民族文化形态和价值观念，成为中华民族多元文化价值观中一个特征鲜明的组成部分。在当代，由于西北地区文化价值观的分异，对当地经济社会协同发展在理念、意义、方式等方面的认同带来了一定的影响。

4. 系统构成的分化性

受我国经济社会发展大环境和西北地区当地经济社会发展因素的影响，西北地区经济和社会领域群体分化现象比较明显。其中，西北地区经济系统的分化包括经济阶层的分化、利益群体的分化、发展区域的分化等；社会系统的分化包括社会阶层的分化、意识形态的分化等。

2000年以来，西北地区市场经济体制改革进程加快，在市场经济竞争机制下，西北地区社会财富分配由于市场化过程中的自由竞争作用，导致当前西北地区经济系统贫富分化现象日益严重。在经济阶层分化的影响下，西北地区富裕阶层、中产阶层和处于社会底层的阶层之间在政治、经济、社会等方面的利益追求也出现了差别，导致利益群体的分化现象非常突出。发展区域的分化是西北地区经济发展的区域不平衡性造成的区域发展水平分化，当前西北地区经济发展的总体开发格局是关中天水一带经济发展相对繁荣，这一地带已经成为西北地区区域经济发展的战略支撑点，这里率先实施了加快推进现代化建设、创新发展和跨越式发展的战略目标，也成为丝绸之路经济带核心区的骨干和中枢。而西北地区总体上是以资源能源依托的产业带，在新型工业园区建设发展体系下，这一地区的工业发展有所突破，但由于当地经济社会发展历史和发展条件的影响，这里的经济发展总体上还比较迟缓，贫困现象比较普遍。我国"一带一路"经济带正在形成，但这一地区的经济发展仍然比较滞后。总的来说，西北地区由于发展环境的制约，各地经济发展水平差别较大，区域经济发展的空间差异非常显著。

泰德·格尔在《人们为什么要造反》一书中，论述了社会结构的变迁，指出了社会变迁、政治危机、经济转型等对社会政治不稳定的影响作用。他在书中提出了著名的"相对剥夺"理论，他认为，每个人都有某种价值期望，而社会具有价值能力，当社会变迁导致社会的价值能力小于个人的期望值时，人们就会产生相对剥夺感，这种感觉越大，导致社会不稳的可能性就越大。

这一时期，西北地区社会系统分化明显，由于西北地区社会领域人们职业、收入、教育的差异，导致了群体不同的社会地位，形成了不同社会阶层的垂直分化，这些阶层掌握和享有的社会资源和社会财富不同，导致社会阶层分化非常明显。当前西北地区社会系统形成了国家机关、党群组织、企事业单位负责人，专业技术人员，办事人员，商业服务人员，产业工人，农业劳动者，无业、失业和半失业者构成的社会阶层格局。在这一社会阶层体系内，由权力造成的不公平现象也越来越多，这种不公平现象通常会直接损害为数众多的社会成员利益，使其容易产生"相对剥夺感"，引发广泛的公愤。社会阶层权力的分化常常是引发社会矛盾的重要诱因，危及社会的和谐稳定，会对经济社会协同发展造成极大危害。

西北地区经济社会形态的分离与分化，不仅对当地的经济发展带来巨大的阻力，而且加剧了社会冲突，降低了西北地区民族社会的融合性和整合性，使不同民族、不同群体、不同阶层和不同组织之间的矛盾增加，关系恶化，整个经济社会结构更趋僵化，这种格局对西北地区经济社会一体化融合发展以及当地和谐社会的构建都是严重的障碍。

5. 系统发展的滞后性

西北地区远离我国的腹地，这里生态环境恶劣，生产方式落后，产业结构与市场需求状况相比显得陈旧，生产效率低，现代化水平不高，人们的生活水平也普遍偏低。由于地处偏远，以及自身经济发展落后，导致这一地区的基础设施、教育、社会福利、社会救济、社会保障等社会支持系统所依赖的财政投入严重不足，继而造成当地社会发展陷入严重的困境状态，甚至有些区域的社会支持系统发展水平长期停滞不前，而这些问题又进一步造成了当地的人力资本外流，劳动人口流失，使当地的经济社会发展长期滞后于我国中东部发达地区，加剧了与发达地区的差距。同时，西北地区经济社会系统的滞后性，也使我国政府在这一地区实行的各种经济社会管理制度无法得到有效体现，导致这里的经济社会在发展条件、发展机会上都处于相对劣势。

2006—2015年，西北地区经济社会面貌已经发生巨大变化，社会生产力已经有了明显提高，但与我国其他地区相比，由于受当地工业化阶段和生产力发展水平制约，西北地区城乡二元结构依然十分突出，制约西北地区城乡二元结构的诸多体制性问题尚未得到根本解决，导致城乡居民的收入和社会福利水平在事实上还不平等。另外，从这一时期西北地区城乡分割的商品市场来看，在广大的农牧区，农牧民由于组织化程度低，一般只能在城市的集贸市场中进行一些零星的、小规模的现货交易，整个商品经济的发展程度较低。从西北地区这一时期的要素市场看，货币市场和资本市场因农业平均利润率偏低，并没有进入广大农牧区，农牧民无论是参与进入商品市场和资本市场的条件和渠道都十分有限，农牧民难以分享西北地区经济发展过程中形成的巨额增值收益。这种局面在很大程度上阻隔了西北地区城乡经济一体化进程，阻滞了西北地区经济社会的协同发展，造成了区域发展过程中部分地区经济社会发展的滞后局面。西北地区作为一个城乡二元结构依然明显的地区，当地经济社会发展长期处于落后状态，这种差距也使当地民众的生存危机、社会危机意识增强。尤其是由于经济收入整体较低，部分民众衣食住行难以得到保障，因而很容易受金钱诱惑而做出一些极端事件。

6. 管理体制的过渡性

从秦朝建立第一个中央集权制度国家以来，王朝国家中央政府对西北地区的管理虽然都有一定的成效，取得了很多积极成果，但均具有无法回避的历史局限性。在我国古代西北地区经济社会发展历史上，无论是屯垦戍边还是因俗而治，或是和亲、纳贡、羁縻等，这些方式在很大程度上都是一种经略西北地区的权宜手段，并没有对西北地区经济社会管理体制产生实质性的影响。在这些经略模式下，西北地区的经济社会发展基本依赖的是局部的、单一的外部调整机制。相比而言，在我国历史上，西北地区的经济社会问题从来也没有像今天这样被提高到国家全局发展战略高度加以审视，并自上而下从顶层设计部署这一地区的经济社会发展战略。可以说，面对深化西北地区经济社会体制改革和转型这样一个巨大的、系统化的问题，从改革开放开始我国在这一方面才真正步入正轨，也才使西北地区经济社会体制改革有了实质性的进展。但由于我国非均衡的发展战略，西北地区一直处于东、中、西梯度发展战略的最低一级，长期以来经济社会发展与我国中东部地区还是形成了巨大的差距。而直到今天，国家才真正有精力和实力把西北地区的经济社会全面发展同中国国家的发展进程统合在一起，可以说对西北地区经济社会的全面治理才刚刚起步。虽然当前我国对这一地区实行政治、经济、社会、文化等方面的有效管辖，当地经济发展和社会发展成效比较明显，但这里特有的经济发展环境使这里成为我国贫困落后的典型地区，长期的贫困落后使这里的经济管理体制严重僵化，也使当地的经济体制改革异常艰难，各项经济改革事业才初步展开。同样，在社会发展领域，当地的社会管理体制受民族、宗教、习俗等传统因素影响深远，特别是我国传统主流文化对部分地区的影响还不及当地的地域文化，使我国在这一地区社会体制改革的氛围环境并不具备社会文化心理上优势，许多社会体制改革的局面才刚刚打开。由此可以看出，我国在西北地区的社会体制现代化改革还处于起步阶段，加上这一地区传统经济社会发展体制的惯性作用，这一地区的经济发展和社会发展还没有完成彻底的、成功的转型，只能说目前这一地区的经济社会体制改革事业还处于传统管理模式向现代管理模式的过渡阶段或者说改革试验阶段。

7. 发展环境的脆弱性

长期以来，西北地区的经济社会由于发展条件的制约，再加上机制和体制的不健全使经济社会发展之间的协调关系不足，基础不稳固，各自系统的稳健性差，多数情况下两个子系统均处于一种明显的张力状态，彼此的兼容性也较差，在遇到某一个系统发展环境恶化时，整个经济社会系统就会失衡，甚至有被置于崩溃边缘的危险。历史上西北地区由于区位闭塞、经济生产方式落后、生态环境脆弱、人口迁移流动频繁等因素，造成这里的经济社会发展一直积贫积弱。及至当代，这一地区的经济社会面貌虽有改观，但整个经济产业体系依然是建立在依靠资本、劳动力、资源等传统经济增长要素驱动的不健全经济发展动力之上。随着我国其他地区经济体系的壮大，这里产业的竞争性、配套性以及关联性、创新性、可持续发展性等问题都暴露出来。

在社会发展环境上，这里地缘关系复杂，社会动荡，社会改革滞后，社会保障机制落后，发展缓慢，影响社会不稳定的现实和潜在因素繁多，加上这里贫困现象突出，维系社会发展的经济、政治、社会意识形态、生态环境和技术创新等基础条件较差，导致这里各种社会矛盾冲突较多，危机重重。

西北地区自古是一个多民族和多宗教的地区，社会发展环境极其复杂。实践证明，当各种问题相互交织之时就会引发很多社会矛盾，对社会协调和可持续发展就会产生很多消极作用。从清乾隆中期起，西北地区的侵略与反侵略，动乱和反动乱斗争长达200多年，其中民族分裂主义在西北地区的历史舞台上就有100多年。20世纪80年代以来，在西方敌对势力加紧对西北地区进行渗透、分裂、颠覆活动的影响下，境内一些民族分裂组织制造了一系列暴力恐怖犯罪案件，对西北地区和谐社会建设构成了巨大的威胁。在西北地区这个多民族聚居的地区，多元的文化价值观很容易由于相互之间碰撞而产生分歧和矛盾，这成为当地社会长期难以和谐发展的重要原因。

(二) 协同发展影响因素的制约

1. 社会因素

西北地区是一个有大量少数民族聚集的地区，受地域文化和民族发展历史的影响，民族社会与当地经济社会发展之间存在着错综复杂的内在联系。在宗教、民族多因素影响下，这一地区的民族社会形态不仅界定并型塑着当地经济社会系统的基本结构，而且民族社会的决策深刻地影响着当地经济社会的运行发展。在正常情况下，经济社会协同发展需要经济系统和社会系统均有良好的开放性，对经济社会发展系统来说，这种开放性主要体现在各种经济社会管理制度的开放性。经济社会管理制度的开放性即由各种经济社会管理制度因素支配的经济社会系统同外部环境交往的方便程度。一个地区经济社会管理系统制度越开放、越自由，其经济社会制度的开放性越高；反之经济社会制度开放性越低。经济社会管理制度开放性是由各种社会因素（语言、宗教信仰、风俗、社会规范、法律、发展体制等）所决定的经济社会系统对外交往的便利程度。经济社会管理领域的开放性是衡量一个地区开放软环境的重要指标。从我国西北地区经济社会发展的现实情况来看，受经济社会管理因素的影响，西北地区经济社会领域闭关自守、体制僵化、发展水平落后、管理效率低下、资源配置不合理、经济社会生活缺乏活力、经济政治体制兼容性差等问题表现得较为突出。在当前市场化经济体制改革中，西北地区社会管理体制的内敛性与市场经济体制改革要求的开放环境在很多方面还难以兼容配套。受西北地区经济社会管理因素的影响，很多经济社会体制改革问题只能围绕外围展开，很难深入其核心，经济发展对社会正向引导的作用在这一地区严重受阻，限制了经济发展带来的社会红利，特别是限制了经济发展对社会深层次治理红利的作用。

2. 经济因素

西北地区有着漫长的边境线，无论在历史上还是现阶段都远离我国政治、经济、文化、交通的中心，在国家战略布局上处于一种边缘地位，这种不利的地理区位造成这一地区经济发展系统的结构刚性，这种结构刚性不仅表现在经济体制结构方面而且表现在经济技术结构方面，结构刚性意味着在较长时期内这一地区的经济体制结构和技术结构难以有明显的实质性改进。从发展经济学的结构理论来看，西北地区经济发展之所以长期处于低水平均衡困境，主要还是因为西北地区陷入了经济刚性结构陷阱，而发展经济学传统理论认为，要克服这种刚性结构，在政策取向上必须强调通过资本积累、工业化、计划化和实行进口替代来增强经济发展的动力。正如建立在长期动态经济发展基础上的哈罗德——多马模型所得出的结论：要走出结构刚性必须通过资本积累和工业化来促进经济增长。当今西北地区的经济发展模式正是这种经济发展理论在现实中的具体应用。按照结构主义对刚性经济结构的解决思路，西北地区的经济增长确实取得了巨大的发展成效，但从西北地区与我国中东部地区发展的差距中我们可以看出，当前西北地区建立在结构刚性基础之上的有计划的工业化路径这一经济发展思路和政策存在以下问题：过分地强调空间结构的一体化和克服结构刚性的计划手段，忽视了以价格杠杆为基础的市场机制的作用；过分强调物质资源的作用，忽视人力资源的作用；过分强调工业化路径对结构刚性的实用性，忽视农牧业的基础作用和第三产业对经济空间的拓展作用；经济发展政策过分重视国家内部的力量，而排斥了外部力量。T. W. 舒尔茨（T. W. Schultz）、A. O. 克鲁格（A. O. Krueger）等研究认为，结构主义思路过分强调结构刚性，忽视价格弹性，导致价格偏离边际替代率，造成资源配置扭曲。以结构刚性代替价格弹性的结果是价格杠杆作用僵化，导致价格的扭曲，这种价格扭曲实际上是对价格弹性的抑制。当我们考察西北地区经济发展的结构刚性特点与价格弹性时，得出的结论必然是有计划的工业化发展模式，严重抑制市场在资源配置中的基础作用和价格的杠杆作用，这种工业化的资源配置效率并没有达到帕累托最优。自2010年以来，随着全国经济增速放缓和对能源原材料需求的紧缩，西北地区经济增速有较大幅度的下滑，经济发展后劲明显不足。西北地区经济发展在投资及产业布局方面的结构性问题突出，经济发展的内生动力不足。西北地区经济发展对投资依赖性强，尤其是对政府投资依赖性强。2015年，在实际到位的投资中，国家预算资金占比78%。西北地区产业结构性问题突出，2015年，能源、化工、冶金三大行业占西北地区工业产值比重高达46.55%，而以资源开采和初加工为主的产业结构决定了国有大中型企业的绝对主导地位，但是由于国有化的产权性质和经营模式，其对西北地区地方财政、税收、就业等带动性较弱，对西北地区的实际富民效果不明显。

另外，从西北地区目前收入分配情况来看，在经济发展成果的享受上，由于各种原因，城乡之间、区域之间、行业和部门之间、不同群体、不同的社会阶层之间收入差距较大已经成为西北地区社会利益分配中不争的事实。收入差距过大，已经超过了占西北地区社会主体的中下层人群的心理承受能力，甚至危及一部分人最基本的生存和发展，引起不同阶层人们之间的利益碰撞和冲突，特别是西北地区中下阶层人群中有很大一部分为少数民族群众，贫富差距时常因此会和各种社会问题相互交织，严重威胁西北地区社会的稳定与和谐。

经济发展对社会发展的影响历来是直接的，特别是在经济发展进入新常态后，经济运行与社会治理同时面临着新的机遇与挑战。作为西北地区，在区域宏观经济运行下行压力不断增大的背景下，社会矛盾和潜在的社会发展风险自然会在这一时期集中暴露出来。经济增长常常会产生涟漪效应，经济领域的变化会波及社会的各个方面。从实际情况来看，由于这一时期西北地区经济市场化程度本身不足，市场经济发展环境较差，西北地区的经济体制模式仍然带有鲜明的政府计划主导模式，这是造成当地经济社会协同发展长期滞后局面的重要因素。

3. 体制因素

中国经济社会改革发展的基本思路正是实现经济和社会两个系统双重动力的加强，即实现经济增长和社会发展相互强化。但这一时期西北地区的经济体制和社会体制在结构上明显失调，造成西北地区的经济发展和社会发展在体制的均衡结果上很难实现高水平均衡和协同。按照贝内特（Bennett）和迪洛伦佐（Dilorenzo）的观点，在权力体制主导下，社会同样极易产生各种各样的设租寻租行为，所以设租寻租社会的改革问题广泛地被看作是一项适当的规则采纳以限制政府的权力，从而才可

第五章 西北地区经济社会协同发展机制演化及困境分析

以使设租寻租的消极博弈得到抑制。受经济传统和经济结构的影响,西北地区经济资源非常丰富,在我国当前社会转型期,由于经济资源所有权归国家所有,西北地区作为资源富集区其资源开发利用还具有政府主导的特征。西北地区经济多数情况下并非质量上的经济反映,而是数量上的社会规制,当地经济无论是资源配置、利益分配,还是发展方式在一定程度上仍是在国民经济整体利益的考虑下,通过制度具体实施的。在这种经济发展模式下,西北地区市场化经济体制改革还会面临许多难以逾越的障碍,特别是西北地区市场经济结构调整中公共资产与私人资产的平衡问题、产权问题、资源的配置问题等都将深刻影响着西北地区经济体制改革的走向与深度。由于西北地区市场经济发展环境较差,经济市场化发展程度本身不足,所以经济发展带有鲜明的政府计划主导模式。但非常明显,这种经济发展模式在很大程度上会抑制价格弹性的发挥。发展经济学家克鲁格对计划管理体制下的寻租(sent-seeking)行为作了深入分析,他认为计划管理体制抑制了价格弹性对经济的激励作用,而且它对经济活动的干预易于引发租金成为合法与非法寻租活动的目标,从而导致腐败的产生。在我国社会转型的关键时期,西北地区深处内陆,国家监督部门对腐败监管的信息成本巨大,因此这一地区的社会腐败现象更具多发性和隐蔽性,容易被忽视。腐败不仅会败坏政府的声誉和形象,而且损害政府与人民群众的关系,削弱政府权威的基础,不仅对社会发展带来巨大的经济成本而且会带来巨大的政治成本。正如美国政治学者约瑟夫纳伊在分析发展中国家的腐败时所指出的那样"腐败浪费了一个国家拥有的最重要的资源,即政府的合法性"[1]。从较为一般的角度讲,腐败活动的明显结果就是导致人们丧失对政治体系的信心,失去对政治权力的认同,从而引起社会秩序和制度的不稳定,甚至会招致严重的危机。

由此可见,西北地区经济社会体制对外部环境的适应能力均比较差,这直接导致中央及西北地区当地政府的管理执行力下降,影响了经济社会政策或组织变革的实施效率,约束了当地经济社会发展的选择性,导致经济社会管理系统在地方层面上的有效服务供给十分脆弱。由于经济

---

[1] 李笃武:《政治发展与社会稳定》,博士学位论文,华东师范大学,2005年。

社会管理系统显著的低效率，政府在完成经济社会协同发展机制建设这类庞大的结构性、体系化改革工程上，从国家到地方其行为能力都是被限定的。而在西北地区经济社会转型过程中，当政府意识到经济体制和社会体制的结构刚性对经济社会带来不良影响而试图扭转这种局面时，由于对结构刚性积存的经济社会矛盾认识不充分，经验不足，对改革这种局面的长期性缺乏必要的认识，往往又会急于求成，方法欠妥，使得西北地区经济社会结构又陷入新的失衡状态。

4. 文化及民族心理因素

在西北地区，不同民族间的文化差异常常会引发民族心理不适现象和行为摩擦，其主要表现不仅有对少数民族风俗习惯缺乏认同感，同时还包括有意或无意造成的民族间各种形式的摩擦行为。西北地区是一个多民族聚集的地区，各民族群众都有各自不同的心理状态，有不同的社会实践活动，不同民族受不同文化熏陶而形成不同的行为习惯。在经济社会领域，各民族会形成独特的物质文化和精神文化，从而在风俗习惯、心理素质、思维方式、价值取向、道德情感等方面呈现出一定的差异。在现实生活中，影响西北地区经济与社会发展的民族文化心理因素还广泛存在，各民族自己的民族文化虽然培育了民族成员的自豪感和自尊心，并赋予了不同民族成员对有些事物的不同看法和观点，但其思维定式往往忽视个体事物的差别，夸大与另外某一社会群体相关认知之间的差距，且常常带有感情色彩，并伴有固定的信条，容易形成文化偏见和排斥，当不同民族成员进行直接或间接接触时，这种看法和观念上的差异就表现为不同民族之间现实关系上的矛盾冲突。

西北地区虽然是一个多民族聚集的地域，而共同的生活地域并没有形成共同的文化。长期的民族交融，使这里成为多元文化的聚集地，各种民族文化相互交织，新旧文化并存。一些少数民族在发展过程中，形成的保守、封闭、自卑、乡土观念、狭隘的地域认同等不良意识，对民族文化融合发展带来了严重的阻碍作用。另外，一些民族的平均主义、单一民族认同、民族偏见、民族歧视、民族分离等消极心理也对当地经济社会的协同发展造成了不利影响。随着西北地区经济社会发展和改革的深入，利益分配格局的不平衡、收入差距和各种矛盾被不断放大，激发民众对社会和政府的不满，影响着社会发展。例如在西北地区实现跨越式发展的进程中，还有的少数民族群众认为，正是因为中东部地区掠夺了西北地区的资源才使西北地区同中东部地区的差距越来越大。这种狭隘民族心理把中国非均衡的发展战略同本民族的利益得失对立起来，忽略了国家和中东部发达地区帮扶支援西北地区经济社会发展过程中实行的一系列对口支援和转移支付政策及义务。这种意识的抬头不仅影响到西北地区经济社会的发展和长治久安，也会影响到我国经济社会全局发展和安定团结。当前，西北地区的城市化进程有所加快，作为少数民族聚集地区，城市化进程改变了西北地区当地各民族现有的社会分工格局，有力地冲击了这一地区少数民族经济发展中长期存在的以农牧业为主的自然经济形态，引起少数民族居住环境和生活方式的重大改变，少数民族传统文化中的核心观念受到强有力的挑战，而这些巨大而深刻的变化，会动摇原有民族关系格局的心理基础。经济社会发展方式的突变，引发了西北地区少数民族文化心理的不适，加上西北地区的人民内部矛盾和冲突，常常在境内外敌对分子的干扰和破坏下与各种社会问题相联系，引发一系列社会问题。①

5. 自然地理环境因素

在自然地理环境方面，西北地区的条件相对较差。西北地区地域辽阔，但大部分为沙漠戈壁，这里气候干旱，土地的有效利用率极低，人口密度过高，这些不利因素为西北地区经济发展带来了巨大的局限性，导致这里长期贫困落后，发展缓慢，薄弱的经济基础限制了西北地区经济社会的协同发展。伴随着我国其他地区经济社会发展水平的提高，西北地区和我国其他地区的发展差距越拉越大，造成西北地区经济社会结构的失衡和秩序的失调。

在自然资源方面，西北地区有良好的自然资源禀赋，通常情况下，自然资源优势被认为是西北地区经济发展过程中最大的比较优势，"坐山吃山，靠水吃水"这种以资源为导向的经济发展模式成为西北地区经济发展过程中民族社会与自然资源依赖共生关系的基本表现，也成为西北地区根据比较成本优势定位当地经济发展的基本思路。然而西北地区自然资源的优势并没有被转化为经济优势，西北地区自然资源充裕程度与经济增长速度成明显的负相关，丰富的自然资源已经成为西北地区经

---

① 高永久：《宗教对民族地区社会稳定的双重作用》，《甘肃社会科学》2003年第4期。

济发展的"诅咒",对自然资源财富的过分依赖也导致西北地区出现畸形的产业结构,致使当地经济社会发展面临更大的波动。这一时期,西北地区作为我国资源能源的重要供应地,当地资源能源开发过程中各少数民族由于被占用了大量土地及其他资源,导致他们原有的生计模式和生存状态被改变,由此而带来了生产方式、社会角色和文化心理的一系列变化。另外,在资源开发过程中,一些地区出现了农牧民收入来源渠道变窄、收入减少或丧失、当地原有的组织结构和人际关系网被破坏、家族群体离散、传统文化传承遇到挑战等,对西北地区经济社会的和谐发展产生了负面影响。

同时,Gylfason(2001)研究认为:丰富的资源可以通过"荷兰病"[①]、寻租、政府决策失误以及忽视人力资源投资这四条传导途径影响经济发展,形成"资源诅咒"的传导机制,通过"轻易得来的资源收入降低人们对教育投资的积极性",Gylfason 的跨国截面数据回归结果表明,自然资本占国民财富的比重与人力资本水平负相关[②]。从西北地区资源型经济发展条件与社会发展的内在联系来看,忽视教育、缺少创新能力、腐败都是"资源诅咒"最重要的传导渠道。事实表明,西北地区自然资源优势会影响当地人们在人力资本方面投入的积极性,人力资本投入不足又会影响西北地区经济社会发展的创新机制。Sachs 和 Warner(2001)就认为,当资源部门能产生丰厚的利润时,具有潜在企业家才能的人更愿意进入资源部门成为食租者,而不是在制造业等部门从事创新活动,于是整个社会的技术进步就会变得更加缓慢。在社会制度方面,巨额的资源租金会滋生严重的权力寻租和腐败等行为,引发社会不满甚至冲突。因此可以认为一个国家在法治规则、政治稳定性、政府效率等方面的制度质量与其资源的丰富程度负相关[③]。显然西北地区的资源优势虽然对西北地区的经济发展来说有一定的成本优势,但却会抑制教育、创新和

---

① 荷兰病(the Dutch disease),是指一国(特别是指中小国家)经济的某一初级产品部门异常繁荣而导致其他部门的衰落的现象。
② Gylfason, T., "Natural Resources, Education and Economic Development", *European Economic Review*, Vol. 45, No. 6, 2001.
③ 邓伟、王高望:《资源红利还是"资源诅咒"——基于中国省际经济开放条件的再检验》,《浙江社会科学》2014 年第 4 期。

社会公平的发展,成为经济社会协同发展过程中潜在的不利因素。

6. 周边环境因素

西北地区有漫长的边境线,周边大小政权林立。西北地区与周边国家民俗文化相似,在市场需求、资源禀赋等方面有较强的经济互补性,双方开展经贸合作潜力巨大。目前,中国西北地区依托自身的口岸优势与周边国家①的经贸合作已经成为西北地区对外贸易的重要支柱。"西部大开发""一带一路"等重要战略相继在这一地区的部署为西北地区与周边国家经贸合作提供了前所未有的战略契机。西北地区周边国家自然资源丰富,石油、天然气、煤炭等能源资源储量均位居世界前列,各种有色金属储量也相当可观。在这一时期,西北地区发挥地域优势,与周边国家在能源资源领域展开深入的合作,满足了西北地区在能源资源领域的巨大需求。西北地区周边国家丰富的自然资源使得这些国家的产业结构呈现出"重型"特征,而轻纺、家电等生活消费产品目前还主要依靠通过西北地区重要边境口岸来进口。2006年以来,西北地区周边国家人口数量稳步增加,加上经济发展和人口素质等因素,西北地区周边国家形成了一个容量非常巨大的国际消费市场,使这一时期西北地区与周边国家在能源资源、产业结构、市场需求上形成较强互补性。

西北地区对外经济贸易发展强大的互补性使社会的开放性和流动性大大增强,这使整个西北地区经济社会充满活力的同时其社会管理维护的难度也相应加大。特别是在这一过程中一些境外非政府组织常常打着交流、咨询、培训、投资的幌子,暗中破坏西北地区经济社会发展。这一阶段,西北地区周边国家也进入了动荡升温期和矛盾多发期,安全环境呈现恶化的迹象。尤其是阿富汗国内局势的发展、中亚各国政策的变化、南亚地区冲突局面的延续、俄罗斯的欧亚战略调整、中亚伊斯兰运动的演变等都使西北地区在这一时期处于我国反分裂、反渗透、反恐怖的最前沿。当前,国际反华势力和恐怖势力更是把西北地区经济与社会发展的和谐发展视为是对自己的威胁,他们以各种方式在西北地区及周边制造混乱,导致这一地区社会秩序混乱、政局不稳、地区冲突不断、

---

① 西北地区周边国家特指:哈萨克斯坦、吉尔吉斯斯坦、塔吉克斯坦、土库曼斯坦、乌兹别克斯坦、俄罗斯、阿富汗、印度、伊朗、蒙古、巴基斯坦。

国际犯罪活动猖獗。这些因素加剧了西北地区经济社会和谐发展的环境风险。

(三) 传统管理模式制约着协同功能的发挥

1. 政府主导模式

2006—2015年，西北地区经济社会现代化转型还不十分彻底，处于过渡阶段。这一时期西北地区市场机制并不充分，西北地区的社会组织也不尽完善。受这两方面因素影响，西北地区的经济社会管理体系在某种程度上仍然明显地呈现为刚性管理模式。在这种管理模式下，政府的主导作用比较明显，政府对经济社会有绝对的主导权，管理的手段多以行政手段为主，因此管理手段单一、被动。在管理过程中这种模式以管为主，行政逻辑较强，当面对经济社会发展系统一些"跨边界公共问题"时，政府公共部门往往会出现相互推诿和转嫁责任的现象，严重影响政府经济社会公共服务的质量和效率。同时，在政府主导模式下，政府会对经济社会领域公共事务统包统揽，由于缺乏有效监管与制约，可能导致经济社会治理资源单方面、武断与盲目的配置。与此同时，伴随着政府管理方式上的粗放运作以及管理过程的"暗箱化"，容易滋生权力"异化"下的设租性、寻租性腐败。而当面临一些事关经济社会可持续发展的跨区域合作事务时，政府主导模式却可能因政策执行不到位产生管理主体"缺位"的现象。政府主导模式常常呈现出高成本、低效率、缺乏柔性的缺陷，导致西北地区经济与社会发展之间总不能实现高效的均衡，制约了西北地区经济社会的全面发展。另外，从当前我国国内发展趋势和西北地区的发展现状来看，和谐社会已经进入实质性建设阶段，但在政府主导模式下，由于缺乏内生性动力驱动，西北地区和谐社会建设的重点任务"经济社会改革"不彻底、不深入，长期以来，政府一直仅仅局限于对当地经济社会发展领域的某些边际关系进行政策性协调和调整。

另外，从实际情况来看，这一时期西北地区政府、市场和社会组织三大部门的发展极不平衡，呈现出从政府到市场再到社会组织逐次减弱的状况，没有脱离"大政府、弱市场、小社会"的结构格局，三个领域联动协同发展的社会结构和整合机制还没有形成。政府主导模式造成的直接结果是：西北地区公民社会的公益性、自治性、民间性、非营利性等特点在经济社会协同发展中的作用不明显。政府主导这种经济社会管理模式的主导成本相对较高，这种模式在应对西北地区社会治安、社会矛盾纠纷以及社会危机管理方面有一定的成效，但对加快推进以改善西北地区民生为重点的经济社会全面建设会产生一定的限制作用。同时，政府主导模式会使西北地区有限的社会组织对政府的从属性和依赖性增强，市场力量和社会力量并没有有效弥补政府的缺位和市场机制的不足。[①]

2. 不对称信息沟通模式

这一时期，虽然我国在西北地区经济与社会均衡发展方面的一系列改革措施取得了比较积极的短期效应，但总体上看，在西北地区经济社会协同发展运行过程中，两个子系统的外向性和开放性还严重不足，两个子系统的外溢效应均较差，西北地区经济发展与社会发展两个子系统之间普遍存在着"信息不对称"现象。"信息不对称"常常导致信息弱势的一方交易成本增加，效率降低。在西北地区经济与社会发展领域，由于经济发展子系统与社会发展子系统分属不同的政府部门管理，而不同的政府部门往往靠自身的权威或便利掌握着各自系统大量信息资源，在个体理性的作用下，会导致两个子系统之间公共利益最大化的局面难以形成，经济社会发展难以形成高水平稳定协同发展的局面，这种经济社会发展格局制约了我国在这一地区经济社会协同发展领域许多制度的质量和效率。在信息不对称的情形下，西北地区经济发展子系统与社会发展子系统均由于缺少外部性，因此面对各种复杂的经济社会发展环境，当地的经济社会发展格局既没有办法稳定下来，又没有办法使自己转变到新的形态，经济社会发展系统只能靠自身系统的不断复制才能得以延续，从而出现"内卷"的迹象。在这种发展状态下，对这两个系统施行的各种制度也处于被"锁定"（lock-in）的轨迹。在"锁定"状态下，针对西北地区经济社会发展设计的各种制度的区域比较优势难以充分体现出来，现有的各种制度供给只能在低效率水平运行，根本不能保证长期正常协同提高的预期功能，造成西北地区经济社会发展与其他经济社会发达地区的差距和不公平竞争进一步加剧，这又进一步导致当地经济

---

① 李冈：《我国边疆民族地区社会稳定问题研究》，博士学位论文，中央民族大学，2013年。

社会秩序的错乱和经济社会发展的衰退。

在分散管理体制下，由于领域、部门建设的独立性，以及缺乏全局观念和信息共享意识等原因，西北地区经济发展子系统和社会发展子系统"条块结构"也非常明显。经济发展子系统与社会发展子系统在协同建设上没有一个统一的规划和标准可循，而是习惯于各自为政的管理模式。因此，在经济社会发展中各种信息来源彼此独立、平台相互排斥、信息处理难以关联互动、信息运用不能互换共享的信息壁垒和信息堵塞便会出现，使子系统之间无法实现信息的实时获取与充分共享。由于经济发展子系统与社会发展子系统信息资源的产生、加工、存储、利用与传播均由不同部门实施，不同部门的系统又是由不同的系统集成所完成，在这两个子系统之间未统一考虑数据标准或信息共享问题，各部门比较注重自己"系统"内部的信息化建设，而各部门信息系统之间却互不相通，两个子系统自成体系，以致形成两个相互独立和封闭的信息系统，严重阻碍了彼此间的信息流通、更新和共享。由此形成西北地区经济与社会发展管理过程的"碎片化"、条块分割、"各自为战"、以邻为壑、分散管理、信息孤岛[①]现象普遍存在，这既影响了信息快速共享和矛盾及时调处，又容易造成重复建设、资源浪费等不良问题。

这一时期，西北地区"本位主义"相对比较严重，经济社会发展相关部门在交流过程中，出于各种目的，有时还有意地隐瞒一些重要事件信息，从而造成经济社会发展系统信息的结构性断层，继而造成西北地区经济社会发展领域"信息孤岛"问题越来越突出，给西北地区经济社会信息资源的整合与共享带来了很大障碍。在信息化社会背景下，信息不对称已经成为制约西北地区经济社会协同发展的一个重要瓶颈。

3. 非均衡发展模式

经济增长对社会发展具有双向效应，即促进效应与破坏效应。在发达国家或地区，经济社会发展不是单一发展，而是呈现为双向一体化发展模式。从研究中反映出的西北地区经济社会互动关系来看，这一时期，经济社会发展并不是相伴相生的，与此相反，在一定程度上两者相互成

[①] 所谓信息孤岛，是指在一个单位的各个部门之间，由于种种原因，部门与部门之间完全孤立，各种信息（如财务信息、各种计划信息等）无法顺畅地在部门与部门之间流动。

为引发西北地区一系列问题的来源。研究结果显示，西北地区经济发展子系统与社会发展子系统并没有形成一个科学的、多维度的互动体系，在很多情况下，西北地区的经济社会发展被转向了用时间效率和数量指标来衡量的商品社会。

通过研究可以看出，自20世纪80年代改革开放以来，西北地区的经济社会已经发生了深刻的转变，特别是进入21世纪以来，西北地区加快了经济社会发展的步伐，经济基础得以发展壮大。从发展经济学的角度看，长期以来，西北地区经济增长的主要模式是依靠资本、劳动力要素投资驱动"大推进"发展模式，这一模式在西北地区经济发展的初期是合理的，也是基本成功的，符合西北地区这一时期经济转型的背景。在"大推进"发展模式下，西北地区经济保持了较高的增长速度，总体上形成了从农业社会转变为工业社会、从乡村社会转向城市社会的发展格局，壮大了西北地区经济发展的规模，形成了规模经济的外向效应，为西北地区经济进一步发展打下了良好的基础。西北地区经济发展领域的巨大变迁对西北地区社会发展建设也提出了许多新要求。随着生产力的极大提高，经济结构的深刻变化，要求社会结构与之相协调，经济高速发展，也要求社会事业发展与之相匹配。随着西北地区各族人民物质生活的极大提高，更要求与之相适应的和谐有序的社会管理环境，以此提升当地各族人民的经济社会生活质量。"和谐社会建设"反映了西北地区生产力发展的要求以及对西北地区社会主义现代化建设规律的新认识。

而从实际情况看，这一时期，西北地区的社会事业改革和建设却相对落后。由于西北地区区位环境、经济条件、发展基础的不合理性和财政紧张、社会管理理念陈旧、管理手段单一、人员素质不高、对社会事业的内容和范围认识不清等不利因素的综合影响下，西北地区社会事业建设的水平和程度受到严重限制，使得住房、教育、医疗、就业、社会保障、扶贫等社会民生问题由于无法及时解决而逐渐累积，久而久之，使简单问题集聚变为复杂问题，社会问题、经济问题集聚变为政治问题。西北地区社会事业建设与经济发展配套性不足，在经济发展子系统和社会发展子系统之间缺少内生性协同发展机制，西北地区社会体制改革的发生机制在很多情况下是由于经济增长造成了日益沉重的社会成本并激化了社会怨气时,以及社会政策对社会发展与经济长期可持续增长的重要性凸显出来的情况下才进行的社会事业改革。综合西北地区经济社会发展的分析结果可以看出,研究期内西北地区在经济总量迅速得到提升的同时社会改革事业建设却显得相对滞后,以至于西北地区经济社会发展过程中还存在着重经济建设轻社会建设的不均衡发展现象。

4. 自上而下的管理模式

我国的基本组织形式是科层组织,其重要特征之一就是具有权力关系明确,等级层次有序的层级结构,通过专业化人员和正式规章制度来贯彻落实自上而下的政策指令,提高解决问题的效率。[1] 在这一时期,我国政府加大了对西北地区"改革、发展、稳定"三者深层次矛盾的解决力度,提出了"可持续发展""科学发展观""和谐社会"等一系列促进西北地区经济社会协同发展的战略。同时,我国党中央、国务院还通过制定相应的战略、政策、法律或文件等,且以行政化的手段推行开来。显而易见,这些涉及西北地区重大经济社会协同发展的设计多数还是"顶层设计",这一过程使国家强制性权力可以保证政府能力得到不断扩张,政府的职能范围也可以覆盖到经济社会各个方面,甚至能够深入到民众日常生活空间。在西北地区经济与社会的协同发展过程中,自上而下的管理模式还广泛体现为中央政府在资源调配、人事任免等方面对西北地区拥有绝对的行政统辖规划权力,通过自上而下的管理制度和激励设计来确保科层制的统一性。

在西北地区经济社会协同发展过程中,从管理体制角度,自上而下的管理模式能形成严密有效的组织制度和观念制度,中央政府(或上级政府)有着自上而下宏观管理的绝对权力,还可以通过政治动员、人事变动、资源配置、项目安排等来影响次级政府的行政行为。而西北地区地方各级政府,其职能只是落实上级部门的各项政策指令。这样,中央政府(或上级政府)的权威得以维护,各种权力、资源向上集中,中央政府(或上级政府)政策指令在日常工作中通过贯彻落实而延续和强化。但是从有效性上来说,在西北地区经济与社会的协同发展过程中,权力、资源和能力应当尽量放在最适当的层次上,这就要求通过转变政

---

[1] 周雪光:《权威体制与有效治理》,《开放时代》2011年第10期。

府职能和权力下放，提高西北地区经济社会协同发展管理的实效性。然而在西北地区经济社会发展过程中，随着西北地区经济社会领域价值目标多元化，权力下放的管理理念在基层政府管理部门的实践中还存在一些分歧，如果从善治的视角来看，这种自上而下行政化的经济社会管理模式会增加政府自身的管理成本，降低管理效率。

（四）协同内生动力机制作用不明显

1. 政府主导作用明显

西北地区经济社会发展环境复杂多变，充满了许多不确定因素，因此在经济社会发展两个相对独立的系统间进行协同创新极具挑战性，更存在较大的"失败"风险。在西北地区经济社会协同演进进程中，由于经济社会发展系统是一个极为复杂的巨大系统，因此经济社会的协同发展长期以来都是以政府行政力量来推动的，并由此形成了政府主导的基本格局。

但是，政府主导下的行政手段具有强制性、阶段性和滞后性等方面固有的不足，对于西北地区这样一个经济社会发展均比较落后的地区而言区，一味强调政府的主导作用，政府集决策、执行、监督三权于一身，强化政府部门的管理权限，就会造成市场（企业）、社会组织的持续缺位，使市场信用和社会力量遭受忽视。在政府主导机制下，西北地区就容易形成以GDP为中心的发展模式，忽略公共服务和公共产品的供给，对应当解决的市场环境、就业、收入分配、社会保障、教育、医疗等社会问题关注不够，造成市场的外部环境和社会发展问题越来越突出，使经济社会发展严重失衡。在政府主导下，容易抑制市场和社会组织的活力，西北地区经济与社会发展子系统内外部资源都难以得到合理的配置和利用，系统内部的要素挖掘与创新活动难以得到充分发展，从而造成西北地区经济社会协同发展内生性动力的缺失。在西北地区经济社会协同发展过程中，政府主导会强化经济社会发展领域的部门利益，由于部门利益的局限，就会导致一些政府部门在制定规划、方案和法规时，往往受本部门或所辖的行业利益的局限，对国家利益和公众利益考虑不够，甚至做出违背国家和公共利益的行政决策。这时，政府干预微观经济活动以及腐败等问题不仅难以得到有效的解决，而且还可能出现体制性的腐败。一旦不断扩张的行政权力和资本结合，就会严重抑制市场对资源配置的合理作用，影响经济社会发展的自由和公平，导致严重的收入分配不公和贫富两极分化的结果，严重影响西北地区经济社会的协同性。

实践表明，单一的政府主导已经不能适应新阶段西北地区经济社会改革的需要，政府主导下的经济社会发展动力机制对西北地区的市场化改革不利，对经济社会的协同发展不利，西北地区的政府职能改革滞后是造成经济社会协同发展滞后的主要原因。

2. 政策导向机制自上而下的高位推动

西北地区的经济社会发展与我国制定的各项宏观经济社会发展政策息息相关，这些经济社会发展政策，不但得到了西北地区当地人民的拥护，促进了西北地区当地经济社会各项事业的发展，同时也使西北地区加强了与我国其他地区的联系沟通，密切了西北地区与中东部地区的关系，形成了优势互补，互通有无的发展格局，西北地区经济社会演变与内地渐趋一体化。"西部大开发""一带一路""兴边富民"以及"转移支付""对口支援"等战略和政策设计，为西北地区经济社会协同发展注入了强大的活力。实践表明：西北地区经济与社会发展总体上仍然服从于我国各级政府提供的各种制度安排，无论是经济发展领域还是社会管理领域，各种政策均作为一种制度安排，通过影响行为主体的选择，提高了西北地区的发展能力和治理能力，从而影响经济发展和社会发展绩效，为西北地区经济社会的健康发展提供制度动力。西北地区经济社会在总体上形成全面发展的格局，正是得益于我国政府在西北地区各项政策的供给以及西北地区各族人民对政府政策的高度认同。

然而，很多重大政策的制定和执行都是以中央政府为主体，由中央政府制定宏观性和指导性的文件，再交于西北地区地方政府细化和实施，即在执行这些公共政策中，呈现的是一种高位推动的动力模式。在政策导向下，难免会出现一些政策并不一定符合西北地区实际，对这些公共政策的高位推动会造成西北地区地方政府进行政策规避。地方政府表面迎合上级要求，对政策表面推行，而并没有实际实施，浪费大量的资源。同时，在政绩观的影响下，中央对各种经济社会重大发展政策的强势高位推动会造成现任官员出于自身利益目的，为了显示出自己对前任官员的超越，在应对上级考核时弄虚作假，造成不良的经济社会后果。同时在高位推动的政策导向下，各种政策常常可以支配资金、物质等生产要素，这又给设租寻租提供了空间，容易诱发贪污腐败问题。

另外，在各种政策自上而下的高位推动下，西北地区经济社会发展常常出现一旦适应了某一发展路径，就会形成经济社会发展的巨大惯性，出现"路径依赖"现象，导致西北地区经济发展子系统和社会发展子系统内部不断"内卷"，陷入"路径依赖"。在"路径依赖"影响下，西北地区经济社会发展问题就容易表现出来明显的顽固性，其结果就是经济社会发展机制老化、僵化，经济社会的协同发展格局难以形成。

3. 国家梯度发展战略推拉

根据区域梯度发展理论，区域经济社会发展在任何时候都不是一个均质化的过程，而是在不同区域之间存在着发展水平的梯度差异，这是由于区域之间资源禀赋、地理环境条件和历史基础的差异原因造成的。在我国经济社会发展中，按照各地区经济技术发展水平，由高到低，依次分期逐步开发的梯度理论是我国制定国家或区域经济社会开发战略的基本理论之一，该理论由中国学者夏禹龙等根据国外"适应理论"变异而成。从总体格局上看，我国经济社会发展路径是先沿海后内陆，先东部后西部，这一发展战略导致我国各区域之间的经济社会发展状况极不均衡。我国经济社会发展是最早从东部开始，受极化效应影响，生产要素首先在这一地区集聚，从而使这一地区经济社会发展的专业化水平明显高于中西部地区。随着经济社会体制改革的转型发展，依次形成了东部、中部、西部经济社会发展水平呈高、中、低的梯度空间差异分布格局。西北地区经济社会的协同发展演变也是在国家梯度发展战略下，依靠中东部发达地区的推拉作用向前演进。随着中东部地区经济体制改革阶段性任务的完成，这些地区在教育、住房、医疗收入分配、社保等领域展开了与经济发展配套的社会事业改革，这些改革成就缔造了中国经济社会协调发展的基础。中东部地区经济社会体制改革的成功经验和良好的综合收益为西北地区经济社会协同发展树立了榜样，也对西北地区经济社会发展产生了激励作用，推动着西北地区经济社会改革事业的转型发展。

梯度推移理论仅仅是以此来反映国家或地区间在同一时期内经济社会发展水平的差异或不均衡现象，但梯度推移理论常常力图将各国、各地区固定在特定的发展阶段上，进而造成"贫者愈贫，富者愈富"的马太效应①现象。理论上讲,经济社会发展是由自然梯度、文化梯度、经济梯度等多个梯度构成,而且都应当处在不断变化的过程中,这就意味着梯度水平是一个动态发展的过程。但西北地区由于区位条件限制,其经济社会地位在国家发展序次上一直落后,该地区经济社会的发展在很大程度上依赖其他地区协同发展产生的外溢作用,这种现状造成西北地区经济社会发展地位长期被边缘化,长期的低梯度地位使其经济社会发展以外在动力为主,经济社会协同发展的内生动力机制不健全,导致当地经济社会难以实现跨越式发展。

4. 和谐社会建设目标价值引导机制作用受到干扰

价值引导机制是人们在发展实践的基础上形成的认知、指导、规范社会发展的精神观念型机制,包括价值、理论和理念等因素,主要解决社会发展"真与假""善与恶""美与丑"的问题以及发展实践的方法途径问题。党的十六大以来,我国明确了全面建设小康社会的目标是包括经济、政治、文化、社会、生态等诸多方面和领域的综合发展,是物质文明、政治文明、精神文明、社会文明乃至生态文明建设全面推进的目标,并以科学发展观进行积极引导,提出"坚持以人为本,树立全面、协调、可持续的发展观,促进经济社会和人的全面发展"的科学发展观。科学发展观理论是按照"统筹城乡发展、统筹经济社会发展、统筹人与自然和谐发展、统筹国内发展和对外开放"的要求推进各项事业的改革和发展的一种方法论。它继承和发展了马克思列宁主义、毛泽东思想、邓小平理论和"三个代表"重要思想关于发展的理论,与马克思主义既一脉相承又与时俱进。树立和落实科学发展观是西北地区全面建设小康社会的必然要求,也是西北地区建设以"民主法治、公平正义、诚信友爱、充满活力、安定有序、人与自然和谐相处"为主要内容的和谐社会的要求。科学发展观深刻地解释了发展的丰富内涵,促进了西北地区经济社会全面协调和可持续发展。

但在西北地区和谐社会建设中,由于受各种地域文化思想和价值观

---

① 马太效应(Matthew Effect):1968年美国科学史研究者罗伯特·莫顿(Robert K. Merton)首先提出这个术语,指强者愈强、弱者愈弱的现象,反映的社会现象是两极分化。这一名词来自圣经《新约·马太福音》:"凡有的,还要加倍给他叫他多余;没有的,连他所有的也要夺过来。"

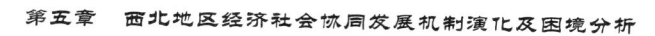

念的影响，当地经济社会发展价值目标出现了多元化趋势，加上国内外反华势力在意识形态领域的干扰破坏，少部分民众对科学发展观的核心价值在理解上还有一些偏差，导致在这一地区和谐社会的建设过程中科学发展观所产生的内在价值引领作用有所减弱。

第六章 西北地区经济社会协同发展机制的构思

第一节 对现有协同机制进行优化

对西北地区经济与社会发展现有协同机制进行优化，就是指在新的历史发展阶段，结合我国国情和西北地区的实际情况，突破旧的思维定式，在西北地区现有经济发展和社会发展管理条件下，运用既有的资源和经验，依据西北地区政治、经济、文化和社会的发展态势，尤其是依据西北地区经济社会自身运行规律乃至西北地区经济社会管理的相关传统理念和规范为基础，结合我国新常态下经济社会的管理理念、知识、技术、方法和机制等，对西北地区经济与社会发展系统的传统管理模式及相应的管理方式和方法进行改造、改进和改革，建构新的经济社会协同发展管理机制，以实现西北地区经济发展与社会发展两个子系统之间更为协调的合作关系和健全的管理秩序，从而实现更为理想的政治、经济和社会效益。西北地区的经济社会协同发展建设意味着这是一套更复杂的系统，经济社会要保持一种和谐发展的状态，需要依靠其中的政治、经济、文化、社会、国际环境等因素相互影响、相互作用，使西北地区的经济生活、社会生活、社会心理和社会关系形成一种新的秩序化均衡状态。

实践证明，西北地区经济社会协同发展是一个复杂的、综合的过程，要确保经济社会协同发展系统始终发挥应有的重要作用，就必须不断优化相应的系统模块耦合关联机制予以支撑。在优化过程中，新理念、新知识、新方法、新技术等往往是引发该系统模块间耦合关联的机会或者契机。西北地区经济社会协同发展机制优化的重点就是要通过建立、组织和促进经济社会管理创新系统，改进经济社会协同发展系统管理的机制和制度，为启动下一轮经济社会管理创新准备条件。西北地区经济社会协同发展决策科学化和实效化有赖于对既有经济社会管理机制的不断优化，而经济社会管理机制优化有助于确保外部环境和内部条件的有机结合，助推西北地区经济社会协同发展建设决策科学化和实效化。在新常态下，西北地区经济与社会协同机制优化也是西北地区经济社会发展规律性、经济社会控制的有效性和经济社会生活和谐性的有机统一。

在西北地区经济社会转型期，由于政治、经济、社会等不确定因素较多，因此对西北地区经济社会协同发展机制优化而言无疑是一项艰巨的任务。但辩证地看，如果在这一领域实现了富有成效的优化则又能为西北地区经济社会协同发展带来高收益，提高经济社会发展系统之间的协同配套效应。同时，由于优化能够形成新的经济社会发展动力，促进经济社会协同发展体系质量的提高，所以经济社会协同发展机制优化也是使西北地区经济社会发展避免陷入"中等发展陷阱"的有效途径。西北地区经济社会协同发展建设要取得突破，就必须在现有经济社会条件下挖掘经济社会协同发展机制潜力，有效降低协同机制优化带来的风险与成本，提高协同机制质量和效率，通过对经济社会发展系统协调关系的进一步优化，建立符合西北地区区域发展实际需求的新型经济社会发展关系模式，这是当前在处理西北地区经济与社会发展关系中要承担的重要历史使命，也是西北地区经济社会发展走出历史性困局的根本所在。

第二节　构建新的协同机制

纵观国际国内发展历史，一个国家或地区的崛起和强盛，都借鉴了一条宝贵经验，那就是在谋求外部环境安全的前提下，使自己的国家在经济社会健康和谐发展的基础上不断创新发展。我国改革开放的经验也证明，没有健康和谐的经济社会环境，没有经济社会领域的革新，就不会有当前经济社会全面发展的良好局面。而反观中外历史也不难发现，历史上大国的衰败、地区的衰落，基本上都是由于内部的经济社会关系腐朽，矛盾激化，难以适应新的经济社会发展环境，导致经济社会领域冲突过分尖锐造成的。区域经济发展是目标，而健康和谐的社会环境是实现发展目标的前提，而无论是经济发展还是社会发展都是动态变化的，对两者的协同机制要不断动态更新。

在我国经济社会转型的大背景下，西北地区的经济社会体制和结构也处于重大变革阶段。随着经济资源配置高度集聚和社会财富的高度集中，西北地区各阶层经济收入基尼系数长期在国际警戒线之上，这一现象导致西北地区经济发展不均衡和社会阶层分化现象日益明显，而长期以来，西北地区在经济社会发展领域的协调机制又非常缺失。在这种经济社会发展环境下，西北地区经济发展程度越高，其带来的社会问题越多越复杂。2006—2015年，西北地区人民的物质生活水平虽然有所提高，但人民的满意度并未随之增加，这一问题的出现已经严重影响到西北地区经济社会的健康发展和安定团结大局。

当前西北地区经济社会形势总体上是健康和谐的，西北地区各族人民对于当地改革、发展、稳定的发展目标具有强烈的认同意识，保持社会发展和经济健康持续发展、坚持改革开放和推动改革向纵深发展是西北地区各族人民基本的价值取向。但是我们必须看到，由于西北地区的经济社会改革已经推进到更深层面，改革措施已经触及各个阶层的根本利益，但在长期的经济社会发展中，利益阶层的固化、发展观念的固化、政策制度的固化，造成了这一地区一些经济社会改革政策和发展政策不到位，一些政策在执行过程中得不到全面贯彻，因此西北地区的经济社会发展积存了很多不健康、不和谐的因素。在人类进入21世纪和在中国全面建设小康社会的过程中，面对来自各个方面的严峻挑战，通过社会改革创新来推动经济社会进步，协调经济社会发展尤为重要，因此加强西北地区经济社会协同管理创新就显得尤为迫切。

从当前我国经济社会发展趋势和西北地区经济社会发展的实际现状来看，西北地区已经被列为我国和谐社会建设的重点地区。而在新常态下，传统的经济社会发展机制已经难以适应新形势下经济社会发展的新需求，西北地区经济社会协同发展必须通过一些新的制度设计和模式转变来解决目前西北地区经济社会协同性不足的困难，通过新的、积极的经济社会政策来解决历史上遗留下来和现实中存在的经济社会不协调问题。即要确保在经济发展的同时保持社会发展，通过经济社会协同机制优化创新来适应由于经济社会形势变化带来的各种发展压力。国内外经济社会发展实践证明，每一次经济社会的巨大飞跃，几乎都伴随着经济社会体制的巨大变革，经济社会体制创新常常能够释放巨大的经济增长和社会发展能量。对西北地区经济社会协同发展机制优化来说也是如此，尤其是在当前西北地区面对人口、资源、环境、社会带来巨大压力的形势下，经济社会协同发展体制的不断优化创新将能够有效缓解西北地区当前经济社会出现的若干压力，使经济社会协调发展处于积极、合理的状态。要实现西北地区经济社会跨越式发展，就要实施以西北地区经济社会全面发展为导向的经济社会协同机制创新体系，通过有效的制度建设，优化创新经济社会协同发展的关系，在此基础上才能迅速高效地实现西北地区和谐社会建设的既定目标。

第三节　确定协同机制构建原则

西北地区特殊的区位特征和经济社会发展环境决定了这一地区协同机制优化更要因地制宜，把握好当地经济社会实际情况。为了使西北地区经济发展和社会发展能够步入平衡发展的轨道，应坚持以下原则。

一　人本性原则

历史上，我国传统文化理论重视人的尊严和价值，表现为深邃的民本思想。这种民本思想特别强调民众是国家的根本，认为只有爱民、利民与取信于民，其统治根基才能牢固，社会才能减少隔阂，增进团结。人本主义正是这一治国思想的体现，是以主体人为中心而不是以客体物为中心，恪守"人是万物的尺度"，关注世界对于人的意义，客体对于主体的意义，执着于人的幸福。在"以人为本"的价值观视野中，人是终极目的，人是各种努力的终极关怀。一切努力都是为了满足人的合理性需要，都是为了维护、发展、实现人的经济、政治、文化利益，都是为了维护人的尊严、提升人的价值、凸显人存在的意义，促进人更好地生存、发展和完善，使人获得自由而全面的发展。

由于人具有典型的经济和社会双重属性，是经济社会属性的复合体，所以经济社会发展虽然表现方式不同，但逐本溯源，经济社会和谐发展在根本上还是关于人的各种问题。西北地区由于历史、经济、宗教、民族以及国际的多种因素交织影响和共同作用，造成了目前西北地区经济发展和社会发展的复杂局面。在西北地区，不同民族之间的自我认知、情感、心理素质、性格特征、价值观念、思维方式、信仰等普遍存在差异，因此在经济社会管理过程中，必须整合族群人的各种本原因素，在处理各族人民经济社会问题时，要以事实为依据，以法律或规章制度为准则，相互信任，相互尊重，互相帮助，共同进步，共同发展。

"以人为本"不仅是一种经济正义和社会正义的价值追求，而且也是指导西北地区经济社会和谐发展的科学发展观。西北地区各族人民群众是西北地区经济社会历史发展的推动者，也是经济社会变革的主要力量，所以在经济社会工作中，首先要以各族人民群众的利益为主，把坚持从群众中来，到群众中去，把为西北地区各族人民服务作为经济与社会发展与和谐建设的首要价值观。由于西北地区的经济社会发展整体水平比较落后，因此对西北地区的经济社会协同建设创新来说，更要突出人这一主体性因素，一方面，通过生产力的发展来改善西北地区各族人民群众的物质生存条件，缓解和克服人与自然的矛盾，从而解决经济社会协调发展的客观障碍；另一方面，还必须依赖在这两个领域政策制度的变革和调整来构建现实生活中人与人、人与社会、民族与民族之间的和谐关系，使西北地区各族人民能真正从经济社会发展中体会到"获得感""幸福感""公平感"，从而提高西北地区经济社会和谐统一的内生性动力。

二 价值理性原则

"价值理性"（Value Rational）也称实质理性（Substantive Rationality），最初是由马克斯·韦伯（Max Webber）在考察人们行为时提出的与工具理性并行的概念。价值理性是一个古老而常新的问题，价值理性从符合现代主流哲学的一般特征出发，体现着"新时代的历史，可以说是思考精神觉醒，批评活跃，反抗权威和传统，反对专制主义和集权主义，要求思想、感情和行动自由"的思想。[①] 价值理性同样是一种以人这一主体为中心的理性，其关注的是物与人的需要之间的关系及意义，崇尚

---

① ［美］梯利：《西方哲学史》，葛力译，商务印书馆1995年版。

伦理、美学、文明等具有实质和特定价值的公平、正义、忠诚、荣誉等。价值理性能够从人类社会的发展角度对价值问题进行理性思考，通过对客观世界的反思和批判，实现自我的超越。价值理性渴望建构一个合乎人发展本性理想的、应然的美好世界。与工具理性相区别，价值理性不是以功利为最终目标，其所追求的是"合目的性"。

在西北地区经济社会协同发展建设中强调价值理性原则正是对经济社会数量扩张过程中理性精神的肯定与利用，与经济社会发展过程中的工具理性目标追求不同，它是以西北地区各族人民为主体和中心，而不是以被物化了的经济或社会客体对象为中心，是把人的自由和全面发展放在西北地区经济社会发展中一切问题的首位，价值理性所体现的理性精神正是西北地区经济社会协同发展建设中缺失的问题。最近几年，西北地区经济发展中的唯GDP主义、唯经济增速是图、贫富分化、贫困问题、生态破坏问题、民族社会问题和区域保护主义、价值观迷失，甚至恐怖主义问题都可以从价值理性缺失的角度找出答案。西北地区经济与社会和谐发展正是要使"人"在价值理性构建的信念支持、鼓舞、引领下不断地实现对现实世界的改变和超越，使西北地区经济社会环境也由此而变得越来越和谐美好，使西北地区各族人民获得更高质量的生产生活环境。

三 正义性原则

根据《辞海》中对正义的解释，正义是对政治、法律、道德等领域中的是非、善恶做出的肯定判断。所以正义具有普世性。在当代，社会正义总是与公平、理性、自由、平等、安全、共同福利等价值紧密相连，人类正义关系和正义观念的历史发展代表着人类永恒的目标和观念，因此正义能够引导人类社会文明发展的方向，能够在经济发展和社会发展之间创设适当的平衡，充当调节阀的作用。在一个地区的经济社会发展中，如果正义价值能够通过经济和社会发展得到具体表达及实现，则说明这个地区的经济社会发展符合人们对社会良性运行的诉求。在这种"正义状态"下，正义通过发挥自身的积极作用，通常能够保障社会公民的生命和财产安全，使社会公民得以生存和发展，推动社会进步。同时，由于正义的制度在本质上是给予人们公平合作的支持和保障，所以正义的制度调节机制能够避免严重的经济社会分化，从而有利于经济社会健康持续发展。

从社会发展的历史经验来看，正义的内涵通常具有时代性，它以实践为准绳，保持着对现实价值诉求实现状况与程度的批判与引导。因此一个好的制度与决策，通常会突出某一正义价值的诉求。例如在阶级社会，阶级对抗十分严重，所以秩序就成为正义的首要价值；在专制社会，个人的自由权利遭到最大侵犯，所以自由就成为最大的正义诉求。近年来，随着西北地区经济的快速增长以及社会文明程度的提高，围绕财富的生产与分配，效率与公平以及社会和谐发展为核心的经济社会和谐发展水平已经成为判断西北地区经济和社会正义与否的基本标准。然而从现实情况来看，西北地区的经济社会之间还没有形成有效的正义价值体系，具体表现为在西北地区的经济发展过程中，生产、分配、交换和消费领域均出现了一系列不良现象，导致贫富悬殊、两极分化、区际发展失衡严重、社会福利水平低下等社会问题。所以在某种程度上，正义实质上还是对经济社会现存价值体系的超越，在西北地区经济社会协同发展建设过程中，正义既可以被当作是一种价值体系，具有各种价值的外在体现，同时也是多元价值综合的实现过程，是各种价值通过不断的博弈形成的均衡结果。在西北地区经济社会协同发展过程中，只有把"正义"作为西北地区经济社会发展价值体系的基本准绳，才能推动西北地区经济社会朝着更稳定、更有序、更合理的状态演化发展。

四 成本原则

在西北地区经济社会协同发展建设中，无论政策的创新还是政策的有效施行，都不可避免地要耗费大量公共资源和资本，而这一时期在西北地区经济与社会发展领域行政主导的特征均比较明显，行政主导往往强调对行政命令的执行，这种模式可以不计成本，可以凭借强大的行政权力调动资源办成大事，但也有可能对经济社会协同发展带来成本过高的不良影响。因此在西北地区经济社会协同发展过程中需要贯彻成本原则，有效提高各类资本和资源的投入产出率，换句话说就是要在成本一定的前提下，力求西北地区经济社会协同发展收益最大化，或在经济社会协同发展收益一定的前提下，力求把成本降到最低限度。

在西北地区经济社会协同发展建设中，坚持成本原则的实质就是对西北地区经济社会领域的各项政策、制度或管理方案进行"成本—收益分析"，通过对投入资本或资源的监管和利用，从资本或资源的增值方面出发，以相对合理的成本投入获取尽可能大的综合收益。就是说，西北地区经济社会协同发展创新的根本目的是有效解决西北地区经济社会发展中出现的各种不协调性，而不是在这一问题的解决过程中再形成和遗留新的不协调性问题，因此要特别遏制那种不计成本、不惜代价、不计后果的"大手笔"工作模式，同时要防止在利益驱动下搞各种形式主义的政绩工程，以免造成西北地区经济社会资源的浪费。西北地区经济社会发展环境复杂，基础薄弱，生态脆弱，对这一地区的一些重大决策，一旦制定并实施，如果再要回头返工或纠错纠偏，则代价极为高昂，甚至一些工作一旦实施则是不可逆转的。因此西北地区经济与社会发展的协同创新发展决不可主观臆断，随意任性，而是要根据西北地区经济社会发展的实际情况，在认真进行成本收益分析的基础上有效提升当地经济社会协同发展的质量，促进西北地区经济与社会实现高质量创新发展。

西北地区的经济发展落后，文化不发达，农牧民人口、少数民族人口、贫困人口较多。这些不利因素对西北地区经济社会协同创新发展构成了不利影响，导致其创新的机制环境不优，创新的投入不足。因此对于经济社会环境高度复杂的西北地区来说，对经济社会协同创新的成本不仅仅是个经济概念，还包括社会成本、信誉成本等重要内容。那些没有实质内容的所谓经济社会协同发展创新、投入巨大但收效甚微的经济社会协同发展创新不仅会消耗国家和社会大量公共资源，还会造成西北地区各族人民群众对政府执政能力的质疑，严重影响中央和西北地区地方政府的公信力及形象，动摇人民群众对经济社会改革事业的坚定信念。因此要建立完善经济社会协同创新"投入—产出"评估机制，确保当地经济社会协同发展得到实质性优化，特别是在"改革、发展、稳定"领域对重大政策的优化和实施都要经过严格的科学论证和客观真实的效能评价，体现出真正的价值和效益。

五 实效原则

西北地区经济社会协同发展建设创新应立足于当地的实际需求，应对新情况、解决新问题，这一创新过程应当是建立在西北地区经济社会发展现实需求基础上的"应需"之作。西北地区经济社会发展的现实需求，也是西北地区经济社会协同发展建设创新的逻辑起点和动力。因此西北地区经济社会协同发展建设创新首先应实现创新成果供给与创新实际需求之间的对称。

西北地区经济社会协同发展建设创新"应需"原则体现了历史唯物主义的实践原则。正如马克思指出的"社会生活在本质上是实践的"。西北地区的经济社会发展资源本身不足，因此对西北地区经济社会协同发展建设创新来说，就更要务求实效，通过创新，能够为经济和社会的协同发展带来切实和可预期的实际效益，那些缺乏现实依据、供需不对称、形式主义的创新，往往都是劳民伤财，应坚决禁止。在此，应当把创新的功能性目标作为西北地区经济社会创新的出发点和落脚点，一方面是要避免"创新"的泛化；另一方面又要防止真正创新的短缺。西北地区经济社会协同发展建设创新就是要通过人与物质方式之间、供给与需求之间、生产与分配之间、经济社会结构与经济社会功能之间以及经济社会进步与经济社会发展等不同关系之间不断保持平衡而实现各种机制和关系的发展创新，促使西北地区经济社会协同发展系统能以经济社会自主演化途径和方式来解决自身相关问题，从而在这种复杂情境和诸多变量的协调关系中获取更多的实际效能。

第四节 确立协同机制创新途径

一 理念的转化

在西北地区经济社会重要转型期，正确的经济社会协同发展理念和思路是确保西北地区经济社会协同发展的基础。对西北地区而言，经济社会协同创新是一个全新的、复杂的系统工程，经济社会协同发展的具体目标、内容、方式、途径等目前还难以准确判定，在短期内也难以看到明显的效益，在这一过程中又会涉及经济社会领域各种管理对象的利益调整，各类阻力会接踵而来。所以我们要坚定信念，树立以提高经济社会公共利益为核心目标，尊重经济社会发展领域各类主体的利益诉求，贴近经济社会生活，转变经济社会管理职能，注重和强调服务，密切政府与经济社会发展的关系，树立经济社会协同发展管理理念，只有如此，才能正确认识和把握西北地区经济社会发展与治理模式创新的意义和作用，才能统合西北地区各种经济社会组织力量支持创新、维护创新，从而带动经济社会管理方法和手段创新，进而形成经济社会协同机制的创新。

当前，我国经济社会发展已经进入新常态，在西北地区更新经济社会管理理念不仅意味着在这一地区要打好服务管理的人性化和亲情化这张感情牌，更重要的是要根据西北地区经济社会发展的现实状况，实现各级政府职能的合理定位和转变，革新西北地区长期存在的全能型政府管理范式，把科学发展观主导下的和谐社会建设摆在重要位置，高度重视和维护各族人民群众最现实、最关心、最直接的利益。具体来说，就是要实现从"管理本位"到"服务本位"的转换，将经济社会管理糅合在政府各部门的各种服务之中，以服务促进经济社会管理水平的提升，让群众在经济社会管理创新中感到文明及和谐。同时要强调多元主体的协调作用，实现从"政府本位"到"社会本位"的转变，培育社会组织管理主体，尊重社会自治，助推社会自律，确认并保障社会多元主体的多元价值和利益诉求。这就意味着要将西北地区经济社会协同发展建设创新作为一种常态化的工作机制，把社会主义核心价值观与习近平新时代中国特色社会主义思想等社会主义经济社会发展理论同西北地区经济社会发展的基本价值追求统一起来，转化为各类经济社会管理主体价值取舍和决策判断的基本行为准则。

二　环境创新

西北地区经济与社会发展建设环境创新是指经济社会发展系统各种要素组合形成符合西北地区经济社会协同发展需要的新型关系。在全球化、信息化、网络化的时代大背景下，西北地区的经济社会协同发展建设环境的优化创新对聚集创新要素、挖掘创新潜能至关重要。具体来说，包括政策环境优化创新、经济环境优化创新、社会环境优化创新和合作环境优化创新四个方面。

良好的政策环境是西北地区经济社会协同发展建设的基础和保障。在西北地区，分布着为数众多的少数民族，以民族区域自治为代表的管理制度确立了中央及西北地区各级政府行政管理体制的基本价值和基本制度安排，民族区域自治实际是把行政权这一国家公权下放到民族地区，负责西北少数民族地区日常的经济社会管理，这一科学实效的制度体现了政府行政的公共性，得到了西北地区各族人民群众的拥护和支持。实践也证明，这一制度有效促进了西北地区的经济发展和社会长治久安。在西北地区经济社会转型期，这一成功的经验告诉我们，在宪法的基础上继续以西北地区各民族的公共利益为依归，以保障各族人民权利为施政导向，并致力于增进各族人民的公共福祉，建立依法行政原则才是提高该地区行政绩效的唯一途径。对于西北地区的公共行政问题来说，包含的具体问题很多，但集中起来看，主要是通过各种政策的制定与实施来显示行政权的公共性。严格来说，在西北地区这样一个少数民族广泛分布的地区，经济社会发展不仅关系到公共资源的配置问题，更关系到民主管理和公共权力的分享问题。因此在西北地区经济社会协同发展建设过程中，应当积极创设良好的公共政策环境，强化公共政策的成果成效，发挥公共政策对西北地区经济社会问题的协调作用，从政策环境层面为西北地区经济发展和社会发展协同建设提供保障。

在西北地区，经济环境优化创新还需要在当前诸多经济社会矛盾叠加、风险隐患交汇的严峻形势下，不断适应经济社会发展的新环境，在新形势下重塑西北地区经济社会发展的动力。自2010年以来，西北地区的经济增长速度在长期高速增长之后有向中低速回归的趋势，经济发展过程中的"中等陷阱"迹象比较明显，经济发展面临的内生性挑战逐渐增多，技术进步与扩散效应持续减弱，全要素生产率对西北地区劳动生产率提高作用在减弱。随着人口老龄化的到来，劳动力人口数量开始下降，"刘易斯拐点"加速到来，致使西北地区劳动力成本开始上升，长期以来支撑西北地区经济增长的人口红利开始衰减，以能源资源为主导的产业结构已经成为西北地区经济发展的"软肋"，在经济增速下降的情况下化解过剩产能和优化产业结构存在巨大压力。与此同时，经济发展的制度性障碍凸显，一些不能适应新发展阶段需要的旧体制、旧制度对经济发展的阻碍作用不断加大，一些深层次的社会矛盾因此而不断累积。因此，为了适应经济发展面临的新环境，就要在"创新、协调、绿色、开放、共享"五大发展理念指导下规划西北地区未来的发展道路和模式，结合西北地区经济发展的新环境，培育技术竞争的新优势，加大人力资本投资，使西北地区经济发展从注重规模和速度的粗放型增长向注重质量和效率的集约型增长方式转型，经济结构从以增量扩能为主向化解过剩存量、提质增量并重调整，经济发展动力从依托能源资源和劳动力的传统增长向以创新驱动为支撑的新的增长点转变，以此构筑西北地区经济发展的新环境，充实西北地区经济发展模式和发展道路的内涵。

良好的社会环境是西北地区经济社会协同发展建设创新的必要条件。西北地区经济社会协同创新能力的强弱与社会价值理念、思维习惯、行为方式等社会环境密不可分。长期以来西北地区由于资金和管理等方面的原因，导致基础设施建设严重滞后。人口的激增导致公共服务的压力增大，住房、教育资源短缺，公共卫生条件不足，公共交通压力大，文化设施配套不足，社会保障机构不健全等给当地人民群众生活带来了极大的不便，导致当地人民社会生活环境质量有所下降。近年来西北地区流动人口激增，以及当地居民失业半失业状况没有从根本上得到解决，加上社会治安环境等的威胁，导致西北地区社会公共安全管理形势也越来越严峻。加上经济发展带来的各种环境污染，使西北地区生态环境不断恶化，当地人口、资源、环境的矛盾越来越突出。这些现象的出现，使西北地区的社会环境出现了较大的危机，对构建和谐的经济社会发展环境产生了不良影响。因此必须针对西北地区社会环境的严峻现实创新社会治理机制，从而推进社会治理体系和治理能力的现代化，为当地经济社会的协调发展打下良好的基础。在社会环境创新中，应当首先确保能够提供全方位的基本公共服务，构建社会管理源头治理体系，通过建立健全经济社会规范体系，着力保障和改善民生，深化经济社会体制机制改革，尽可能减少严重社会问题的产生，使一些威胁经济社会协同发展的社会安全隐患和风险因子能够及时被发现，及时得到控制，引导社会环境朝着有利于经济社会协同发展的方向变化。在社会环境的维护上，要充分发挥社会组织和居民维护社会治安、参与社会环境治理的积极性和主动性。

合作环境创新指的是个人与个人、群体与群体之间为达到共同目的，彼此相互配合，优化合作关系的一种联合行动。合作环境创新需要有一致的目标，统一的认识和规范，相互之间的信赖以及合作赖以生存的物质基础。在西北地区经济社会重要转型期，经济社会协同发展建设需要两者之间形成顺畅的合作沟通环境。从现实情况来看，西北地区经济与社会发展之间的合作基础比较好，现实需要也非常强烈，但两者在合作机制上目前还处于一种自发和盲目的状态，政府对两者的合作发展也缺少必要的规导。依法治理是促进西北地区经济社会协同发展合作环境现代化的核心要求和实现途径，只有经济社会之间在法治框架下建立一种平等合作的融洽关系，让法律法规成为两者合作与互动的准绳，西北地区经济与社会发展之间才能形成法定的权利和义务，才能形成经济和社会合作遵守法律（契约）的精神，同时能保证合作的程序平等，以实现经济社会的公平正义。经济社会合作是对西北地区经济社会合作环境治理实践做出的理性回应，只有在实现双方地位真正平等的前提下，双方的合作才能进一步实现平等、独立、互补的合作型关系。另外，从信息环境来看，由于经济发展和社会发展这两个系统的独立性比较明显，两者之间存在着两种不同的体制和制度，所以长期以来两个系统不能获得彼此全面、充分的信息，造成了两个系统独立分散的关系。为了实现有效的合作，就必须扩大合作的基础，建立信息共享机制，通过便捷的信息传递途径，使两者都能客观及时获得彼此的有效信息，节约两者在信息收集、加工、整理和使用环节的费用，减少由两个系统信息不对称带来的巨大信息成本，以便降低经济社会发展合作的费用成本。降低合作交易费用，提高合作效率不仅是西北地区经济与社会发展相互支撑、构成互补性制度体系的动因，也是两者之间实现共同发展的必然途径。

三 组织体系创新

根据现代社会管理理论的观点，政府、市场和社会是相互独立、相互支持、相互监督的三个部门。政府和市场在某些情况下都会失灵，社会组织的存在有助于克服政府失灵和市场失灵。随着社会主义市场经济体制在西北地区的不断发展，经济社会组织形态和人们的生活方式都在发生着深刻的变化，新的经济组织和社会组织成为西北地区经济社会协调发展管理创新中不可或缺的多元参与力量。

在西北地区经济社会组织管理过程中，经济社会组织发挥着积极而重要的作用。虽然我国政府在对西北地区经济社会组织的管理体制改革方面做了积极的探索，但是基于当地经济社会组织的现实发展状况，政府对经济社会组织的发展和利用并未完全放开，对经济社会组织的扶持力度也相当有限，特别是西北地区经济社会组织的自主能力还不强，发育还不成熟，在经济社会协同发展建设管理中的力量有限。西北地区经济社会组织的规范性不够，经济社会组织的人才缺乏，普遍存在人员素质偏低，专业人员比重较小等现象也成为西北地区经济社会组织基础薄弱的主要表现。另外，在西北地区经济社会发展过程中，公众对经济社会组织缺乏信任，很多经济社会组织虽然是为了其经济社会性而生，但却无法得到社会的认可，这无疑给西北地区的经济社会组织发挥作用带来了很大的挑战。西北地区正处于经济转轨和社会快速转型的关键时期，各类经济社会组织作为沟通经济社会与政府的桥梁，对经济社会的平稳和谐运行起着至关重要的作用。而如何破解西北地区经济社会组织发展处于长期宏观鼓励与短期微观约束、现实空间广阔与制度空间狭小的尴尬局面，如何促进西北地区经济社会组织又好又快发展，对于当前西北地区经济社会管理创新性发展具有重要的理论和现实意义。

四 方法革新

目前，根据西北地区经济社会管理的规律和趋势来看，经济社会协同发展的方法首先要由单一的行政手段向综合运用法律、政策、经济、行政、教育等手段转变。通过明确规定各方主体的职能任务、权利义务和职责规范，使经济社会管理形成一个完整的系统，使各要素之间相互联系，相互影响，共同作用于经济社会事务的协同发展。

在信息化时代，从协同发展角度看，西北地区经济社会协同发展管理创新的突破口，还是要凭借科技的进步成果使经济社会管理方式方法得到革新，要尽量避免过分依赖思想道德教化或行政命令式的强迫。从技术角度来看，经济社会传统管理的手段是通过人为主观判断和经验实现决策，这种决策手段缺乏科学性，决策智能化水平过低，不能将信息优势更好地转化为决策优势，进而转化为行动优势，从而影响整体效能。当前，西北地区经济社会协同管理方法的创新必须依托信息化背景下的数字化、网络化、智慧化管理技术和机制的支撑。大数据时代（Big

Datatime）的来临，为西北地区经济社会变革提供了良好的契机。作为经济社会协同管理的新技术，大数据、物联网、云计算能让西北地区经济社会变革更为有效，也能为优化经济社会协同发展决策提供坚实的支撑。

第七章　西北地区经济社会协同发展机制的完善

第一节　经济发展机制

一　构建科学的资源开发机制

西北地区拥有丰富的气候资源、生物资源、矿产资源、能源资源、地质地貌资源以及民族文化资源。对西北地区而言，资源开发规划关系到当地生产力的发展，关系到产业结构的优化和经济的可持续发展。西北地区具有得天独厚的资源优势，但如果在当地经济发展过程中相应的资源开发机制不健全，则这种资源优势就难以转化为经济优势，甚至资源开发还会对经济社会发展产生负向外部效应，极易引发严重经济问题和社会问题。研究表明，西北地区资源开发机制并不完善，导致原本具有丰富资源的西北地区并没有伴随着资源的开发而得以快速发展，其资源优势也没有转化成为当地的发展优势。在西北地区资源开发利用过程中，不健全的资源开发机制使原本生态脆弱、经济贫困的西北地区陷入"资源诅咒"的困境，生态环境污染、自然资源枯竭又使当地经济陷入更加不可持续的状态，造成当地贫困程度进一步加深，资源环境问题的出现常常又引发各种严重的社会矛盾和冲突。因此在西北地区的资源开发过程中，科学的资源开发机制对西北地区经济与社会的协同发展具有特殊意义。

（一）规范资源开发管理机制

西北地区是一个资源富集的地区，在对资源的开发利用过程中，首先要统筹资源开发与经济发展的关系，构建资源友好型、环境友好型资源开发管理机制，处理好经济发展和资源开发利用之间的关系。在考虑资源开发带动当地经济发展的同时，要注重对生态环境的保护，通过对当地自然人文资源、经济社会、历史文化和环境条件等因素的综合评价，制定科学合理的资源开发规划，形成该地区资源开发、利用、保护方面的方针、规范、措施、应急预案、规章制度、法律法规等，提出资源开发利用和保护的途径措施。

（二）构建资源开发利益共享和生态补偿机制

在西北地区，资源开发涉及国家、地方、企业、民族和公众等多个利益主体，由于这些利益主体之间追求的利益目标各不相同，因此分享资源开发利益就成为这些利益主体之间的一场博弈。为了实现经济社会的协同发展，只有全面协调各利益主体之间的利益关系，使各利益主体之间形成一种合作博弈的局面，实现各利益主体收益最大化，形成各方共赢的格局，才能有效促进西北地区经济发展和社会发展的全面和谐。同时，西北地区资源开发利益主体之间的利益共享机制还包括代际之间的利益共享，也就是说资源的开发必须注重可持续性的原则，不仅要满足当代人的需要，还要不妨害子孙后代需要。另外，中央及地方各级政府作为西北地区资源的保护主体，在资源开发服务我国整体经济发展大局的同时要针对这一地区积极构建市场化、多元化的生态补偿机制，形成让受益者付费，让付出生态环境代价者以及生态环境保护者得到合理补偿的政策和制度环境，通过生态补偿机制有效平衡资源开发过程中相关利益者之间利益平衡，防止利益失衡。

（三）优化资源开发过程中的保护机制

西北地区的生态环境非常脆弱，在西北地区资源开发过程中要采用保护性开发模式，针对当地环保理念落后，环保意识低的现状，进一步以环境保护的各项法规为依据，以责任制为核心，综合运用经济、法律、技术、行政、教育等手段制定包括资源开发项目保护管理制度、环境保护设施运行管理制度、环境事故管理制度、环保培训教育制度、环保奖惩管理制度、污染物排放及环保统计工作管理制度、环境卫生管理制度等，通过完善相关环境保护制度，使西北地区现有环境保护系统的管理机制得到优化，提升各种环保制度的效率，通过各项环境保护制度的建设，使西北地区各类环境保护主体的环保意识更加牢固，促进当地经济发展与生态环境形成协调发展格局，进而构建当地资源开发利用与环境保护的长效协调机制。

（四）建立完善的监督机制

在西北地区资源开发利用过程中，各级行政主管部门是西北地区资源开发的监督主体，因此要首先加强行政监督力量，建立专门的行政监督机构，制定科学有效的行政监督制度，强化行政监督的执法效力，对西北地区资源开发进行有力和规范的行政监督。同时要充分发挥公众在资源开发过程中的监督作用，使公众对资源开发过程中的各种公共权力进行有力的监督，通过建议、检举、控告等合法渠道调节资源开发程中公共权力和公民权利之间的矛盾，使公共权力能够在公众的监督下依法公正办事，避免公共权力出现寻租腐败，官商勾结等现象，使人民群众在资源开发过程中的相关利益得到有效保障。同时要充分发挥社会舆论的监督作用，利用网络、电视、自媒体等各种媒体平台对资源开发进行监督，对各种监督的方式、范围、程序以及权限等通过法律或法规的形式进行明确的规定，使监督有法可依，保障监督者和被监督者的合法权益。

（五）完善社会互动参与机制

良性的社会互动参与机制对于西北地区的资源开发具有非常重要的作用。资源开发中的社会互动参与机制能够强化各种社会主体保护资源环境的自主意识，使各种社会主体在资源开发及环境保护方面发挥政府所不能及的作用，社会互动参与机制也可以成为政府决策和监督政府行为的一个重要渠道。对于转型期的西北地区经济发展而言，完善社会参与机制对于当地的资源开发具有实质作用。但在资源开发过程中政府主导型决策模式的惯性对西北地区资源开发的协作结构带来了制约影响，政府以外各类主体主动参与资源开发利用保护的意愿还没有被充分调动起来，特别是针对各类非政府组织主体的责任机制和激励机制建设不足。因此，在西北地区资源开发过程中要强化市场主体和社会主体的参与权，提供各类非政府组织、企业、个人等主体有效参与当地资源开发利用保护的途径和渠道，明确各类经济社会主体参与资源开发利用建设的权利和义务，尤其是要加强各种民间环保组织、地方团体参与资源开发利用的权力和范围，切实在资源开发利用规划、监测、执法等环节赋予各类经济社会主体充分的知情权、参与权和监督权。

二 制定合理的产业协调机制

产业形态的高级化对经济增长具有明显的促进作用。2006—2010年，西北地区先后实施了以能源和原材料为主的优势资源开发转化战略。可以看出，这一阶段，西北地区经济增长的重心主要是在资源开发上。2010年以后西北地区虽然实施了科技教育支撑新型工业化、农牧业现代化、新型城镇化、基础设施现代化、信息化建设等一系列科技教育支撑发展战略，但整体上资源型产业在西北地区经济发展中的主导地位一直没有发生根本性改变。根据这一时期西北地区产业结构构成的具体情况来看，西北地区产业形态的高级化一直面临较大的压力。在整个研究期内，西北地区产业结构呈"二一三"分布，产业结构呈现出第二产业比重相对过大，第一产业大而不强，第三产业发展比较乏力的特征。西北地区产业结构不合理是造成西北地区经济缺乏活力、区域竞争力不强的重要原因，西北地区经济结构的失衡抑制着经济增长空间，这种情况严重制约了西北地区生产力的进一步发展，加大了与内地发达地区的差距，对经济社会的协调发展造成了不良影响，因此西北地区各产业之间的优化协调发展已经成为西北地区经济持续健康发展的关键所在。

（一）加强产业结构的优化机制

改革开放以来，在资源型产业结构的推动下，西北地区经济快速增长，取得了巨大的成绩。但是近年来，西北地区经济总量小，产业结构单一，传统产业占比较高，高新技术产业占比较低，三次产业之间发展不协调等问题日益显现。产业发展科技含量低，环境污染严重，经济效益差的粗放型经济发展模式日益暴露出诸多弊端。在第一产业内部农业占比较高，同时农业也成为西北地区很多地方的支柱性产业，林牧渔业在西北地区普遍占比较小，致使西北地区第一产业内部结构不合理。西北地区分布有我国大型牧区，但是该地区第一产业内部的畜牧业产值比重又过低，这与西北地区作为我国大型牧区的地位极不相符。在第二产业内部，轻工业占比较低，而重工业占比较高，特别是石油、化工、电力、有色金属、煤炭等产业占比较大，第二产业内部结构明显呈现重工业化的特征。在第三产业内部，产业结构门类虽然较为齐全，但由于当地经济发展水平落后，相关基础设施的建设投入不足，导致第三产业中的交通运输、邮政、仓储、信息产业、IT产业、旅游产业等发展成效不大。总之，西北地区产业结构在很多方面存在较为突出的问题，不仅三次产业结构不均衡，而且第一、二、三产业内部的产业结构也不尽合理，这些问题严重制约着西北地区经济发展质量的提高。随着中国经济发展进入新常态，西北地区经济也将步入新常态，对西北地区产业结构机制而言，必须立足西北地区的现实情况，充分发挥西北地区产业发展的比较优势，同时将比较优势转化为竞争优势，制定产业发展的详细规划，确定产业结构优化升级的方案和措施，通过创造新的竞争优势，加快推动产业升级，实施产业跨越式发展，提高产业发展的竞争力。

（二）完善产业要素的集聚机制

从西北地区产业发展的深层次关系来看，导致西北地区产业发展竞争力较低的一个重要因素是区域产业集聚化程度不足，产业的规模效应和外溢效应均难以有效体现。西北地区是我国重要的资源大省，但本身经济基础相对薄弱，经济发展过程中自我创新能力不足，这些因素导致西北地区产业体系对资金、技术、人才等生产要素的集聚吸引能力较差，三大产业均难以形成规模化发展，实现规模经济带来的外溢效应。因此，在新的经济发展形势下，西北地区经济要协调发展，就需要在产业集聚视角下，从西北地区的经济实情出发，综合考虑自身的经济基础、资源特征、市场环境、产业结构、文化习俗、区位特点等要素，选择适合自己的产业要素集聚模式和机制，特别是要科学规划好未来产业发展的融资机制、人才引进机制、技术转移机制，努力打造强有力的主导产业，以此来带动产业集聚的形成和发展，壮大产业规模，把主导产业做大做强，使其进一步成为西北地区的核心产业，提高西北地区产业发展的极化效应。

（三）加强产业链条的整合机制

西北地区在产业发展过程中，大多数产业生产的产品属于原材料加工环节的基础性下游产品，产业链条相对较短，产品附加值偏低，属于初级产品，在全国和国际市场缺乏竞争力。随着经济的发展，产业领域的分工越来越细，专业化生产越来越强，产业链条也不断延伸，被越拉越长。因此，西北地区要壮大发展，当地产业就必须进行不断的整合，特别是要通过制定相应的政策，引导三次产业通过跨空间、跨地域、跨行业、跨部门、跨所有制的方式重新配置和调整生产要素，密切产业链条的关联性，使三大产业实现资源的综合利用和经济的高效发展，提高资源的配置效率，加快对三大产业中传统产业链的升级改造，使三大产业价值链上的各个环节都达到最优，进而形成西北地区优势主导产业和合理的产业链条，推动西北地区产业链条的优化和延伸。

（四）加强产业空间布局的响应机制

城市化进程的加速为西北地区区域产业协调发展提供了空间支持，这一时期，西北地区各种开发区的设立与发展、边境口岸城市的开放、城市新区的形成、卫星城镇的建设成为西北地区城市化发展的主要空间形态，这种空间格局演变过程为西北地区产业结构高级化起到了十分重要的支撑作用。西北地区城镇空间体系的形成不但是城市化的需要，也是西北地区产业协调发展所必需的，因为城镇空间体系的完善支撑着西北地区产业空间布局协调发展的合理化。对西北地区经济发展而言，在新的历史时期必须积极响应城镇化空间演变机制，在工业区位论、农业区位论、商业区位论等相关理论的指导下，制定科学合理的产业空间布局规划、制度、法规。构建积极的空间布局响应机制，对不同城镇区域空间进行合理的产业分工，不但有利于西北地区产业的专门化、规模化、高级化的形成，也有利于产业的合理转移，减少产业的不合理集聚以及不必要的竞争，为西北地区产业与要素的高效整合提供基础，为产业协调发展创造条件。

三　建立长效反贫困机制

西北地区地处内陆，受多种不利因素影响，这里经济发展条件恶劣，贫困发生率高，贫困人口数量多，这一地区的贫困问题有典型的"贫困黏性"，所以扶贫脱贫工作在西北地区经济发展中有着重要的意义。在新形势下，西北地区扶贫工作任务艰巨，扶贫工作要取得实质性的成效，单靠对口支援或转移支付等传统扶贫方式已经很难解决扶贫的深层次问题，要从根本上解决西北地区的贫困问题就要在西北地区经济体制改革过程中建立以政策、市场、教育等为主要内容的长效扶贫机制，在扶贫领域进行深入的结构性协调和创新，提高贫困地区人口脱贫的效率，这样才能使西北地区的经济社会发展实现相互匹配的机制，从而形成良好的协调关系。

(一) 强化政府引导机制

西北地区贫困问题大多发生在老、少、边、贫地区,这些地区常常是一些偏远落后、生态脆弱的地区,一般的扶贫力量有限,很难真正致力于这些地区的扶贫事业,因此政府就成为西北地区扶贫工作不可或缺的主体力量。在西北地区扶贫工作过程中,国家和政府要运用所掌握的国家权力系统,发挥权力的积极作用,通过一系列行政法令的引导,确立和推广国家所推崇的主流价值观念,制定和推行扶贫工作的目标,建立和调整扶贫工作的重点,制定和实施扶贫工作的运行规则,从而对整个扶贫工作进行宏观管理和调节。在西北地区扶贫过程中,各级扶贫行政组织也要建立自上而下的行政基本框架,制定和落实各项扶贫制度,从上到下形成不同层面常设专职扶贫部门,制定具体的扶贫管理制度,形成西北贫困地区完善的扶贫制度体系。在西北地区的各项扶贫工作中,各级政府应当发挥协调和监督职能,因地制宜,积极引导,针对西北地区贫困的特殊诱致性因素及贫困人口分布的特殊空间格局,制定有利于西北贫困地区脱贫的特殊扶贫政策,从产业发展、就业帮扶、异地搬迁、教育、健康、生态保护等方面完善和优化西北地区区域性的扶贫模式。

(二) 发挥市场机制的扶贫作用

在西北地区,农牧业常常是贫困地区的主导产业,农牧业产品的附加值低,产业经济增长空间有限,加上贫困地区的经济发展经营手段传统,对于市场供求信息掌握不灵通,因此在这些地区发展现代农牧业非常困难。所以,要想让西北贫困地区的经济得到可持续发展,就要在农牧业领域积极引入市场机制,培育农牧业市场化条件,这是构建西北贫困地区内生性扶贫模式的有效途径。国内外扶贫实践和理论研究均表明,依靠政府引导机制自上而下进行扶贫可以有效解决大范围、集中性贫困,但这种扶贫模式在专业性和精准性方面存在不足。随着西北地区经济社会的不断发展,西北地区的经济发展水平总体提高,早期大规模、集中性贫困现象已经不是普遍现象。另外,西北地区由于地域广阔,广大贫困农牧区较为分散,各贫困地区和贫困人口不同程度存在个体差异化特征,所以政府主导下的扶贫模式已经与西北地区贫困的实际有所不相适应。而市场机制正好是一种分散的决策机制,通过市场可以将西北地区众多的贫困地区和贫困人口连接在一起，充分调动贫困地区和贫困人口脱贫致富的积极性，可以在贫困地区形成驱动脱贫的强大内生动力。另外，由于市场主体在经济发展方面较政府主体更具有专业性，所以市场机制的引入，也会提高西北地区扶贫的精准性，实现可持续减贫。

（三）加大社会组织扶贫机制

社会组织扶贫是指各类社会组织在社会领域中为贫困人群和弱势群体提供的缓解贫困、促进发展的各种服务。社会组织扶贫机制能够弥补政府机制和市场机制在扶贫工作中的不足，与政府自上而下扶贫方式相比，社会组织扶贫具有自下而上的优势，能够解决贫困地区面临的实际问题，这种扶贫方式具有直接性和快捷性，在程序上可以简化许多上传下达的环节，使扶贫具有高效性和可持续性。就研究期西北地区的扶贫工作来看，这一时期扶贫工作已经进入最后攻坚阶段，剩余的贫困人口大都集中在生态环境恶劣、资源缺乏、生产力落后、教育不发达、社会文化落后、信息闭塞及少数民族聚居的边远地区，这些贫困群体脱贫的难度较大，情况复杂，工作量巨大，单靠政府和市场的力量显然难以彻底完成脱贫任务。而社会组织在扶贫过程中比政府和市场有更具体的扶贫目标，其扶贫措施富有针对性和灵活性，社会组织的社会参与度高，经常会取得显著的扶贫效果，因此社会组织在扶贫工作中的优势也是显而易见的。在西北地区扶贫工作中引入社会组织扶贫机制，就是要不断完善社会组织发展体系，加强西北地区社会组织的能力建设，充分发挥社会组织非营利性、服务性的特点，积极动员社会力量参与西北深度贫困地区的扶贫工作。在西北地区社会组织扶贫机制建设中，要针对西北贫困地区人口分布情况有"大分散、小聚集"的特点，通过社会组织广泛的社会参与，把扶贫工作深入到贫困地区的经济、教育、就业、医疗健康等领域，搞清致贫的真正原因和贫困人口到底需要什么等基本问题，在此基础上专门针对贫困户个案，进行有目的、专业性的指导，做到减贫的实效性和高效性。

（四）构建人力资本开发扶贫机制

为了有效解决西北贫困地区的贫困问题，通过教育培训开发人力资本，使贫困人口参与扶贫项目机制是西北地区建立长效扶贫机制的重要途径。西北地区经济发展水平相对落后，各级财政对这一地区健康、教育等人力资本投资相对薄弱，加上西北地区地理位置偏僻，经济社会发展水平较低，对人才的吸引力较小，当地人才引进力度不大等原因，造成当地人力资本不足，这也成为制约西北地区经济发展的短板。西北地区要想实现贫困地区经济可持续发展，就必须通过教育、培训、人才引进、人才流动、提高人口素质等方式提高人力资本开发的扶贫机制。对西北地区来说，在现阶段最有效的人力资本扶贫就是通过职业技能教育、成人教育、岗位培训等方式加强对贫困地区劳动者技能的培训和文化知识素养的提高，通过提高劳动者的素质和市场竞争能力及岗位的适应能力，使西北地区摆脱贫困落后的状态，走出贫困落后恶性循环的局面。

（五）推进精准扶贫机制

贫困是一个长期困扰西北地区的经济问题，从整体上来看，西北地区的贫困问题相比其他地区而言情况独特和复杂，这一地区的贫困具有深刻的历史性、复杂性、脆弱性和敏感性。所以在西北地区的扶贫过程中，应当以党的十八大以来精准扶贫工作有关理论为基础，把握"精准扶贫"这一战略决策为西北地区扶贫工作带来的历史性机遇，充分利用全国全面推进精准扶贫工作的有利形势，真正做到全国"精准扶贫"引领西北地区区域"精准扶贫"，对当地贫困人口应当努力做到精确识别、精确帮扶、精确管理，提高西北地区多民族地区扶贫工作的绩效。要依据实事求是的原则，依靠科学的标准对贫困人口进行确认，在必要的时候还需要基于当地各族人民群众的实际贫困问题具体对待，在此基础上把当地贫困人口的数量、贫困程度、贫困的致因、脱贫途径、阻止返贫的措施等问题弄清楚，针对西北地区不同贫困区域的环境、不同贫困户的状况，积极出台一些针对当地民族社会特点的特殊扶贫政策，进一步细化和完善西北地区的政策扶贫、金融扶贫、教育扶贫、生态扶贫等行之有效的精准扶贫模式，构建科学高效的精准扶贫机制，促进西北地区精准扶贫目标的实现。

四 加大科技创新机制

（一）构筑科技创新引导机制

随着西北地区经济发展进入新常态，依靠资本、资源、劳动力等传统生产要素驱动经济增长的模式将难以为继。而科技创新将成为有效推动西北地区经济发展的重要动力，西北地区经济发展亟待实现科技创新驱动发展模式。科技创新在不同技术水平下具有不同的影响，面对科技创新，有些产业在新的技术体系下得到形成和发展，有的产业则受到新技术的打击不断被淘汰，使产业的发展更趋合理性，所以科技创新可以促使产业结构的合理化和高级化，从而推动经济发展，提高经济效益。随着我国经济发展步入新常态，西北地区应改善研发（R&D）资金的投入机制，特别是要加大对高新技术产业研发资金的投入，构建与高校及科研院所的合作机制，不断提高企业的研发和创新能力。此外，还应当设法为科技创新企业和创业项目提供创新创业平台，扩大融资渠道，加强对企业技术创新活动的资金支持，使西北地区经济发展实现由"要素驱动"转向"创新驱动"，从而推动西北地区产业格局实现优化升级，使其由传统的"劳动密集型"和"资本密集型"增长方式向"知识密集型""科技密集型"增长方式转变。

（二）实现技术转移机制

通常情况下，欠发达国家和地区通过从发达国家和地区引进技术可以促进当地经济发展，这种现象被称为"技术转移"。显然，技术转移具有成本低、时间短的优点，有利于欠发达国家和地区加快科技进步步伐，提高全要素生产率的效率，从而快速高效地推动当地经济增长。通过技术引进可以得到自主创新所需要的技术基础，对这些技术经过消化吸收和再创新，可以提高欠发达地区技术的自主创新能力。与发达国家和地区相比，西北地区的自主创新能力较低，科技相对落后，通过引进外部已有技术来提高自身技术水平是西北地区提高技术水平的主要方式。西北地区要发挥自身的区位优势，抓住机遇，扩大技术合作范围，进一步完善同周边地区和国家的技术转移机制，在农业、工业、资源能源等领域全面引进专利技术、工艺流程、管理技术等软技术的同时加大对生产设备、人才等技术资源的引进。在技术引进的方式上可以采取产权所有权与技术互换、技术咨询服务等技术贸易方式和仪器设备进口、来料加工、补偿贸易等方式，还可以通过学术会议、学术刊物、人员交流等学术交流方式加强与技术发达国家和地区的合作研究、合作生产、合作开发经营，以此来促进西北地区技术贸易的发展。同时西北地区要组织强化吸收外来技术的能力，形成技术的快速转化机制，使引进的技术能与自有技术体系及本地的资源禀赋形成良好的匹配,加快引进技术的消化吸收和进一步利用,促进引进技术尽快形成生产力。

(三) 开展自主创新能力提升机制

自主创新是指国家、地区、企事业单位、个人等创新主体依靠自身力量,主动开展创新活动,取得主导性创新产权(或称自主知识产权),获得创新带来的主要收益,并由此形成长期竞争优势。通常情况下,专利等技术类知识产权是创新产权的主要形式,通过自主创新,创新主体也能获得一定时期对该产权独有的利润或使自身取得技术进步。西北地区长期以来其科技创新的源头是以技术引进为主,自主创新为辅。由于西北地区自主创新能力薄弱,在很多领域不具有主导性创新产权,这不但使其难以充分享受自主创新带来的主体收益,而且难以形成较高的创新效率和创新效果。在现实中,西北地区经济发展与自主创新之间存在巨大的结构性矛盾,这些矛盾进一步引发当地经济发展后劲不足,经济增长方式粗放,投入产出效益低,经济发展的可持续性差等消极后果。随着知识经济时代的到来,自主创新能力不足已经成为制约西北地区经济高级化发展的重要因素,也使西北地区经济发展的区域竞争能力大幅下降,相比之下,自主创新能力不足使西北地区在全国经济整体发展格局中处于劣势地位。因此,在当前经济发展新常态下,西北地区应当充分挖掘本地的人才、高校、研究机构、重点企业等创新资源,优化创新环境,结合当地经济发展的实际需求,有计划、有目的地构建创新活动提升机制,通过不断加大创新的投入力度,提高创新的产出效率,提升当地自主创新能力,使自身拥有一批具有自主知识产权的核心技术,从而提升自主创新对当地经济发展质量的贡献度。

(四) 构建科研创新投入产出评估机制

科研创新跟生产活动一样,也要投入资本、人力、资源、知识、信息等要素,因此科技创新也要考虑投入产出效应,对投入产出的效果进行评价。科研创新最终的目的也是创造经济价值,因此为了有效判断西北地区科技创新的投入程度和使用效率,西北地区应当构建科学的科技投入产出评估机制,通过有效的评估机制,判断科技人员与科研资金投入的规模与效益、速度与效率、数量与质量的关系,在科研创新投入产出评估结论的指导下有针对性地改善西北地区科研投入质量以及科研资金的合理应用，提高科研资本要素、人力资源、物质要素投入的产出效率和科技成果转化率。

五 实现经济均衡发展机制

（一）健全区域经济空间均衡发展的宏观调控机制

西北地区地域辽阔，不同区域之间在资源禀赋、地理区位、经济环境、产业基础以及风俗文化等方面存在着较大差异，这种差异造成了西北地区区域之间经济发展在空间格局上存在较大的不均衡。在西北地区，关天经济区经济发展水平高于其他地区，内地经济发展水平高于边远地区。区域经济发展空间的不均衡对西北地区各区域之间良性经济关系的形成与发展造成了严重的阻滞，损害了西北地区经济发展的整体效率。西北地区社会构成错综复杂，地缘政治关系紧张，因此，经济发展空间上的不均衡造成的影响常常会超越经济层面，有时候还会上升为社会问题，继而引发重大政治问题，影响民族团结、地区稳定和国家安全。

事实证明，市场经济在西北地区虽然有所发展，但还很不成熟，单纯依靠市场力量也并不能解决区域经济发展的差异问题，相反在很多情形下，市场经济的极化作用反而会加剧区域经济发展的不均衡程度。美国经济学家艾伯特·赫希曼曾经指出：在区域经济发展过程中，政府对经济发展如果不运用经济或行政手段进行周密的干预，区域之间的差异就会持续不断地增长。因此在西北地区经济发展过程中，为了避免区域经济不均衡发展格局的进一步恶化，使区域经济发展水平的空间差距控制在我国宏观经济监控运行管理的范围之内，就必须发挥各级政府的宏观调控职能，建立一套符合西北地区经济发展格局实际的调控机制，综合运用行政、财税、金融、政策、区域贸易等手段，引导西北地区经济发展在空间上形成均衡、协调、健康的发展格局。

（二）构建经济发展的传递机制

在区域经济发展过程中，区域间经济发展的某些因素会产生相互波及、作用和影响，在这一作用机理下，区域之间的经济发展会在比较利益的作用下形成互补关系，从而使区域经济结构发生相应的变化，这一过程被称为经济发展的传递机制。

在西北地区区域经济发展过程中，区域之间的经济外向性、关联互补性均较差，区域经济发展的传递机制不健全，影响了西北地区经济发展水平和竞争力的进一步提升。因此，要在政府相关政策的引导和推动下，积极构建西北地区经济发展的传递机制。根据西北地区不同时期、不同区域间的生产要素以及市场需求的变化，在经济集聚与扩散作用下，从区域经济互补的视角，推出一系列政策、措施，构建包括资源互补、产品互补、产业互补的各类互补机制，使一个地区的经济变动和经济政策会对周边其他区域的经济持续发展产生积极影响，从而形成良好的经济发展传递效应，缩小西北内部发达区域与不发达区域经济发展的差异，促进西北地区区域经济共同发展和繁荣。

(三) 完善供需结构的平衡机制

拉动我国经济增长的投资、消费、贸易"三驾马车"在改革开放中同样带动了西北地区经济的高速增长，也是西北地区经济发展的巨大动力来源。随着中国经济改革的深入发展，西北地区的经济发展也逐步由高速增长步入中高速增长阶段。特别是2008年国际金融危机之后，西北地区不仅经济增速放缓，而且呈现出产能相对过剩，有效供给不足的局面，西北地区经济发展供需结构严重失调，在三大产业内部，供需之间的结构性矛盾均有不同程度表现，农业供给能力较大，但有效需求有限；工业供给旺盛，部分产品库存积压严重；服务业供给需求有所提升但整体供给比较乏力。三大产业供需结构性矛盾导致西北地区经济发展动力不足，生产成本高涨，影响着西北地区经济发展质量的提高和经济的平稳运行。有鉴于此，为了保障西北地区经济协调有序发展，西北地区应当抓住"一带一路"倡议机遇，把握好供给与需求的关系，发挥制度优势，全面深化改革，把供给侧改革作为西北地区经济结构调整的重心。在此过程中，通过相关政策机制的引导作用优化产业布局，加强新兴产业和高端产业的投资，减少无效和低端产品供给，扩大有效和中高端产品的供给，使供给结构更加灵活，增强供给结构对需求市场的适应性。通过提高全要素生产率，将传统产业与新兴产业相结合，培育新的经济增长点和驱动力，使供给体系更好适应需求结构变化，促进西北地区供给结构的平衡。同时，也要发挥市场的导向作用，积极培育市场，扩大市场消费需求，提高消费水平和质量，进一步释放市场需求潜力，从而实现扩大内需、保持经济增长和调整经济结构的目标。

（四）增强产业就业的匹配机制

西北地区作为欠发达地区，各产业之间劳动力转移存在着较大障碍，产业结构与就业结构存在着巨大的结构性矛盾。西北地区经济发展水平落后，根据国家发展战略，在产业结构演化过程中，西北地区优先发展了重工业，产业结构有显著的超前性，与我国整体产业结构相比，西北地区产业结构在形成发展演化历程中具有较大的特殊性。产业结构的缺陷致使西北地区就业结构明显滞后于工业产业发展结构，西北地区工业化过程并未有效吸纳该地区农业领域大量的剩余劳动力，致使大量劳动力仍然滞留在第一产业。另外，西北地区作为一个有大量少数民族聚居的地区，当地科教文化事业相对落后，劳动力资源的素质很难适应产业结构的高级化过程，大量劳动力严重过剩，而新兴科技文化产业领域所需的劳动力又严重短缺，形成劳动力资源与就业市场之间的矛盾。为了有效促进西北地区产业发展与就业市场的协调发展，就需要制定合理的产业发展政策，调整现有的产业结构和投资结构，尤其是要积极培育第三产业，使第一、二、三产业与当地就业市场形成有效的对接机制，促进劳动力在三次产业中的合理流动。同时要强化科学的人力资源培训教育机制，通过职业教育或学历教育有效提升劳动力资源的质量和素质，从而满足西北地区产业结构不断优化升级对人才素质的要求。

第二节　社会发展机制

一　优化社会日常管理机制

（一）完善民族社会社区参与机制

随着西北地区城镇化建设的大力发展，作为有大量少数民族聚居的地区，当地的社会结构也在由传统型社会向现代型社会转变。社区作为城镇化的产物，在西北地区民族社会结构中显示出强大的生命力，也成为当地民族社会居民生活新的依赖主体。在西北地区社会管理中，以解决当地社会中涌现的公共问题为主要任务的社区管理将成为社会管理的重点。西北地区民族构成复杂，增加了社区管理的复杂性，而由于社区在我国还是城市化进程中的新生事物，西北地区的社区管理更是处在初级阶段，在社区管理中还存在行政化倾向严重、社区民间组织发育不健全、管理主体单一、社区自治层次较低、社区参与水平低、社区管理人员整体素质参差不齐等现实问题。针对西北地区社区管理中存在的这些问题，在当地社区管理过程中，首先要加强对社区居民的社会主义核心价值观教育力度，增强其公民意识，使之成为符合新时代要求的合格公民，激发社区居民把西北地区建成一个平等、自由的现代先进社会。同时在社区参与社会日常管理机制的构建过程中，要解放思想，摆脱旧有思想观念的束缚，减少政府的行政干预，弱化社区管理体制的行政色彩，以全新的理念打造"服务型"社区管理模式，大力发展当地社区的民间组织，整合社区志愿服务资源，提高社区民众对社区公共事务的参与度，从而提升西北地区社区管理的自治能力。

（二）构建社会发展防范机制

从某种意义上来说，影响社会和谐稳定事件的发生往往是一个从社会风险到社会危机的演化过程，其形成、发展、演变也有内在的规律性，而通过强化预防理念，健全监管体系，完善工作制度，采取有效的防范措施就能够将隐患消灭在萌芽状态。由于各种社会发展因素对西北地区的影响，西北地区近年来社会风险因素有日益增多的趋势。针对社会发展问题多发，诱致因素多的特殊情况，就要坚持"打防并举、源头治理、依靠群众、抵御渗透"的原则，统筹社会各种力量和资源，积极行动，重点排查、化解、调处影响西北地区社会发展的各种矛盾。要构建依法维稳机制，落实定期维稳专项打击行动机制，提高群防群治预警能力。强化国际合作机制，严密防范和打击分裂势力的渗透破坏活动，通过加强社会治理创新，提升维护社会发展的防范能力。在当地社会发展防范机制的构建过程中，要贯彻好党的各项方针政策，在各民族中牢固树立国家意识、公民意识以及中华民族共同体意识，加强民族交流和交融，增进民族感情，构建团结维稳机制。

（三）打造社会发展管理的联动机制

近年来，随着西北地区社会的转型和发展，一些积压的社会问题不断演变为严重影响社会发展的事件，这些社会发展事件常常波及面广，涉及的领域广泛，跨地域空间尺度较大。而面对越来越复杂的社会发展问题，政府部门习惯采用"分类管理，分级负责，属地管理"的处置方式，很显然这种模式常常呈现出区域、部门的分散化，缺乏有效的联动协作能力，难以整合各自的优势和资源，形成社会发展管理的合力，有很明显的滞后性。在未来西北地区社会发展管理体系中，要构建一套常态化的协调联动机制，通过地区联动、部门联动、人员联动、国内联动、国际联动，协同推进西北地区社会发展管理机制。各级政府部门的视角应注重行政管理组织体制的完善、应急联动法律保障机制的建设、思政教育体系的改善、应急联动信息共享机制的健全、应急管理技术的革新和提升等，并且在因地制宜原则的指导下，制定不同地区的应急联动管理机制。通过信息联通共享社会管理信息资源，做到互通有无，治安联控，特别是加大对交界区域社会发展的监控，强化西北地区社会管理的各项协调工作，构建包括社会管理联系交流、应急事件协同处理、管理职能部门衔接等工作机制，构建联防联控，协同作战体系，确保西北地区社会发展和长治久安。

（四）强化社会发展管理的多边合作机制

西北地区边境线漫长，达 5700 多千米，受地缘政治环境因素影响，当地社会发展的国际影响因素非常复杂。在西北地区社会发展管理内涵与外延不断变化的过程中，西北地区应对社会发展问题时还承受着巨大的国外压力。从西北地区社会发展的内涵来看，除了传统的政治、民生、军事、国防等发展含义外，经济、文化、科技、生态、环境等领域的发展也具有广泛的国际合作空间。因此建立更为包容，更加有效的多边合作机制，消除各种不利因素对西北地区社会发展的负面影响具有实践意义。为此，要以邻为友，与邻为善，强化多边合作机制，强化与周边国家的国际合作机制，拓宽国际合作的渠道，创建良好边境主导执法环境，主动联合周边国家开展执法合作，科学统筹，主动谋划。同时要与周边国家围绕能源合作、文化交流、生态环境等内容探索多边合作机制，切实加强西北地区的多边合作机制体系，确保与境外国家公安、文化、国土、环境等部门增进互信，保持畅通的信息共享渠道，特别是在打击跨国犯罪、保护各国公民人身财产安全、文化技术交流、经济贸易、人才流通培训等领域，要建立合作共赢的发展机制，共同维护和促进西北地区及周边各国的社会安全与稳定。

（五）完善利益表达机制

随着我国法治化进程的加快，民众的利益表达渠道越来越畅通，利益表达机制也在不断完善，但由于地区发展的差异，不同地区利益表达机制建设程度也是不同的。西北地区的社会发展比较滞后，受当地文化思想、习俗传统、维权观念、法律意识等因素的制约，当地社会利益表达渠道还不通畅，利益表达机制还不完善。在西北部分少数民族地区，当利益主体自身利益受损时，一些人的观念还停留在忍让、逆来顺受的阶段，加上西北地区普通民众的法律维权意识普遍淡薄，一些涉及群众维权的法律制度落实不力，再加上高昂的法律维权成本，这些因素造成了西北地区利益表达机制不畅，有时当地就会出现一些非理性的维权事件。

西北地区多民族的社会特征决定了在这一地区必须构建完善的利益表达机制。首先，要完善公众利益的表达机制，要依法构建公众利益表达的各项法律制度，使各族人民群众的利益表达有法可依，依法办事。针对西北地区少数民族人口聚居的实际，还需要建立针对民族地区关于利益表达机制的特殊政策和措施，教育各族群众树立正确的维权意识和观念，增强各族人民群众对依法维权的信心，引导各族人民群众的利益表达必须在法律和制度的框架内进行，这样不仅能保护各民族维护自身的合法权益，也能实现当地社会政治秩序的稳定。其次，要创新社会利益的表达渠道。随着各族人民群众的利益诉求越来越多，人们维护自身权益的意识也会逐步提高，因此要广开维权渠道，除了传统的信访、上诉、投诉、举报等渠道外，还要通过设立热线、设立群众接待日、网络问政、维权电子信息服务平台开发等方式不断提高各族群众利益表达的参与度，完善各族群众参与利益表达的互动机制。对广大人民群众关心的重大问题，还要建立相应的听证制度。最后，对各族群众的利益诉求，要建立高效的回应机制，使各族人民群众关心的每一件事都有回应，都能落到实处。

二 强化流动人口管理机制

（一）构建流动人口社会融入机制

西北地区本身人口构成复杂，少数民族聚居，风俗文化独特，经济社会开发程度和发展水平都比较低，资源环境的承载能力低，社会开放度不高。因此，当外来人口涌入时，常常会引发当地人口的排斥。据调查，西北地区的流动人口以农业人口为主，占比大约为80%，这些流动人口总体特征是从发展落后的农村地区向发展较好、流动承载率较大的城市流动。流动人口的地域观念和老乡观念较强，常常出现按地域来源聚居的现象。然而外来流动人口在西北地区的社会融入度不高，特别是各区域之间、各民族之间的流动人口与西北地区当地少数民族在风俗习惯、宗教信仰、语言交流、技能等方面存在巨大差异，因此该地区对流动人口的社会排斥较为严重。流动人口带来的社会治安恶化，利益矛盾冲突，生活物资供需矛盾加大，交通住房紧张，就业岗位不足，资源环境压力等问题常常会引起流动人口与西北地区当地民众的摩擦，引发各种矛盾纠纷，导致西北地区流动人口与当地经济、社会、文化、环境等方面均存在较大的排斥力，特别是在一些少数民族聚居区，外来流动人口融入当地民族社会更是困难重重，这一点成为西北地区流动人口管理的难点和瓶颈。因此，对西北地区流动人口的管理机制而言，要首先解决流动人口的社会融入问题，各级政府以及各部门协调主体要全力配合，分工明确，各司其职，形成流动人口管理的合力。以公安机关牵头，联合当地交通、民政、民宗委、卫计委、人社、教育、房产、工商、税务等职能部门形成配合协作的工作机制，有效解决西北地区流动人口的就业、住房、医疗、社保、计划生育、子女就学、权益保障等方面的实际问题，提高流动人口的社会融入度和归属感。

（二）完善流动人口信息化管理机制

随着西北地区社会的不断发展，流动人口数量越来越大，结构更加复杂，人口的流动性也不断增强，加剧了流动人口的管理难度。在信息技术高度发展的今天，充分利用信息技术手段提高流动人口管理水平，不仅有利于正确判断流动人口形势，做出科学决策，而且有利于提高流动人口管理的质量和效率。西北地区信息化建设水平低，信息技术开发利用水平落后，西北地区人口管理部门对流动人口的管理还以传统人工管理模式为主，特别是在基层，流动人口信息化管理水平更加低下。整体上看，西北地区对流动人口信息化管理的基础比较薄弱，对流动人口信息化管理的能力低、效率低，为西北地区社会发展带来了较大的隐患。

当前，信息技术开发水平已经到了大数据、云计算时代，极强的数据处理能力和检索功能为提高西北地区流动人口管理的效率提供了强大的技术支持,在很大程度上能够提升西北地区对流动人口管理的科学化程度,可以有效推动西北地区流动人口管理方法和模式的更新。西北地区应当突破传统的思维定式,不断创新流动人口信息化管理工作机制,使信息技术与当地流动人口管理有机结合,完善流动人口信息采集工作机制,规范流动人口信息采集的对象及内容,不断拓宽流动人口信息采集的途径和方式。通过公安、相关行业、社会、市场组织等获取及时、准确的流动人口信息。同时,要强化流动人口信息资源的共享机制。各部门、各地区在对流动人口的管理中,要对不同信息资源进行整合、交流和共享,形成优势互补的工作机制。最后,对于西北地区流动人口的信息化管理工作机制而言,还要有效利用各种流动人口信息化管理平台,提高对流动人口信息进行准确研判的能力,提供有效的服务与管理,从而提高对当地流动人口管理的决策能力和管理效率。

(三) 推进流动人口社会化治理机制

西北地区的流动人口具有鲜明的地域性特征,季节性、民族性、聚居性和复杂性是当地流动人口呈现出来的重要特点。在传统管理模式下,西北地区流动人口管理主要以政府管理为主,各级党委和政府是西北地区流动人口管理的主体。随着西北地区经济社会的发展,这种流动人口管理模式呈现出管理主体单一,职能部门协同配合能力不足,保障机制落后等弊端,与西北地区社会的快速发展极不协调,已经很难满足当地经济社会发展对人口合理流动的要求。由于流动人口管理的复杂性,随着社会管理的深入发展,其服务涉及教育、就业、卫计、住房、交通、社保等多个领域,政府在某些方面越来越无力顾及一些细节问题,而社会组织由于自身独特的功能和优势,可以有效弥补政府在这一方面的不足。因此,在西北地区流动人口管理过程中,要建立流动人口的综合管理机制,发挥政府和社会的综合作用,实现流动人口管理主体的多元化,特别是发挥社会治理的独特功能,形成社会力量广泛参与的新型流动人口治理模式,建立职、责、权、利分工明确的组织体系,全面负责流动人口管理、服务、教育、社保等事项的组织协调工作,提升对流动人口管理的效能。

(四) 健全流动人口公共服务机制

流动人口是区域经济社会发展过程中不可缺少的生力军,在对流动人口进行有效管理的同时，还必须提高对流动人口的服务能力，只有把流动人口的服务工作处理好，对流动人口的管理目标才能顺利实现。在西北地区，当地的经济社会发展水平比较落后，社会公共服务资源相对匮乏，针对流动人口的社会公共服务功能更加不足，对流动人口的公共服务供给体制存在严重缺陷。在流动人口应当享受到的政治生活、社会生活、文化生活、社会保障、民生发展等各种社会公共服务中，其公平机制也不尽健全，造成了流动人口公共服务权益难以得到有效保障。

在执政为民的理念下，政府应当充分履行自身的职能，按照"以人为本"的工作理念，从服务人全面发展的角度，强化对流动人口的公共服务机制，将流动人口纳入公共服务均等化体系，将对流动人口的管理重心放在对流动人口的各种具体服务中，特别是在便民服务、统筹社会就业、医疗保健、交通住房、子女就学、法律援助等方面要提供实质性的服务，加强对当地流动人口的各种民生服务，帮助流动人口解决生活中的各种矛盾纠纷，使其能够安居乐业，充分融入西北地区当地社会之中。

三　构建风险社会监管机制

（一）完善社会风险评估机制

西北地区地缘关系复杂，民族构成多样，是我国社会风险度较高的一个地区。因此，在当地的社会管理中，要构建防范社会风险的一系列制度性措施，建立起社会风险管理的分析评估机制。利用这些机制，在当地一些重要的社会决策或重大项目制定、出台及实施前，对其产生社会危害的可能性及其程度进行风险评估，在此基础上进行相应的风险分析与管理，做好风险的预防工作，同时采取必要的防范措施，有效规避、降低或消除各种风险，从源头上预防和消除各种危害的发生，降低各种风险造成的破坏程度。对西北地区社会发展而言，健全风险社会评估机制是优化社会管理机制的重要保证，要不断完善风险社会评估的立法机制，根据国家有关政策和法律规定，确立风险社会评估的指导思想、目的、原则、范围、内容、方式、程序等，使风险社会评估工作走上规范化、标准化、法治化的道路。同时，要不断完善研判和听证机制，对重大民生问题、法律规章制度的调整、重点资源开发利用、环境保护、城乡规划、集体产权变更、社会保障、医疗教育网点规划等人民群众重大关切的社会问题加强风险评估和影响研判，对其合法性、政策性、合理性、科学性、安全性进行有效的预测和评估，对有可能造成的社会危害要进行认真、深入、系统的分析，在此基础上通过协同决策机制，提高决策的科学性、民主性和规范性。对有可能产生不良经济社会影响的各种问题要采取必要的预防机制，从而把影响社会发展的一些风险因素化解在萌芽状态。

（二）健全突发事件应急管理机制

西北地区社会发展水平相对落后，随着当地社会的不断发展，各种矛盾日益凸显，加上西北地区很多地方具有典型的民族社会特征，导致当地价值目标多元，社会环境复杂，一些不安全因素对西北地区社会发展产生着较大影响。在这些因素的综合作用下，各种突发事件发生的概率和频度有所上升，突发事件危害程度大，严重阻碍了西北地区社会的健康协调发展。因此，各级政府要在行政管理中强化危机意识，提高应对突发事件的处置能力。在构建突发事件应急管理机制中，要有预案和快速反应机制，加强对各种突发事件的综合指挥和调度能力，提高紧急救援和处置突发事件的反应速度，迅速及时地开展应急工作，确保最大限度地降低各类突发事件带来的损失。在信息化背景下，要建立严密的信息发布和舆论引导机制，西北地区各级政府要完善信息汇总、分析和发布功能，进一步完善突发事件处置过程中的政府信息发布制度和新闻发言人制度，充分发挥新闻媒体的正面舆论引导作用，完善新闻报道的快速反应机制、舆情分析机制以及对舆论舆情的正确引导机制。

（三）强化公共安全监管机制

进入21世纪以来，在"西部大开发""一带一路"等国家西部发展战略的推动下，西北地区社会发展速度逐渐加快，当地公共安全事件发生的频率有所上升，安全事故、公共卫生、群体事件发生的数量有所增加，加上当地错综复杂的社会环境，各种敌对势力的犯罪和破坏活动也频频发生。在国内外多重因素的影响下，西北地区的人民生活、社会秩序、民族团结、地区安全、国家统一都受到了较大的影响。因此，要不断强化该地区公共安全监督机制，从各族人民群众交流交融的视角创新公共安全治理理念，把发展经济、改善民生、缩小贫富差距、社会管理创新、打击犯罪、打击分裂势力有效地结合起来,使其成为西北地区公共安全管理的主要内容;同时要依靠西北地区各族人民群众,综合运用行政、经济、法律、教育等手段,建立群防群治的公共安全监管长效机制,通过预防、控制和消减等措施严防各种影响公共安全的因素出现,确保西北地区保持良好的社会生产生活秩序。

(四)建立社会矛盾调处机制

近年来,西北地区社会体制改革的步伐加快,由于体制改革、社会结构调整、利益纠纷、文化观念冲突等原因引起的社会矛盾冲突逐渐增多,所以要积极协调政府、社会、民族、个人等不同主体力量,形成完整的矛盾调处机制。西北地区社会矛盾调处机制应当以司法为核心,健全调解机制,加强各级人民法院和政府以及相关部门对社会矛盾的调解能力,通过加强行政复议、司法诉讼、仲裁等手段,完善民族社会矛盾的调处渠道,优化调处矛盾的方式方法,拓展调处的范围,从而提高调处机制的工作效率,使西北地区各个领域、各个阶层的社会矛盾都能得到及时的化解和处理。要建立相应的社会矛盾纠纷排查机制,开展定期排查调处,不断完善信访渠道,制定信访的接待和处理制度,对一些涉及人民群众利益、民族利益、社会团体利益的重要问题,要制定专项研究机制。在社会矛盾调处机制的构建中,要积极动员社会组织、基层组织、个人等力量,形成多元化的调处机制,密切关注各族人民群众生产生活过程中的矛盾,对出现的社会矛盾,要切实予以调处和化解,防止矛盾激化产生严重的社会冲突。另外,还要通过广泛的宣传教育机制,强化各族人民遵纪守法的观念,为社会矛盾的调解创造良好的社会环境。

四 完善社会公平机制

(一)强化政治权益公平机制

政治权益公平就是社会成员在社会生活中,运用合法的政治资源形成各种政治权力,通过对政治权力的实施,获取相应的真正待遇和政治机会。政治权益公平是社会公平的重要组成部分,在整个社会公平体系中居于核心地位。在现代社会,政治权益公平也是实现政治民主的前提和基础。在西北地区构建和谐社会的过程中,政治权益公平可以将西北地区各族人民的公民权利落到实处,实现社会地位的真正平等。西北地区现有的人民代表大会制度、政治协商制度、民族区域制度都可以被看作是政治权益公平的主体机制,这些机制保障了西北地区各族人民广泛参与民主决策的机会,保障了西北地区民主政治的深入发展,成为西北地区政治权益公平机制的重要组成部分。然而,受发展条件的限制,西北地区各种政治资源的分配不尽合理,各族人民群众的参政意识和积极性都不太高,影响到西北地区政治权益公平的实现。因此,在西北地区构建政治权益公平机制就是要在依法治国的前提下,按照公正理性的原则,致力于西北地区各种社会政治权益公平制度和政策的设计,尤其是通过制定符合西北地区多民族社会实际的各种政治行为基本规范和准则,把西北地区社会引向秩序化的状态,通过政治权益公平,规范和制约社会领域各种权力力量,平衡历史和现实中各种关系,维护不同阶层的利益,创造西北地区社会的全面和谐与稳定。

(二)优化收入分配公平机制

收入分配公平几乎是所有国家和地区社会发展中都存在的一个矛盾。在西北地区社会发展过程中,如果人民群众经济收入的差距超出合理范围,就会影响西北地区各族劳动者的积极性和相互团结,甚至引发严重的社会矛盾与摩擦。因此收入分配公平是促进西北地区社会和谐稳定的重要手段。近年来,随着西北地区经济的进一步发展,在经济总量提高的同时不同阶层民众经济收入差距也在逐渐拉大,贫富悬殊现象逐渐呈现,巨大的收入差距,激化了不同阶层、不同群体、不同行业、不同区域之间的社会矛盾。而且,西北地区经济收入不公平的群体往往集中在少数民族聚居地区,经济地位的差距影响着经济地位弱势人群的经济公平感,群体之间经济收入的不公平进一步导致弱势群体社会地位长期低下,从而处于经济社会双重弱势的境地,加剧低收入人群与中高收入人群的对立情绪,为社会和谐健康发展留下了隐患。为了进一步提高收入分配的公平性,西北地区应当大力发展社会主义市场经济,建立自由公平的经济发展环境,在此基础上壮大当地经济发展总量,特别是要在创新机制下形成一批新兴产业,培育新的经济增长点,在经济发展的前提下努力消除当地的贫困问题,减少低收入人口和贫困人口的数量,扩大中产阶级人数和规模,保持合理的收入分配结构,使社会收入分配结构形成有利于社会发展的"橄榄型"结构。同时要运用政策调控机制增加就业岗位，提高最低工资标准，优化调节低收入者和高收入者之间的比例，这是缓解分配不公、缩小贫富差距、减少社会纷争和矛盾的重要举措。要充分发挥税收、转移支付、对口支援等经济杠杆的调节机制作用，保障西北落后地区的收入水平达到基本生活标准，从宏观上调控西北地区经济社会公平，以此有效调节各种利益分配，避免收入差距过大，从而实现西北地区全社会的共同繁荣和共同富裕。

（三）构建社会文化发展公平机制

文化是一种上层建筑，是经济社会的现实反映。文化包括各种道德传统、风俗习惯、价值理念等，是一个社会发展的软实力。从理论上讲，社会文化公平机制要求所有社会成员都有公平参与社会文化活动的权利，都能充分享受文化发展的成果，在学习、研究、创作等文化活动中享有均等的机会。西北地区地广人稀，自然条件恶劣，发展环境较差，与我国整体社会发展水平相比还处于相对落后的地位。在西北地区内部，城乡之间、边疆和内地之间、不同民族之间的社会发展程度也不尽相同。社会发展较快的地区和落后地区在文化环境上就会形成较大的差距，造成不同地区的文化经费、文化资源、文化设施的配置出现失衡现象，从而对社会文化公平机制造成重大影响，制约和损害了西北地区文化公平的实现。因此，在西北地区和谐社会建设和全面建成小康社会的过程中，要发挥文化对西北地区社会发展的积极统领作用，在各族人民群众中构建包括文化权利、文化机会、文化规则等为主要内容的文化公平机制，保障每个公民都能享受到公平的教育机会、文化创造、文化消费等。面对现实中各地区社会发展水平存在差距的实际情况，在构建西北地区社会文化公平机制的过程中就要通过"补偿利益"的方法，建立相应的均衡机制，保障处于社会发展不利地位者的文化利益。在社会文化公平机制建设过程中，中央及西北地区各级政府要采取切实可行的政策，通过健全文化资源的开发机制、文化资源的管理机制、文化生产经营机制，构建完善的现代文化市场机制，确保文化机会公平，使文化服务面向西北地区全体人民群众，保证所有地区、所有民族、所有阶层、所有组织、所有公众都能平等地享有参与文化活动、进行文化创造的机会。

（四）健全社会保障公平机制

社会保障公平机制是建立健全社会发展机制的重要保障，构建覆盖范围广泛、层次丰富、可持续性强的城乡居民社会保障体系，稳步提高社会保障水平，是我国社会保障工作建设的战略目标。在西北地区社会发展过程中，通过进一步加快社会保障工作，提高人民社会生活的福利水平，保障各族人民群众生活稳定，提升各族人民群众的生活质量，增加广大人民群众的幸福感，是推进我国西北地区社会全面发展的重点，也是强化西北地区社会发展机制建设的重要途径。然而在西北地区，社会保障发展水平整体落后，导致社会体制改革长期滞后。在城乡之间，地区之间，不同群体之间所享受到的社会福利不均衡现象也广泛存在，社会保障公平机制存在结构性不均衡问题。为使当地社会实现持续和谐发展，产生最佳的社会效应，就需要不断完善当地的社会保障公平机制。在经济增长的同时，构建与之相适应的社会保障机制，并严格制定社保及社会福利条例，明确申请标准和对象，规范审批程序，加强监督机制。在对社保资金的管理上，要严格制定管理法规和条例，对可能发生的违规使用资金的问题，要设置明确的惩处措施，按照《劳动法》等相关法律规定，依法管理，使社会保障机制能真正惠及西北地区各族人民群众，特别是要惠及少数民族农牧区的困难人口以及城市的失业人口、低保人口、患病人口等特殊人群。只有通过公平有效的社会保障机制，才能真正实现西北地区各族人民群众衣食无忧、安居乐业，生活稳定，西北地区社会才能持续实现稳定和有序发展。

（五）坚持生态公平机制

生态公平是社会发展和文明进步的重要体现，也是社会和谐发展的重要举措，生态文明是人类在反思人与自然关系的基础上所形成的一种新的文明形态，是继农耕文明、工业文明之后的又一种文明形态。它旨在解决工业文明带给人类丰富物质的同时所造成的人与自然之间关系的失范问题，通过反思人与自然之间的关系，构建一种既能推动经济社会发展，又符合生态和自然规律的文明形态。西北地区是一个生态环境非常脆弱的地区，然而在当地生态文明建设和生态环境保护的过程中却又陷入了生态破坏的境地，一些情况下，西北地区经济的增长是以牺牲部分人的利益、某些地区的利益，甚至是后代人的利益为代价来换取局部和一时的经济增长。这显然不符合社会公平理论。人类社会的生存发展与生态环境密切相关，人类社会活动影响着自然生态环境，生态环境反过来也影响着人类社会的生存与发展,人类社会的良性可持续发展离不开对自然资源和环境的合理开发利用。西北地区是一个人口众多,生态环境承载能力小的地区,长期以来该地区粗放的经济增长方式,使自然资源和生态环境都遭到了严重的破坏,不仅危害到了代内公平,而且还威胁到了代际公平。因此需要在环境正义的视角下重新审视各种破坏生态环境的行为,在科学发展观和可持续发展理论的指导下,坚持绿色发展理念,构建生态公平机制,促进西北地区社会发展与自然环境的和谐。

五 加强民族团结机制

(一)完善民族社会管理机制

西北地区是一个多民族地区,民族团结是民族关系的基本特征和核心内容之一,依法加强对民族社会事务的管理,完善民族社会事务管理的机制既是当地民族社会管理自身健康发展的需要,也是构建和谐社会的必然要求。近年来,由于敌对势力的干扰和破坏,西北地区的民族社会管理形势极其严峻,严重威胁着西北地区社会的健康发展。因此,从中央到地方,要坚决抵制敌对势力在西北地区从事分裂的各种活动,尽快健全民族社会事务管理法体系,制定符合西北地区实际的民族社会事务管理条例和法规政策,特别是要制定惩治违法犯罪活动的具体措施。在少数民族聚居地区,要加大普法力度,健全执法体制,采取有效措施,使当地民族社会管理尽快走上法治化的轨道。在民族社会事务管理中,要进一步发挥人大、政协、文化主管部门、广大人民群众的作用,强化法律监督机制,及时发现民族社会事务管理过程中出现的问题,对出现的违法或不当行为及时进行纠正。要积极引导民族社会发展思想与社会主义核心价值观相适应,坚持以先进文化引领当地民族社会事务的管理工作,深化民族社会工作的法治化进程,依法规范对民族社会事务的管理工作,保护广大群众的合法权益。防止滥用职权、玩忽职守现象,切实保障民族社会管理活动依法规范有序地进行。在完善民族社会事务管理法律机制的过程中,必须制定行之有效的教育引导政策措施和体制机制,不断增进民族社会广大人民群众的理解和合作。坚持群众路线,进一步巩固和扩大党的群众基础,团结一切可以团结的力量,实现民族社会事务管理工作的全面发展。

(二) 完善民族团结教育机制

民族团结教育是一种融民族文化性、综合性与常态性于一体的实践活动，是以民族文化为切入点，以民族文化的交融为主线，贯穿于教育培训的各个方面。[①] 在西北地区，完善民族团结教育不仅是少数民族教育内容的一部分，也是少数民族地区进行全民教育、爱国主义教育、社会主义精神文明建设的重要组成内容，是对内加强民族团结，对外反渗透、反分裂形势的需要。在民族团结教育过程中，要通过强化措施，抓住关键问题，构建民族团结教育的领导组织机制，使民族团结教育成为各级各类学校思想政治教育的主要内容。通过课程思政、专业思政，把民族团结教育融入课程教育教学体系的各个方面。同时，要建立民族团结一体化教育运作机制，将民族团结教育工作纳入全社会组织系统之中，使民族团结教育在社会整体工作中正常运作并发挥作用。通过发展民族团结教育队伍，培养一支理论扎实、业务能力强、工作水平高的教师队伍，形成高效的管理运作机制，从而有效协调并发挥教育系统各部门在民族团结教育工作中的功能和作用。另外，在完善民族团结教育机制过程中，要积极构建民族团结的全员参与机制，通过在西北地区各级政府机关、企事业单位、社会组织、社区的领导干部和各族人民群众中广泛开展民族团结教育活动，把创建民族团结教育和解决各族人民群众的实际困难结合起来，使民族团结教育活动与群众生活实际相互贴近。在民族团结教育机制完善过程中，尤其是要加大对民族团结教育薄弱地区的工作力度，重点对偏远地区的农牧民、各地流动人口、中小学学生开展民族团结教育学习活动，使西北地区民族团结教育形成全员参与模式。

(三) 建立民族团结管理的奖惩机制

民族团结是西北地区经济社会和谐发展的基本目标，在民族团结管理工作中，要加强绩效考核，把民族团结教育项目纳入各级管理部门绩效考核内容之中，使其作为考核的重要依据，不断完善民族团结管理工作的奖惩机制。把民族团结管理工作纳入整体工作规划，详细制定开展民族团结管理工作的具体方案，细化工作内容，制定民族团结工作奖惩

---

① 欧阳常青：《论民族团结教育的价值、属性及其实践路径》，《民族教育研究》2019 年第 3 期。

的标准，按照责任到人的原则，把民族团结各项管理工作落到实处。要建立常态化的民族团结表彰工作机制，对各部门、单位、集体、个人要进行考核评比，对在民族团结管理工作中涌现出的先进人物或事迹要进行表彰奖励，通过各种新闻媒体进行宣传，通过举办先进事迹报告会、主题宣讲等方式扩大先进人物或事迹的影响，感召和带动各族广大人民群众都投入到民族团结事业的创建活动中来，号召各级单位的党员干部，各族群众积极向民族团结的模范集体或个人学习。通过考核奖评机制，建立健全干部推荐、选拔、考察机制，激发广大干部和人民群众对民族团结工作的积极性，提高各民族之间的向心力和凝聚力。

（四）加强民族团结宣传机制

民族团结宣传教育是"民族、国家、世界乃至整个历史社会，在发展或演变过程中形成的培育社会成员民族团结意识和民族团结观的社会实践活动，反映了民族关系、个人和国家利益以及社会发展的诉求"[①]。民族团结是以中国共产党为核心，以社会主义制度和各族人民和睦相处为基础，是推动西北地区繁荣稳定不可或缺的因素。通过各种宣传教育手段可以实现西北地区全体公民了解我国多民族的国情和党的各项民族政策，了解各民族地区经济社会发展的特点和主要成就，培养民族团结意识和价值观念，树立正确的民族观，促进各民族之间相互认同、和衷共济。在西北地区民族团结教育机制构建过程中，要坚持中国特色社会主义道路，坚持党的民族政策，坚持维护祖国统一，把民族发展理论和民族政策纳入民族团结宣传体系，通过辅导报告、交流探讨、知识竞赛等形式来充实和加强民族团结教育宣传机制，通过集中开展民族团结教育的主题活动，把党关于维护西北地区社会发展和长治久安的政策精神传达到每一个角落。充分发挥宣传媒体的渲染作用，在广播、电视、网站开辟民族团结教育专栏，进行集中和滚动宣传报道，强化人们树立民族团结的良好意识。另外，还要构建宣讲人才队伍培养机制，通过内涵丰富的宣讲培训，提高宣讲人才队伍的政治素养、文化修养和宣讲技巧，建立一支理论知识扎实，宣讲能力过硬的宣讲队伍。

---

① 韦兰明：《民族团结教育论》，广西师范大学出版社2013年版，第39页。

第三节 经济社会协同发展机制

一 优化协同动力机制

（一）确立价值导向机制

2006—2015年，西北地区在经济社会发展绩效评价过程中有追求速度和数量至上的现象，在很大程度上忽略了经济社会发展的价值理性，导致经济社会发展在价值导向上出现了偏差，某种程度上西北地区经济社会背离了发展过程中应当具有的包容性、多样性和人本性等价值层面的目标追求。在科学发展观指导下，西北地区经济社会协同发展不仅要重视经济社会各项数量指标的提高，而且必须兼顾经济社会发展过程中的公众需求、人的全面发展，同时还要关注经济社会公平、合作与可持续。因此，构建并完善独立、科学、规范的经济社会协同发展价值导向体系尤为重要。因为西北地区是一个典型的有大量少数民族聚居的地区，当地经济发展比较落后，在西北地区经济社会协同发展过程中，少数民族对经济社会发展过程中各种物质文化环境变化反应非常敏感，在物质环境变化的情况下，经常触发少数民族的精神发生变化。所以在西北地区要基于广大少数民族群众对利益的认知情况，对各项公共政策的价值导向进行充分的论证分析，特别是要对西北地区少数民族群众基于利益的价值选择和判断进行重点分析，从价值理性角度对各种公共政策进行调整和完善，健全公共政策的激励模式和公平机制，特别是要充分发挥公共政策对少数民族地区伦理价值的积极引导和完善作用，从而处理好发展与稳定之间的关系。在新时期，党的十六大以来提出的科学发展观对西北地区经济社会协同发展是一种非常适用的价值导向机制。科学发展观是把发展方式从传统的"以物为本"转变为"以人为本"，是一个综合性的发展理论，不仅强调人与自然的协调、人的实际生活福利的提高，而且更加注重发展的后劲以及维持社会、自然生态系统对人类生活的支持作用。科学发展观既有功利性的发展目标也有哲学意义上促进人类文明进步的理性目标，全方位涵盖了"自然、经济、社会"系统的运行规则，能够将经济社会发展统合在整个时代前进的共性趋势之中。这种发展观和价值理念为地处西北地区多民族、多元文化、相对落后、生态环境脆弱的西北地区经济社会繁荣发展提供了新的思路和契机。所以，只有按照中央的部署和要求贯彻和落实好科学发展观，以此作为西北地区经济社会可持续发展战略价值导向的推力和拉力，对于西北地区科学把握经济与社会的发展关系有重要的实践价值，能有效促进西北地区繁荣富强和社会长治久安，维护平等、团结、互助的社会主义新型发展关系，促进地区和谐发展，确保西北地区和谐社会建设目标的实现。

（二）完善利益调节机制

利益是人类社会最基本的指向，亚当·斯密（Adam Smith）认为：研究经济世界的出发点，是利己主义在经济活动中追求个人利益。[1] 同样，在经济社会发展子系统之间也会存在"利己"倾向。由于经济发展子系统与社会发展子系统作为一个相对独立的组织体系，在其内部难免会形成利益争夺的博弈关系，若利益调节不合理，就会造成经济社会系统协同机制运行失效，影响经济社会的持续健康发展。这种情况下，利益调节机制就显得尤为重要。在西北地区经济社会协同发展过程中，建立畅通有序的利益调节机制更有特殊的经济意义和政治意义，利益调节机制的构建不仅可以沟通经济社会系统组织群体之间的联系，又使两者之间的利益关系能够得到协调和规范，避免具有破坏性的利益表达方式和行为规范。在这一过程中，市场在西北地区经济社会系统的利益调节机制中起着重要作用，经济社会协同发展要在充分发挥政府对两者利益宏观调控作用的同时，通过市场调节构建更加公平的利益分配机制。政府作为西北地区经济与社会发展的主体，应当进一步转变职能，综合运用行政、财税、法律等手段进行调控，促进经济社会领域的模式公平、分配公平和绩效公平。同时，要充分发挥市场机制作用下资源自由竞争和自由交换的调配机制，遵循价值规律，为经济社会不同利益主体创造公平的竞争发展环境，调整优化不同利益主体之间的利益分配机制，提升不同利益主体的公平感。

（三）提升内生驱动机制

经过新一轮西部大开发，西北地区经济实现了跨越式增长，社会发展水平也有大幅提高。但客观地看，西北地区经济社会领域的这种变化

---

[1] ［英］亚当·斯密：《国富论》，高格译，中国华侨出版社2014年版，第5页。

是在资源、投资、照顾政策等外部因素的刺激作用下形成的，西北地区经济社会发展对外部环境有较大的依赖性，从驱动模式来看，西北地区经济社会发展还是一种粗放的外力驱动发展模式，属于典型的外生动力增长模式。在这一时期西北地区经济社会协同发展过程中，其自主创新意识比较差，创新能力严重不足，内生动力培育机制也不够完善，造成西北地区长期以来经济社会系统的自我发展和调节能力非常薄弱，西北地区很难依靠自主力量推进经济社会的可持续发展。心理学研究表明，事物发展的内生动力机制能够激发行为主体的成就感和幸福感，提高行为主体的兴趣和信心，进而为事物发展带来高绩效。在西北地区经济社会发展进入新常态的情况下，当地要实现经济与社会的协同发展，就要创新观念，针对第一轮西部开发自我发展能力和内生动力不足的状况，采取积极有效的措施，建立健全财税、金融、贸易、民生、社保等领域的管理制度创新，通过多种措施和渠道提高西北地区经济社会综合发展能力，形成一系列长效内生增长政策，从而培育当地经济社会创新发展能力，全面激发政府、市场、社会组织、社区、公众的活力，提升经济社会协同发展的内生动力，使西北地区经济社会发展从被动发展模式向自主发展模式转变，促进经济与社会形成持续、健康、高效发展的格局。

（四）构建协同绩效评估机制

在西北地区经济社会协同发展机制构建中，协同绩效评估可以作为一项行之有效的管理工具在提高西北地区经济社会公共服务管理效能方面发挥重要的动力促进作用。新常态下，协同绩效评估机制也是建立高效政府和社会的重要环节，协同绩效如何，在某种程度上已经成为衡量政府部门执政能力、管理水平和服务水平的主要依据。把协同绩效当作考量西北地区经济社会协同发展程度的重要指标是推动当地经济社会提高发展质量，走向持续发展的重要手段。在西北地区经济社会转型期，对协同绩效的评价不仅包括通常意义下经济社会发展所体现的效益、公平，以及公正、民主等基本要求，更应体现为经济管理部门和社会管理部门的跨界、跨领域协作关系的构筑，包括在这一过程中多元利益主体的互动合作以及相互协同治理所实现的跨域公共价值。西北地区是一个多元一体的民族社会，经济社会结构极其复杂，经济社会发展协同绩效评估是当地改革和发展孕育出的必然结果，也是当地经济社会协同发展实践活动的必然归宿。因此，在西北地区经济社会转型的关键时期，如何提高西北地区经济社会协同发展的绩效，使当地经济社会发展在协同发展模式下不断演进，是当前西北地区经济社会转型背景下亟须解决的实际问题。不同的经济社会绩效评估机制，会关联不同的发展动力模式和发展结果。而西北地区长期存在着重经济绩效轻社会绩效的不良倾向，这种绩效评估方式在实践中存在主客体模糊甚至错位、评估对象过分单一、评估的规范化程度不高、评估内容不全面、评估指标体系权重设置不合理等问题，这些问题是造成西北地区经济社会协同管理效率低下的重要原因。随着我国经济社会体制改革的深入，对于西北地区这一特殊的经济社会综合体而言，构建基于经济社会综合指标体系和多元评估内容的绩效考核制度尤为必要。在西北地区经济社会发展过程中应因地制宜地制定其产业、财政、金融、土地、人口、资源、环境等经济发展政策，同时要完善就业、教育、住房、医疗、交通、社保、民生、法治等社会发展政策，形成经济社会发展的混合动力，尤其是要改变单纯以 GDP 增长考核地方发展成效的绩效评估机制。在新常态下，随着西北地区经济社会改革的深入发展，西北地区经济社会协同发展绩效的评估机制对于督促各级政府机关及其工作人员负责、高效、廉洁地履行职责，对于加强经济社会协同工作作风建设，提高经济社会协同管理效能也发挥着重要作用。而要合理安排协同绩效评估机制，就要将科学发展观的原则和习近平新时代中国特色社会主义思想的有关要求纳入西北地区经济社会协同发展的各项工作当中，形成正确的决策导向和工作导向，以此来强化和完善西北地区各级地方政府绩效评估机制，实现精确的可量化的协同绩效评估模式。

（五）建立良好的协同激励机制

在西北地区经济社会协同发展过程中，有效的激励机制能够激发经济社会主体的内在动力，是驱使经济社会产生合作的动力源泉，可以使经济社会发展主体形成联合、协作等心理欲望，从而促进经济社会协同发展局面的形成。利益是人类社会产生各种经济社会行为活动的根本动因，在西北地区经济社会协同发展过程中，以利益为杠杆是西北地区经济社会系统构建协同激励机制的核心内容。在社会主义市场经济体制下，应当根据"效益为先，兼顾公平"的原则划分各协同主体的权利和义务，在市场机制倡导的公平原则和理念下建立相应的利益分享机制，在互惠互利原则的基础上商议相关利益补偿机制，通过规范的制度建设实现各协同主体之间的利益均衡，最终实现各种利益在多元主体之间的合理分配。在西北地区经济社会协同发展中，多元的利益主体特征更要求要合理地运用利益激励手段，提高协同主体的工作积极性，使协同系统内部形成良好的合作氛围，强化协同效果，实现协同治理的目标。在协同激励机制构建过程中，由于不同行为主体需求具有相当大的差异，因此要根据政府、企业、社会组织、社区、公民等协同主体的不同进行权变激励。对政府而言，要把公共治理绩效与其收益挂钩，对绩效良好的机构和个人进行奖励，建立富有弹性的绩效考评制；对企业来说，可以用给予补贴或税收等优惠政策的方式来予以激励，满足企业的合理经济利益需求，让企业在为公共事务治理做贡献的同时也在一定程度上得到合理的利益回报；对社会组织而言，由于其对社会尊重、社会认可、公益形象等价值有特殊的偏好，所以要加大舆论和媒体宣传，多采用精神奖励的方式予以鼓励；对广大民众而言，要通过完善在职培训、薪酬福利、职务晋升等制度，建立一个有利于基层经济社会管理和服务人才生存发展的保障性机制。

在此过程中，除利益激励外，可采用的激励的方式还有目标激励、榜样激励、分配激励、危机激励、负激励等多种形式。从目标激励来看，政府应该为其他参与主体设定一个恰当的目标，并把目标与报酬挂钩，从而调动他们的积极性去实现目标；从榜样激励来看，政府要为在协同治理中积极参与并做出突出贡献的个人、集体和单位组织给予物质或精神奖励，在全社会营造良好的协同治理环境；从分配激励来看，政府应该保证各协同主体的投入与回报之比是公平的，只有公平的环境才能造就出信任，创造出业绩；就危机激励而言，就是要经常向其他主体灌输危机观念，让他们明白孤立发展的局限性，从而转向与其他主体合作；惩罚激励是一种反方向的激励方式，主要是对违反规则或和破坏合作环境的参与主体予以相应的惩罚，通过惩戒的作用，减少不和谐事件的发生，从而维护公共利益和实现公共目标。

二 调整协同运行机制

(一) 完善协调沟通机制

在经济社会分工高度系统化和专业化的今天，协调沟通机制连接着经济社会的各个单元，已经成为经济社会系统不同部门和组织之间运行的基本行为方式。随着市场经济的发展和社会转型的深入，协调沟通机制愈加显示出其特殊的作用及影响力。科尔奈（Konai）认为，只要有两个以上的人或组织之间发生了关系，他们的活动必须有某种形式的协调。在此过程中，有效的信息沟通是实现协同治理目标的基础，信息沟通对于统一协同体系各个主体的思想与行为方式起着桥梁和纽带作用，所以没有有效的信息沟通就没有协同。在西北地区经济社会协同发展机制构建中，首先应当坚持系统思考，综合运用政治、经济、法律、道德规范等多种方法对经济社会发展系统内部各要素、各环节之间以及经济社会系统与其他系统之间存在的矛盾和可能产生的摩擦进行协商、调节、调整，使经济发展和社会发展系统各环节、各要素之间实现步调一致，协调配合。通过协调沟通，使西北地区经济与社会发展之间形成结构的均衡和利益的均衡，处理好两个系统之间动力与平衡、局部与全局、民主与发展、公平与效率等关系，既着眼于促进经济社会发展的和谐演进，又着眼于激发经济社会发展的活力，在此基础上使西北地区经济社会发展形成一个有机的整体，从而最大限度地发挥整体效能，实现西北地区经济社会协同发展的目标。为此，经济发展系统与社会发展系统的主体之间要加强沟通，要建立正式与非正式的沟通渠道。在既有情形下，政府、企业、社会组织、社区和公民个人可以广泛通过网络、博客、微博、微信、论坛等途径提出大量关于经济社会协同发展的观点、意见与建议，便于各级政府及时了解社会公众的关注所在，各级政府也可以通过在线访谈、公众留言板、网上信息披露等多种渠道加强反馈互动，从而更好地推动信息公开，提高经济社会协同建设信息沟通的公开性和有效性。

(二) 构建主体信任机制

在协同治理中，信任是一种核心的凝聚力要素。在协同网络关系中，行动者是否能够摆脱集体行动的困境而实现协同合作，除了制度上的因素以外，相互信任则是结成协同伙伴关系的核心理念和坚实基础，即协同合作主要取决于各行动者之间发生联系的信任关系。① 在西北地区经济与社会发展主体信任机制构建过程中,信任并不是客观存在的,它根植于经济社会发展每一个协同主体的期望、经验和实践之中,它是政府、企业、社会组织、社区和公民等多种主体在长久的互动交往中积累起来的。信任意识的自我强化是道德理性和自觉性的外显,是道德自律的结果。因此,在西北地区经济与社会发展系统建立多元协同主体间的信任机制,首先要加强对协同主体信任道德的教育,培养协同主体的道德自律意识无疑对信任关系的巩固是必要的。在加强信任道德教育的同时,依法为各主体建立诚信档案,并建立对各治理主体诚信度的考评机制和奖惩机制,对于诚信度高的组织或个人,可以给予适当的奖励,如提供更多的人才、资金、技术、薪酬、发展机会等资源,并在其遇到困难时呼吁其他组织优先提供帮助。与此相对应,对于失去诚信、诚信度不高的组织或个人,必须承担相应的责任和受到相应的处罚。

良好的信用有助于增强协同主体之间的向心力,可以降低经济社会运行的成本,提高效率,确立稳定的经济社会运行秩序,这是西北地区经济社会协同发展的前提和保障。为此,要在西北地区经济社会系统中加强诚信作风建设,塑造良好的诚信文化,以制度为支撑增强制度在经济社会发展领域对诚信的引领作用。在教育方面,要加强对经济社会系统协同主体的诚信教育,使其树立正确的世界观、人生观、价值观和政绩观;在作风方面,要引导各类经济社会协同发展主体在日常行为中讲诚信话、办诚信事、做诚信人,杜绝不负责任、不讲诚信的事情发生;在制度方面,要完善经济社会领域的政府公开制度、公民参与制度、信访制度、人大旁听制度、听证制度、公众监督与评价制度以及相关问责制度等,让经济社会组织和公民体会到诚信的具体存在。总之,从本质上来说,利益的同构性是协同主体信任关系建立的根本条件,如果在协同发展过程中,协同主体各方都能使自己的收益获得最大化,协同的"帕累托最优"格局便会形成,并最终实现协同目标。协同在为各方带来利益的同时,协同主体才能增进信任,深化合作。相反,如果协同行

---

① 方静、陈建校、贾卫峰:《企业战略联盟信任的动态演化机理及内生影响因素》,《企业经济》2012 年第 10 期。

为不能满足各主体的基本利益需求甚至损害他们的利益，不信任和冲突的产生就成为必然，协同治理行为也是无法达成的。这就要求在西北地区经济社会协同发展体系建设过程中对日益增强的利益诉求和主体间的利益差异做出积极的回应，疏通利益诉求、完善利益表达与补偿机制，提高自身对利益冲突和利益差异的调节力和包容度。各类协同利益主体建立互信机制，这既是西北地区经济与社会协同治理的原动力，也决定了经济社会发展多元主体协同治理的目标和路径。

（三）完善信息共享机制

所谓信息共享，就是打破多元主体信息资源开发利用的孤岛状态，以问题和公众需求为导向，实现信息资源的全方位共享和开发效率的最优化，从而给相关主体提供更优质高效的信息服务。信息共享机制是多主体协同治理过程中体现出来的一种内生机理，通过信息共享可以提高信息资源的利用效率，能有效缓解有限理性和制约机会主义的发生，是解决协同管理过程中信息不对称问题的重要机制，也是西北地区经济与社会实现协同发展的前提条件和政策工具。西北地区经济与社会发展系统是一个多主体、多利益系统，在这两个系统如果缺乏充分的信息共享，处于信息优势的一方则会借机通过不正当手段逐利，容易出现机会主义，造成经济社会之间各部分职能形成分化的结果；如果各部分之间由于信息共享机制不畅，还会形成两个部分之间相互猜疑和隔阂，导致这两个部分难以形成主动合作的关系模式，降低两者之间的协同发展效率。当两个子系统有了更多的信息可以共享时，此时的决策才更为理性，更能利于实现合作。通过信息共享机制，经济社会发展系统的利益主体能够获得进入彼此系统的机会，也能够进行交流，有效克服各种信息割据状态，从而消除各参与主体之间的隔阂与误解，增加信任，降低行政成本，提高协同服务和管理的效率。在西北地区经济社会协同发展实践过程中，各协同主体可运用现代信息网络技术超越时空障碍实现资源共享，也可以再造工作流程，达成信息流的统一，进而在经济社会之间形成彼此依赖的网络化系统。在信息共享的基础上，能够打破政府与其他组织之间以及政府内部各部门之间的体制性障碍，达成多元主体之间立体式、宽领域的协同合作，形成经济社会综合治理"大联动"的运作机制。当今网络传媒的不断发展和广泛运用，打破了政府对信息的刚性控制，开放的信息互动机制使经济社会之间的信息共享更加普遍，这为西北地区经济社会发展之间建立信息共享平台创造了良好的环境。所以，对西北地区经济与社会的协同发展而言，目前最重要的任务就是加强经济社会领域的信息化建设，建立健全经济社会信息数字化和网络化体系，在此基础上构建关于信息共享的内部管理机制、监督机制、审批机制、跟踪服务机制等。

（四）优化协同决策机制

协同决策作为一种解决复杂公共问题的独特制度形式，已成为学术理论研究和实践应用过程中都颇为重视的问题。协同决策强调多方协商的决策方法、集体平等的决策过程和共识导向，它倡导民主治理理念，追求公共管理的民主真实性，追求更好的公共理性与公共政策的合法性，相比于官僚体系、专权体系和垄断体系，协同决策具有使决策绩效最大化的独特制度优势。在西北地区经济社会发展系统中，传统决策模式还比较普遍，传统决策模式由于存在决策主体单一、机制僵化，与所处经济社会环境之间以及决策影响因素之间缺乏同步性和协调性等弊端，容易导致决策失误。在经济社会信息化进程不断加速的背景下，新兴媒体的出现，使传统的信息自上而下单向传播的传统模式发生了较大转变，同时教育的普及和民众受教育水平的提高也带动了各族人民参政议政的意识，这些新情况均对传统的公共决策模式形成了巨大的冲击，传统的公共决策模式与现实的冲突越来越大。在西北地区经济社会的重要转型期，随着当地工业化和城市化进程的加快，当地社会结构日益多元化，社会阶层也有明显的分化趋势，且社会结构和社会阶层的流动性差，出现固化迹象，加上在这一过程中多元化的利益阶层和利益集团开始逐渐形成，致使西北地区经济社会系统跨领域的公共问题越来越多，而且这些问题呈现复杂化的态势。由于公民参与经济社会意愿和能力加强等因素，促使以前以政府为单一决策主体的决策模式必须通过不断革新，才能适应经济社会发展的新形势。另外，在西北地区经济社会系统中，由于经济社会发展管理部门沟通机制不畅，各自管理部门大多也采用的是单一决策，两个部门之间以及各自部门内部缺少横向联系，其决策结构也是一种自上而下的纵向决策机制，很多情况下基层经济社会发展部门只是在应付执行上级部门的决策结果，进行的是一种没有任何创新的后续支持行为。在这种决策模式下,决策信息往往在传递过程中会不断衰减,造成制度供给与实施绩效之间的差距,导致经济社会协同发展在决策过程中形成诸多局限性,造成经济社会效益的双重损失。西北地区经济社会协同发展决策机制最大的作用就是在经济发展系统和社会发展系统形成更多的共识,从而被更多的参与者所接受,然后以共识为导向做出经济社会发展的各种决策,且使这些决策顺利和迅速地执行。在协同决策实践中,对西北地区经济社会协同发展决策机制而言,就是要解决仅凭各级政府部门或单个组织而无法解决或难以解决的一些跨领域的公共难题,通过经济社会相关职能部门、市场、社会组织、公众的共同参与,在协商的基础上来制定和执行协同发展政策,以此提高经济社会协同发展过程中各利益相关者的平均满意水平,增进决策的适应性和应用性,从而被更多协同主体所接受。

(五)强化整合控制机制

整合控制是指为了解决一些负效应问题,把对各种不同事物的控制形式集合在一起,使它们在发挥各自控制作用的同时,揭示和构建彼此的联系,形成相互配合、相互促进、相互补充的控制合力,构成一个功能更为完善的控制体系,产生更高的控制效果。[①] 在西北地区经济与社会协同发展过程中,作为互相区别的两个不同系统和事物构成的发展统一整体,很多情况下并非是两个系统的自发组合状态,需要借助外部力量进行有效的整合控制,在经济社会协同发展的具体控制过程中,要不断揭示和构建两者的联系性,通过强化经济社会发展两个部分的相互作用和影响,建立两个系统之间的协同效应,从而放大经济发展和社会发展各自的功能和作用。

在西北地区经济与社会发展整合机制构建过程中,中央政府和西北地区各级政府充当着重要角色,也是整合控制的主体,因此各级政府要转变职能,广泛地吸纳社会民意,尊重当地经济社会管理规律,构建新型多元互动的动力结构。通过制定一系列方法、方针、政策和法律为经济社会发展的整体性控制提供具体措施保障,促使西北地区经济与社会发展形成相互交叉,相互渗透,相互融合的格局,打破两个系统之间的

---

① 冯军:《技术负效应的整合控制》,《自然辩证法研究》2008 年第 8 期。

界限，使两个彼此独立的部分通过整合成为一个有机整体。同时要以公共服务为中心进行政府转型，探索市场经济条件下有效发挥政府作用的途径，探索新情况下政府服务职能改革优化的有效途径。

西北地区经济社会发展环境的复杂性决定了各级政府力量在西北地区经济发展和社会发展关系整合中要发挥决定性作用。作为西北地区经济社会体制改革的中坚核心力量，只有加强党和政府对西北地区经济社会发展形势的绝对控制，才能保证西北地区经济社会发展的组织和指挥职能有明确实施的责任主体，从根本上避免西北地区经济社会发展出现无政府主义带来的盲目性，使经济社会得到全面协调和可持续的发展。所以，各级政府要发挥主导作用，既尊重西北地区历史和文化习俗，又积极谋求西北地区经济社会治理方式的转变，正确发挥政府职能，合理运用权力工具，对西北地区经济与社会发展领域出现的问题进行深刻和长远的考虑，理解西北地区社会和人们的真正利益诉求，巧妙灵活地运用富于弹性的施政理念和政治手段来维护西北地区经济社会的跨越式发展。各级政府要通过宏观调控和指导，弥补市场失灵和社会失灵，进一步优化经济社会整合发展模式，克服经济社会发展过程中自身固有的自发性和盲目性，防止经济社会发展产生较大波动，最终通过各种手段对经济社会发展进行整合和控制，维护西北地区经济社会协同发展系统的平稳性。

（六）创建试错容错纠错机制

试错容错纠错机制也可以被称为"干中学机制"。西北地区经济社会发展环境复杂多变，在经济社会发展过程中充满了许多不确定因素。在这两个相对独立的系统间构建协同发展关系模式也属于一种创新活动，但由于缺少经验，真正的难度大、挑战多，对于某些部门或负责人员来说更存在失败"担责"的风险。在西北地区推进经济社会治理体系与治理能力现代化的进程中，由于西北地区特殊的历史文化环境和敏感的社会政治环境，很多情况下，人们更愿意延续旧有的事物，面对很多新事物缺少尝试。在这一因素的影响下，两个系统的"创新疲软"便成为西北地区经济社会发展过程中一种普遍现象，这种现象很大程度上就是因为怕创新失败犯错误而畏惧不前，由此就会形成一种经济社会改革保守观念。因此要实现西北地区经济与社会协同创新发展，就必须设计和加强符合西北地区经济社会改革需要的试错容错纠错机制。总的来说，这一机制就是从两者协同发展的制度设计上既能保证我国改革的方向，又能充分调动各方积极性，营造一种敢闯敢试、大胆革新的氛围，解除所有改革者的后顾之忧。因此，要培育良好的经济社会协同发展改革环境，不断完善相关的考核评价和激励机制，通过相关考核激励制度引导和鼓励经济社会协同发展改革模式创新，所有的机制要有弹性，在对先进进行表彰表扬的同时，也要形成容错纠错机制，对一定范围内的失败要宽容，从而营造一个敢于改革、善于改革的良好改革环境。

西北地区的经济社会协同发展机制建设，在某种程度上来说是我国历史一项上前无古人的改革事业，其中充满了许多未知变量，所以在这一过程中，在不违背大原则的情况下一些部门或改革者犯一些错误也在情理之中，不能片面地以成败论英雄，如果这一改革事业的风险和代价成为改革者难以承受之重，则在改革过程中会挫伤改革者的积极性，会产生"多一事不如少一事""多做多错还不如不做"等消极心态，削弱经济社会协同发展改革事业的原动力。试错容错纠错机制就在于在一定的范围内，宽容经济社会协同改革过程中出现的一些失误，让改革者不要心存顾虑，轻装上阵，锐意改革，释放工作的激情和活力，激发改革者的改革精神和勇气。从未来发展趋势看，支持和鼓励西北地区经济社会协同创新将成为政府监管与各项制度设计的基本原则，这一机制有利于新事物成长的"试错空间"变得越来越大，经济社会协同创新机制发展的红利将惠及西北地区经济社会发展的各个领域和每一位社会成员，从而推动西北地区走向更加开放、包容、繁荣、和谐的现代社会。当然，在西北地区经济社会发展领域构建试错容错纠错机制过程中，首先要强化思想认识，强调创新行为要合乎特定事物的性质、逻辑和公共理性，试错要在一定的法律法规和制度框架范围内进行，试错要把握好政策的边界，要将在这一地区经济社会改革创新中出现的风险和失败通过相应的程序，把风险控制在合理范围。同时要做好制度的衔接，要坚持科学决策、民主决策、依法决策，健全决策机制和程序，发挥思想智库作用，建立健全决策问责和纠错制度。在制度设计上，要体现制度的系统性和完整性，重点要增加试错容错环节之后的纠错措施，使试错容错纠错机制形成一个完整的良性循环系统，减少人为因素给西北地区经济发展和社会发展改革创新带来的风险，最大限度保障当地经济社会协同发展顺利进行。

三 完善协同保障机制

（一）培育多元主体机制

经济社会发展的协同治理过程，实际是经济社会发展相互融合的过程，这种发展模式要求通过经济社会领域多元主体的合作共治，增进经济社会领域公共价值。随着西北地区经济社会体制改革的不断深入，经济与社会发展系统变得越来越复杂，单靠传统的政府主体已经很难适应经济社会发展的实际需求，而一些自治组织和非政府组织以及广大基层民众对西北地区经济社会协同发展治理的积极作用体现地愈加明显。因此，培育多元化的行为主体，运用多种手段缔结各种协同关系，形成经济社会多元主体协同治理机制，通过一致的协同行动实现各自的利益诉求，最终实现共同价值目标，成为西北地区经济社会协同发展的重要路径。

西北地区经济社会要实现协同发展，就要适应经济社会变革和转型的实际，不断培育和壮大经济社会领域的组织者、参加者和行动者，使经济社会的行为主体和利益主体不断完善。在实践中，西北地区经济社会系统的行为主体不仅包括传统意义上的各级政府，还包括广泛存在的企业、社会组织、社区、公民个人等，它们构成了西北地区经济社会管理协同创新的多元主体。在西北地区经济社会协同发展过程中，通过分工协作机制，使不同性质和不同领域多元化行为主体形成互惠性的协同发展关系，在合作的基础上形成有序竞争的格局，从而结成西北地区经济与社会发展跨域的行动网络。在实现经济社会系统公共价值这一过程中，不同主体的作用和功能各不相同，政府是维护者，企业是创造者，社会组织是提供者，社区是推动者，公民是实践者。只有建立这样的多元主体关系网络，才能使传统的单一政府主体协同模式变得更灵活，从而全面优化经济社会管理服务系统，更好地满足经济社会发展的实际需求，在最大限度实现各方利益的基础上保持整体利益的均衡格局。

（二）完善协同组织监督机制

所谓协同组织监督机制，是指为实现协同组织目标，法定的监督主体对协同过程实施检查、督导和惩戒的各种手段和方法。"没有规矩不成方圆",独立有效的监督系统是现代科学管理体制的重要组成部分,缺乏监督机制的协同治理将无法有效实现经济社会治理目标。经济社会协同发展过程是相关责任主体履行自己职责并享受权利的过程,在协同进程中,有监督才会有压力,有压力才会有协同治理的动力。如果由于监督机制缺位,经济社会协同主体之间难免出现权力寻租等一系列违规现象与腐败问题,严重影响政府的合法性和其他治理主体的信誉度,这无疑会让经济社会协同发展陷入困境。如果缺乏有效的监督与惩处措施,协同主体就可能出现为了自身的利益而损害其他主体的合法权益。因此,为了减少协同的风险和损失,必须对参与协同的各方进行监督,建立完善的监督制度。监督机制的内容包括:政府按照经济社会发展要求监督其他组织或个人对经济社会协同发展的情况;经济社会协同管理的绩效如何;多元主体之间对各自权利义务的履行情况等。只有对协同治理整个过程进行有效的监督,才能保证多元主体通过协商达成的协议和政策顺利贯彻实施,才能防止协同运行各环节实施人员由于能力、水平、利益、强势地位等原因所导致的滥用职权、越权、侵权等行为的发生,从而通过有力的监督机制保障相关责任主体享受权利与履行责任的统一。通过有效的监督,可以让经济社会领域的协同主体始终以公共利益为出发点,在共治共建中实现更高水平的协同。

(三) 强化协同制度保障机制

经济社会协同发展的保障机制,是对经济社会发展各种关系的真实反映和行动准则,完善的经济社会协同制度保障体系能够维护经济社会秩序,规范人们的行为,弱化或消除各种因素对经济社会协同发展带来的危害。当协同制度保障机制建设的水平与经济社会发展水平相适应时,协同制度保障机制建设就会对经济社会协同发展起到良好的促进作用。

目前西北地区经济社会领域的协同制度保障体系建设相对比较落后,这种现状阻碍了西北地区经济社会的深度融合发展。改革开放以来,西北地区经济社会不断发展的同时也累存了大量矛盾,实践中更多表现为经济社会发展模式的不可持续。其中在西北地区经济社会转型过程中,后发劣势主要集中于经济社会协同治理制度各项保障体系建设的滞后性上,面对外部机会的不利,通过制度创新实现经济社会高质量发展成为西北地区新常态下要认真面对的问题，也正是在这一点上，西北地区站在了与发达地区一样的角逐中。在经济社会协同发展过程中，其赖以运转的支点不是传统意义上的投资政策、扶贫政策以及转移支付政策那样的制度依赖机制，而是要真正转变为通过制度供给中蕴含的创新可能性，以及由创新给予的经济社会发展效率提高和经济社会可持续的发展性来有力地保障西北地区经济社会协同发展。因此协同制度建设作为西北地区经济社会协同发展的重要工作，要全面清理那些不适应经济社会发展、具有历史局限性的落后体制机制，做好对既有制度的纠偏和完善，避免惯性思维对旧有制度形成依赖，同时要以西北地区经济社会发展的实际情况为依据，强化经济社会协同发展制度的总体设计和思考，促进制度创新，防止制度本身设计缺陷造成经济社会协同发展出现困境，通过规范化的制度保障来提高和巩固西北地区经济与社会发展所取得的成果。另外，要通过增强示范，营造制度文化，加大制度的宣传教育，注重后期监管等措施确保协同制度的有效执行，保障西北地区经济社会协同发展目标的顺利实现。

（四）深化人才保障机制

进入21世纪，我国的经济社会发展形势发生了深刻变化，传统的驱动经济社会发展模式已经难以适应当前经济社会发展新要求，区域经济社会发展要形成可持续协同发展的局面，离不开科学技术知识构造的生产力系统以及高质量的社会管理系统。这种形势对区域经济社会发展中的人才素质提出了更高的要求，区域经济社会协同发展的可持续发展模式更倚重科技进步和人才开发，人才资源是经济社会发展的第一资源，也是经济社会协同发展的第一推动力，一个地区经济社会能否形成持续、稳定、高速的发展，取决于当地人才资源的数量和质量。对人才资源有效的开发利用能够促进西北地区经济社会发展方式的根本性转变，且对西北地区经济社会可持续发展及区域竞争力的提升都将产生巨大的推动作用。

在新的历史时期，西北地区首先要找准自己人才建设的目标定位，完善人才队伍建设的开发机制，构建科学规范，开放包容，运行高效的人才队伍建设体系。同时要建立健全科学合理的人才培养选拔机制，特别是要加大对少数民族高层次人才队伍的培养选拔工作机制，加大少数民族人才培养选拔力度，提高少数民族人才队伍的整体素质，充分发挥少数民族人才队伍在西北地区经济社会协同发展中的优势。同时要优化人才队伍结构，增加政治型、经济型、科技型高素质人才队伍的数量，使人才队伍建设符合西北地区经济社会协同发展的现实需要。作为配套政策，还要建立健全科学合理的人才激励机制，按照绩效优先，兼顾公平的分配机制对优秀人才进行奖励，激发他们的工作积极性和动力，加大对创新型人才的激励机制。同时在经济社会重点行业和领域，要制定特殊人才的引进机制，改进人才培养的支持机制，通过产学研相结合的育人模式为西北地区经济社会协同发展提供人才支持。

第八章 研究结论及对策建议

第一节 研究结论

研究在西北地区经济社会转型的大背景下，针对西北地区经济与社会发展关系日益复杂化的实际情况，将协同理论引入对二者关系的分析之中，对西北地区经济与社会发展的协同关系及演化机理、机制进行了分析，得出以下主要结论。

一 经济社会发展之间整体处于中等协同水平

结合西北地区2006—2015年经济社会发展面板数据计算出的协同发展度可以看出：这一时期，西北地区经济社会协同发展大局整体有向好发展的趋势，两者之间的协同发展整体上处于中等水平。然而，西北地区经济社会协同发展也面临着一些不容忽视的问题，特别是在西北地区经济社会转型的关键时期，伴随着经济社会领域相关指标数量的增长，经济社会发展的质量水平却没有形成相应的提高。

如果仅从这一时期西北地区经济发展的实际情况来看，2006—2015年西北地区经济发展虽然在规模和速度方面体现出一定优势，但在经济结构、增长方式、环境保护等方面不具有优势，导致西北地区经济发展质量水平整体不高。另外，虽然这一时期西北地区经济发展的创新性有所提高，创新因素对西北地区经济发展水平的提升产生了较大的推动作用，但创新并没有成为驱动西北地区经济发展的主导因素，驱动西北地区经济发展的依然是劳动力、资本和资源等传统生产要素，人才、科技、知识和创新等全要素生产率对西北地区经济发展的提升作用比较小。这些问题影响着西北地区经济发展质量的提高，而且这些问题在西北地区经济发展过程中有固化迹象。综合西北地区经济发展各方面情况，可以认定这一时期西北地区的经济转型并不成功，且正在滑向"中等发展陷阱"。在这种经济增长格局下，西北地区经济发展对社会发展的正向维系作用有限，经济发展没有带来应有的社会红利。同样，这一时期西北地区社会发展质量水平也处于较低水平，特别是这一地区贫困落后、价值观分异等问题的长期存在，导致西北地区经济问题和社会问题相互交织，形成错综复杂的局面。哈肯模型分析结果显示，在西北地区经济社会协同发展的互动关系中，经济发展和社会发展分别是不同时期西北地区经济社会系统协同演化的序参量，主导着西北地区经济社会协同演化的方向，但经济发展与社会发展的双向互动促进作用不明显，经济社会发展没有形成同步增长的格局，两者之间潜藏着较大的结构性矛盾，带有鲜明的经济社会转型发展阶段特征。对于西北地区经济社会系统来说，在一些历史留存问题尚未得到有效解决的情形下，当前经济社会发展领域一些新问题、新情况又不断出现，使当前西北地区经济社会发展中新旧矛盾相互交织，各种管控风险增加，这种形势对当前西北地区改革、发展、稳定的协同发展格局产生着较大影响。

二　经济社会协同发展评价体系不完善

经济正义和社会正义是西北地区经济社会协同发展的前提，也是构筑西北地区经济社会协同发展关系的价值标准。客观地说，研究期内，西北地区缺少一套经济正义和社会正义理论主导，能够全面衡量当地经济社会协同发展水平的评价机制，当地对经济社会协同发展程度的衡量处于一种主观和盲目的状态。因此，从根本上而言，导致西北地区经济社会协同发展度长期较低的主要原因还是经济社会发展价值判断体系出现了差错，不系统的、浅层的、单方面的经济社会发展价值标准导致西北地区经济社会协同发展实践活动在很多情况下并不是完全合乎人和社会理性价值引导下的自发性、目的性调节。从某种程度上来说，这一时期西北地区一些经济社会活动在实现过程中不同程度都存在违背经济正义和社会正义的现象，有些活动甚至走向了经济正义和社会正义的对立面。因此，这些经济社会实践活动不仅不能有效实现既定的经济社会协同发展目标，反而衍生出了许多负面结果，对西北地区经济与社会的协调发展产生了诸多不利影响。例如这一时期西北地区在经济发展上过于追求规模，导致资源环境压力加大；在经济增长上过于追求速度，导致贫富差距在短期内加剧，形成社会两极分化；部分领域的经济体制改革过程中过度商业化，使社会民生福利水平严重降低等。同时，由于社会发展形势所迫，西北地区在对社会发展的治理过程中客观上也存在一些问题，如在维护社会发展过程中一味地采取管控模式，抑制了社会发展环境的开放性，阻碍了经济发展的社会环境适应能力；在社会发展的内容方面重点强调物质文明发展，影响了社会发展的多元性；在社会发展的实现方式上突出宣传教育的感化作用，弱化了社会事业发展对实现社会发展的利益导向性。总之，这一时期西北地区经济社会协同发展评价体系不完善，经济活动中常见的功利主义、物质主义、本位主义等经济思想以及社会发展评价体系中的主观主义、形式主义、机会主义等对西北地区经济社会的协同发展影响较为严重，使西北地区经济发展和社会发展系统在发展动机、理念、机制、模式方面都存在或多或少的非正义性。在这种经济社会发展评价体系的引导下，经济社会发展对彼此秩序的正向维系作用普遍偏低，伴随着西北地区经济与社会发展系统中表现出诸多非正义性，贫穷、失业、贫富分化、腐败、社会排斥、文化冲突、暴力犯罪、恐怖主义、环境破坏等经济社会问题随之凸显出来，导致西北地区的经济社会协同发展格局日益复杂。

三 经济社会发展之间存在较大的结构性矛盾

早在 100 多年前，托克维尔就指出，社会问题往往不是产生在经济停滞期，而是产生在经济转型发展阶段。在研究期内，西北地区经济发展经历了从高速向中低速跌落所带来的"阵痛"期。进入"新常态"，当地经济的下行压力带来各行业各领域经济大面积萎缩，经济社会之间的矛盾开始集中发酵。面对经济下行压力增大引发的各类社会发展问题，西北地区加大了社会管控的力度，但同时又极大地增加了社会管理成本，使当地的地方财政危机进一步加深，为了缓解当地的财政危机，有时候地方政府又会反过来做出一些伤害民众利益的事件，降低民众对政府的信心和安全感，引发新的社会问题，影响当地经济社会和谐稳定发展。

在研究早期，西北地区经济处于上升发展阶段，一方面，高速的经济增长掩盖了许多社会矛盾,但同时又激发了西北地区当地公众的期望值,当经济发展速度放缓或下降时,公众的期望值与现实之间形成巨大落差,不满情绪有所加大,原先隐藏的很多社会矛盾便会凸显出来;另一方面,在研究期后期,西北地区经济发展进入新常态,经济增速放缓,相比之前有所下降,但一部分人还以以前的增长速度衡量西北地区经济增长,结果现实中的差距导致这一部分人产生了强烈的受挫感。另外,随着西北地区经济的发展,社会阶层的结构也在发生着变化,总的来看,在这一时期,西北地区社会阶层处于从低收入阶层向中产阶层过渡的阶段,而研究表明,这一时期往往是社会最为动荡的时期。西北地区经济的发展,使人与人之间原先平衡的社会关系被打破,经济收入的差距使处于劣势地位的群体和个人会产生失败感和不公平感,导致人们的不满和抗争心理加剧。同时,在经济发展过程中,一些经济上获得满足的人或群体开始寻求社会地位和权力方面的提高,但如果没有如愿以偿,则会引发这一部分人社会地位的不平衡感。同时,西北地区经济的发展还会影响到一部分人群的切身利益,引发社会矛盾。例如西北地区是一个劳动力资源比较密集的地区,在当地经济发展过程中,资本密集型、知识密集型和技术密集型产业布局越来越多,这些产业不仅不会带动就业的发展,相反会降低就业率,破坏经济发展与劳动力供求之间的平衡,威胁社会和谐发展。

在研究期内,西北地区GDP增速虽然较快,但同期西北地区很多地方的人民群众却不仅没有从中获益,反而有些人还要承受因开发导致的各种生态灾难。另外,这一时期西北地区经济增长收益分配也不尽均衡,社会财富的增长仅使部分社会成员和经济主体从中获益,不对称的收益分配引发了许多人的不满。生活成本的增高,导致一部分社会成员实际收入大幅下降,这部分人因此产生怨恨和不满,也会影响社会的持续健康发展,这些不利因素造成这一时期西北地区的贫困发生率较高。随着经济的不均衡发展,社会阶层的贫富差距进一步加大,而且长期固化,社会弱势群体增加,其根本权益常常被忽略或侵害,特别是在西北地区的广大农牧区、边远地区和生态脆弱地区的贫困问题依然十分严重。长期的贫困造成这些地区人们心理上的落差加剧,甚至使部分人的心理产生扭曲变形,由此诱发许多社会矛盾。经济上的贫困,往往伴随着社会权益的贫困,在这两方面因素的叠加作用下,这一时期西北地区社会弱势群体数量有所增加。而社会学理论指出,社会发展的代价往往是由社会弱势群体来承担,如果对弱势群体缺少关心和帮助,就不可能形成安定有序的社会。

西北地区的贫困降低了当地财政收入,导致政府的公共财政开支有限,这对西北地区社会发展的物质基础也带来了直接影响,严重制约着当地完善社会保障体制以及提高社会福利水平的能力。由于西北地区贫困问题突出,部分人群对金钱、权利、名誉、利益的追求会变成一种扭曲的心理和行为,从而增加了设租寻租的机会,腐败现象不断发生,在极端的情况下,还会导致严重的利益纷争。面对经济社会转型,由于西北地区政府职能转变不彻底,在行政体系内仍然存在大量的行政资源和权力,因此无论是高层还是基层中掌握着某些资源或权力的人和部门广泛存在着设租寻租机会,特别是在西北地区的基层地区,由于监管机制乏力,这一时期腐败已经成为西北地区一种体制性困境,引起西北地区各族人民群众的不满。如果各种行政体系的资源和权力被用来设租寻租,则会引发西北地区各族人民群众对当地经济社会改革的质疑,这时,常常一个不经意的小事件,就会引发社会公众的不满,最终可能演变为重大的社会危机事件,对西北地区和谐社会建设带来巨大的不良影响。

四 经济社会发展制度供给不均衡

制度无法看见、感觉、触摸,是人类的心智结构。在经济社会发展中,制度具有更为基础性的作用,是决定经济社会绩效的根本因素。西部大开发等战略的实施以及取得的巨大成就表明,制度能够为西北地区经济社会的发展提供一个基本的关系结构,人们通过这个基本结构来创造秩序并减少交换中的不确定性。这也表明:制度决定交易费用成本,对经济活动获利可能性与可行性有重要影响。[1] 因此,推进西北地区经济社会协同发展创新,不能一味地进行实物要素的追加,更重要的是搞好经济社会发展领域的制度设计,通过一系列制度设计,带动西北地区

---

[1] [美]道格拉斯·C.诺斯:《制度、制度变迁与经济绩效》,杭行译,上海人民出版社2014年版,第74页。

经济社会发展制度建设，完善经济社会发展领域的一系列政策和法律规范，建立与和谐社会相适应的经济社会管理新体制。

然而，自1978年改革开放以来，为了改变西北地区经济发展长期落后的局面，在这一地区形成了以经济建设为中心的改革思路。在这一思路主导下，西北地区的经济发展方面优先被给予了大量的制度安排，特别是我国政府在对西北地区经济形势研判的基础上制定了一系列因地制宜的涉及西北区域经济发展实际的政策和制度，这些政策和制度的有效供给使西北地区在某种程度上形成了符合当地经济发展的制度支持，形成了制度绩效上的优势。例如大规模投资政策、转移支付、对口支援、财税减免等，这些措施使西北地区经济基础在短期内得到壮大发展。但从西北地区经济发展的过程和水平来看，伴随着西北地区经济的发展，并没有因这些经济制度安排避免经济发展的低水平陷阱，社会矛盾也没有因经济发展大幅减少，相反西北地区因经济发展引发的社会问题却越来越多。这些问题已经导致西北地区的社会管理风险越来越高，如果从全国的社会发展局势来看，这一时期的西北地区已经成为我国"风险社会"矛盾的集聚高地，而西北地区由于社会管理基础薄弱，现有的社会管理体制落后，社会管理制度的有效安排显得严重不足，难以与西北地区经济制度安排形成相互匹配的格局。

第二次世界大战以来，社会政策已经占据了所有西方发达国家公共政策的核心，而这一时期西北地区社会政策的有效供给仍显得严重不足，直接影响了西北地区社会发展调节功能的正常发挥，对西北地区经济社会协调发展形成制约和影响。在当前西北地区经济社会转型的关键时期，经济社会领域多元化的利益主体之间多重均衡成为西北地区经济社会协同发展的关键问题。这种均衡单靠经济手段是无法有效实现的，必须同时依靠社会管理制度来弥补和加强，一旦社会管理制度缺失，就会失去社会对经济发展的保障支撑作用，而且会因社会发展"失序""失范"造成经济社会发展的大面积失衡。这时，经济社会发展不仅达不到更高水平的均衡，反而会因社会发展制度的缺失造成整个系统的效率损失，使两者的均衡滑落到更低的水平。所以，完善西北地区社会发展体系，在制度供给比较薄弱的社会改革领域加强社会管理制度的有效供给，促使社会管理体制与经济管理体制的均衡发展是西北地区当前经济社会协同发展的核心，只有两者实现均衡发展，西北地区才能从根本上摆脱经济社会低水平均衡的现状，使经济发展和社会发展沿着一个更优的新均衡方向前进，实现高质量均衡。

五　经济社会发展协同机制不完善

对西北地区经济社会协同发展问题的研究显示，这一时期西北地区经济社会发展进入关键的转型期，也是经济社会矛盾的凸显期，经济增长方式落后，社会问题多发。在现实中主要体现为：经济问题与社会问题交织，现实问题与历史问题交织，国内问题与国际问题交织，这种现状造成了西北地区经济社会发展环境的复杂性，这些因素的相互交织，导致西北地区经济社会发展转型过程中的不利影响因素在逐渐增多。对于西北地区这样一个经济发展水平落后、地理位置偏僻、地缘关系复杂的地区来说，经济社会的协同发展不可能是一个简单的过程，而是多种复杂力量综合作用和长期博弈的结果。

面对如此复杂的国内外形势，在我国各级政府的严格管理下，两个系统均不同程度呈现出政府主导模式，两个子系统均呈现出较强的结构刚性。在这一时期西北地区经济社会协同发展过程中，两个系统的外向性还有所不足，外部效应也比较差，特别是在经济社会发展两个子系统普遍存在着"信息不对称"现象，信息不对称常常导致信息弱势的一方交易成本增加。另外，由于西北地区经济社会发展分属两个不同的体系，在这两个系统内部，它们各自往往都能靠自身的权力或优势掌握和控制本部门大量信息资源。由于两个部门之间缺少合作和交流，这些信息资源只能在各自所属的系统内发挥作用，产生价值，无法做到两者之间信息资源的共享和共同开发。在经济发展和社会发展领域，两个协同主体创建的协同发展平台几乎没有，现有的其他相关协同发展平台也存在服务对象受限，信息更新不及时以及交互性能差等弊端，严重制约了两个系统资源共享、信息交流和协同创新。西北地区经济与社会发展系统形成的这种发展格局制约了经济社会领域的融合创新，导致经济社会公共利益最大化的局面难以形成，西北地区经济社会发展的比较优势被削弱，现有的各种协同发展制度供给也只能围绕低效率水平运行，妨碍了两者协同发展的质量和效率，现有的协同发展的机制根本不能保证长效运行并发挥协调的预期功能，造成西北地区区域经济发展和社会发展之间的不协调程度进一步加剧，导致当地经济发展的衰退和社会秩序的混乱。

六　经济社会协同发展机制的内生动力不足

在研究期内，西北地区处于重要的经济社会转型期，在西北地区经济与社会发展领域跨域公共问题大量产生，要有效解决这些问题，就需要在这两个领域加强协同治理的力度。但这一时期西北地区经济发展系统与社会发展系统均缺乏能促进协同创新的主体信任机制、利益分配机制和资源共享机制，导致两个协同主体的投入、承担的风险和分享利益存在不确定性，两个协同主体在现有的合作框架下缺乏合理可行的合作动力机制，严重影响了两个协同主体合作发展的积极性、深入性和长期性。通常情况下，由于政府更追求社会发展，企业更追逐短期效益，而经济社会协同发展创新的基础性、艰巨性、复杂性、综合性、外部性、高投入和长周期等特点也造成相关协同主体的积极性不高，利益驱动力不足，各种协同创新资源分散、低效和管理体制不畅进一步导致西北地区经济社会协同发展缺少原生性动力。

在现实中，西北地区经济与社会发展之间互不隶属的情形比较明显，在这两者之间缺少能够有效实现跨域公共利益的发展机制，导致两个系统常常出现非合作博弈、零和博弈甚至负和博弈的现状，这些问题已经成为严重制约西北地区经济社会协同发展的瓶颈因素。两个系统往往由于缺乏合作共赢的内生发展动力，导致各自因为追求本领域利益最大化而不愿承担过多的公共事务治理责任，其中就包括提供跨领域公共产品和公共服务。由于整个经济社会系统公共产品和公共服务长期匮乏，在这两个系统就普遍存在相互"搭便车"行为。由于两个系统对跨域公共问题推诿扯皮、视而不见，"公地悲剧"的发生也就不可避免。同时，在协同发展过程中两个系统之间还存在文化底蕴、价值取向、组织结构和资源共享等方面的差异，常常导致误解和沟通不畅，增加两个系统协同发展的交易成本，致使协同演化因素呈现出多样性和复杂化，于是在两个系统的博弈过程中常常存在机会主义，最终导致西北地区经济与社会发展之间的协同发展陷入"囚徒困境"，背离科学发展观及和谐社会建设的初衷和目标。

西北地区经济社会协同发展机制内生动力不足也有着更深层次的原因，这便是在西北地区经济社会协同发展体系中，协同发展的政策环境不够完善，缺乏相关法律法规的有力保护和支撑，缺乏鼓励经济社会协同创新的政策支持。目前，政府虽然在财政、税收、产业、就业、教育、医疗、住房、社保、民生建设等方面均出台了相应政策，鼓励当地经济社会的协同发展，但缺乏综合性和更具体地针对各协同主体参与经济社会协同发展创新的有效鼓励政策。另外，西北地区经济与社会发展缺乏有效的协同发展平台支撑，经济社会协同创新组织形态的落后也限制了西北地区经济社会协同发展内生动力的形成。西北地区经济社会协同创新组织形式处于较低级的阶段，各种协同创新组织的设立常常要受到合作形式、行政管理、利益机制和分配方式等因素的限制，基本无法有效发挥协同创新组织协同整合的作用，无法形成长期的协同创新内生动力机制，严重影响西北地区经济社会协同发展活动的开展。

另外，西北地区经济社会发展协同主体缺少参与协同发展的渠道。从目前情况来看，西北地区各种与经济社会协同相关的组织还是以政府为主导，其他广大主体难以通过既有的协同组织参与到经济社会协同发展环节中来，其在经济社会协同活动中属于弱势群体，缺少话语权，这些因素严重影响了广大协同主体参与西北地区经济社会协同发展的机会，对西北地区经济与社会协同发展内生动力的形成造成了负面影响。

七　协同发展模式处于传统管理向现代治理的过渡阶段

我国的改革开放进程与社会主义国家特征，决定了我国经济与社会的协同发展必须重点研究政府、市场、社会三者互动发展模式。随着西北地区经济社会的发展，经济效益、社会效益、环境效益等多元化价值目标的出现，以企业为主的市场力量及一些地方自治团体、社会团体、新兴阶层等社会力量正在发育壮大，成为经济社会多元治理主体的基础，其对经济社会和谐关系的塑造和现代化转型产生着越来越重要的作用，这种经济社会发展格局旨在刻画政府、市场、社会三个主体互动的多样性。面对政府、市场、社会三者之间尚未形成和谐发展的局面，如何通过调整政府与市场、社会三者的协同关系以产生"善治"结果和达到"建设社会"的目标，遂成为西北地区经济社会发展十分重要而且紧迫的议题。

结合西北地区民族区域实际情况，2006—2015年，由于区位、文化、自然、历史等原因，西北地区市场经济发育很不充分，同时也极不规范，经济体制整体上还处于从计划经济向市场经济转变的过程中。西北地区的社会组织这一时期也刚刚起步，规模小、数量少，且政府主导模式鲜明，具有非常强的行政依赖性，单薄的社会组织难以有效弥补市场失灵、政府失灵造成的管理缺失。可见这一时期西北地区政府、市场、社会组织发展极不平衡，三个领域联动的结构关系和整合机制还远远没有形成。这一时期西北地区的市场经济体制不充分，社会组织发育不尽完善的客观事实决定了经济社会协同发展还局限在传统的政府主导模式之下。在政府管理主导下，政府是经济社会管理的主体，政府习惯包揽一切经济社会事务，进行指挥和控制，在运行模式上也是一种自上而下的命令传导方式，特别是在社会化改革本就薄弱的教育、医疗、住房、社会保障、扶贫、环境保护等领域，多元社会治理主体的参与度较低，多元行为主体之间平等的网络化关系还未形成，多元化力量的经济社会协同治理体系还没有构建，政府与市场、社会团体和社会公众良性互动关系也没有完全建立，开放公平的经济体系和开放服务型的行政体系也不尽完善，这些问题导致西北地区经济社会协同发展过程中企业、社会组织、私人部门和公民团体多元主体性不足，在当地经济社会活动中各种治理主体参与的制度化和法治化不完善。总而言之，当前西北地区经济社会协同发展还处于初级阶段，两个系统的协同运行机制还有许多内部和外部阻力，在运行模式上还带有很明显的政府主导特征。但随着西北地区市场经济体制的发展，企业力量未来会逐步壮大，当地公民权利意识会逐渐提高，政府民主意识也会进一步增强。随着西北地区企业、社会，以及公众力量参与经济社会治理，西北地区经济社会协同发展过程必将广泛吸纳各行业、各阶层力量进入经济发展和社会发展的治理过程。在全社会协同治理模式下，西北地区经济发展和社会发展才能最大限度地成为一个利益高度多元化的体系，为西北地区构建经济社会共同体打下良好基础。

八 经济社会协同发展处于"帕累托改进"状态

"帕累托改进"是"帕累托最优"的前一个阶段,表示事物还有向更高级阶段发展的空间余地。在研究期内,西北地区经济社会发展的协调性不足,协同发展程度较低,与发达国家和地区(如成功跨域经济社会"中等发展陷阱"的美国、日本、新加坡、韩国以及我国台湾地区等)经济社会协同程度相比存在较大的差距,远没有达到一个国家或地区经济社会协同发展过程中所追求的"帕累托最优"状态。但这一时期我国和谐社会建设目标和科学发展观指导思想有力地为两者之间协调关系的建立和发展提供了良好的机遇和巨大的改进空间,这一时期西北地区经济社会协同发展处于鲜明的"帕累托改进"状态。

西北地区经济社会协同发展的核心是经济社会福利最大化问题,特别是在"帕累托最优"状态下,要求西北地区的经济发展和社会发展作为两个独立的子系统,双方的情况都得到了改善,或者说没有一方在对方的发展提高中而受损。但是受制于西北地区经济与社会各种发展因素和条件的限制,在现实中西北地区经济与社会发展"帕累托最优"状态的实现条件非常苛刻,具有高度的限制性:一方面要求西北地区经济发展具有完全竞争性;另一方面要求西北地区社会发展具有高度的开放性,只有在这两者实现有效均衡的情况下,西北地区经济发展和社会发展系统的"帕累托最优"状态才是有效率的。由此不难看出,根据研究期内西北地区经济与社会发展的基本现实,在这一时期要实现经济社会发展的"帕累托最优"状态几乎是一种理论上的理想状态,特别是在西北地区这样一个市场化程度低,社会管理水平不高的地区,要使经济社会协同发展且完全符合"帕累托最优"发展状态几乎是不可能的。"帕累托最优"要求在避免效用减小的情况下实现经济社会福利的最大化问题,它要求在现实中只有双方的情况都得到改善时"帕累托最优"才适用。然而这一时期西北地区经济与社会发展是一个复杂的矛盾体,一方的发展总是不可避免地会触及对方的利益,譬如这一时期西北地区市场经济体制改革虽然有效提高了当地经济发展的市场化水平,但市场经济分配机制中却表现出明显的"马太效应",导致当地的富裕阶层更富,贫困阶层更穷,穷人财富积累的速度总比富裕阶层慢。据测算,在这一时期,西北地区占人数3%的富裕阶层却占有60%以上的社会财富。可见，这一时期西北地区社会收入的不均等已经严重超出了合理的控制范围，由此带来了市场经济分配效率和社会公平之间的矛盾，加剧了西北地区社会的紧张局势。从这个意义上来说，这一时期西北地区经济与社会发展实现"帕累托最优"的现实意义非常有限，但对这样的经济社会发展，英国经济学家尼古拉斯·卡尔多（Nicholas Kaldor）从福利经济的角度出发，提出的"补偿原则"思想能够为这一问题的有效解决提供借鉴。他提出：如果从政策变动中获益一方能够完全补偿损失方，除此之外还有剩余，则它应该被视为一项增加经济社会福利的好政策。这一理论也为现实中西北地区政府干预经济与社会的均衡发展，实现经济社会发展的"帕累托最优"提供了有效的理论依据。实现西北地区经济与社会的协同发展不能单纯依赖市场经济的原则来解决，西北地区经济与社会发展要实现自我调节还比较困难，但我国政府已经意识到了这一问题，一直在积极研究对策，主要是通过拥有的公权力和行政资源，运用税收优惠、对口支援、转移支付或政策倾斜等补偿方式对西北地区经济发展和社会发展之间的各种关系进行干预调节，同时也提供了诸如教育、医疗和社会保障等社会公共服务对两者的对立关系加以疏导和改善，扩大"帕累托最优"条件的适用性，从而实现两者之间的均衡协调发展，党和政府在这一地区施行的各种经济社会发展方针和政策，有效扩展了"帕累托改进"状态在这一地区经济社会协同发展中的应用空间。

第二节　对策建议

一　树立协同发展理念，倡导协同创新战略

协同发展是当今重要的发展理念之一，是对经济社会发展规律认识的升华和创造性运用，其目的在于促进我国经济社会平稳健康发展，这一理念为理顺经济社会发展关系、拓展经济社会发展空间、提升经济社会发展效能提供了根本遵循，在新时期我国西北地区经济社会全局发展中扮演着重要角色，具有良好的区域适应性和实践性。

事实表明，在西北地区经济社会转型发展过程中，发展观的引导作用很重要，有什么样的发展观就有与之相适应的发展道路。在当前西北

地区经济社会发展新形势下,从中央到地方都应当充分认识到经济社会协同发展的必要性,并将经济社会协同发展理念摆在西北地区经济社会改革发展中的重要地位,使其对西北地区经济社会发展理念起到引领作用。历史必将证明,把握好西北地区经济社会发展的总体规划,贯彻落实新时期中央关于西北地区经济社会全面发展的战略布局,做到经济社会协同发展,西北地区的经济社会才会尽快摆脱"中等发展陷阱"的尴尬困境,从而步入我国经济社会协同发展地区行列。

在西北地区,树立经济社会协同发展理念,其根本核心就是要有效解决西北地区物质文明和精神文明、经济建设和社会建设不协调、不匹配问题,在增强当地发展硬实力的同时提升发展的软实力。在经济社会和谐关系构建过程中,要紧扣和谐发展目标和主题,在社会主义核心价值观的引导下,坚持经济建设与社会建设同步发展,全面推进经济建设与社会建设的整体均衡,集中精力处理好西北地区当地的价值引导、经济发展、利益分配、社会保障、文化建设等工作,让全体西北地区人民共享经济社会发展的成果。转变过去只追求数量不追求质量的粗放型经济社会发展模式,依靠科技进步和创新提高经济社会发展的质量和效益。面对经济社会发展进入新常态后出现的一系列困难矛盾和风险挑战,在经济发展质量提升方面,必须转变经济增长模式,依靠科技进步和创新,坚持以提高经济发展质量和效益为中心,实现当地民生事业发展、就业市场活跃、劳动生产率提高、经济活力增强、经济结构调整等方面富有成效的发展;在社会发展质量提升方面,要在西北地区社会体系构建中,形成一个人与社会、人与政府、人与人、人与环境之间各种矛盾的平衡与各种关系的协调,增加当地各族人民的社会融入感、社会认同感和社会凝聚力,在此基础上促进西北地区社会事业的全面发展,进而把西北地区建设成为各族人民满意的幸福型社会。

对西北地区经济社会的协调发展来说,要进一步转变经济社会发展观念,特别是在当前我国经济社会改革的重大历史转型期,西北地区经济发展更是面临着"中等发展"的特殊情形,经济发展面临的问题多、任务大,单纯的经济发展未必能够解决西北地区面临的社会发展问题。现实情况表明:在西北地区经济发展的同时,社会领域缺少必要的配套改革,经济社会发展结构性不均衡在一定程度上加剧了当地的社会分化,在一些领域造成社会紧张。所以，针对这种情形，西北地区的经济社会发展更要从战略的高度，通过整合经济建设与社会建设协同发展的思想基础，以社会主义核心价值观培育西北地区全社会的共享价值，通过社会共享价值凝聚人心，增强号召力，发挥社会主义核心价值体系的引领作用，发挥社会主义制度的优越性，以经济现代化和社会公平化为主导，实现对当地经济社会管理系统深层次的制度变革和创新，从而形成真正能够促进西北地区经济发展，提升经济素质，解决民生问题，符合经济发展规律的经济创新机制和了解西北地区民情民意，及时回应社会需求，化解社会矛盾的社会创新机制。

二　克服形式主义，构建多层次和多元化的协同发展评价体系

构建区域经济社会协同发展的综合评价体系，其实质是对该区域经济社会协调发展进程进行全方位检测，其目的是更好地理解区域经济建设和社会发展正向变迁的程度如何，以便及时地对经济社会发展过程的实际困境、表现形式、影响因素等情况做出一个客观的判断和描述，从而展示成就、揭示矛盾、预测走向。"正义"作为一种观念和理念，是人们对社会良性运行的诉求，人类在对正义的追寻过程中，推进社会朝着更稳定、有序、合理、符合人性的"正义状态"方向发展。在不同的时代、不同的社会或阶级中有不同的正义观，但在本质上正义是从人类理性的角度对人自身生存状态的积极认识和评价，正义包含着人类对社会有序运作的朴素价值观。到了现代社会，正义已经演变为一套价值系统，它总是与理性、自由、平等、安全、共同福利、发展等价值紧密相连，是缓和矛盾、化解冲突、维持稳定的一种整合因素。这表明，正义的功能是通过个体与社会的全面协调发展，最终为个体自主地追求幸福创造良好的社会条件。[1] 由此可见，"正义"对西北地区经济社会协同发展评价体系的塑造具有统领作用，但基于"正义"导向的经济社会协同发展科学评价并不是对这两个系统中涉及的经济、社会、科教、资源环境等子系统正义性统计指标的简单汇总，而是要从人的本性出发，通过

---

[1] 谭亚莉：《理念与制度——基于实践视野的经济正义研究》，西南财经大学出版社2016年版，第19页。

对人类生活本质的探讨，将反映各系统的发展变量与整个系统运行时所产生的合乎人类社会发展过程中对美好社会向往的理想相结合。在西北地区经济社会重要转型期，坚持经济社会正义，就是要根据西北地区经济社会发展的实际特点，克服形式主义，通过实地调研和分析，对西北地区经济社会发展状况做出科学的评价，在此基础上构建多维度、多层次、多元化的指标评价体系，使其成为指导西北地区经济社会协同发展机制的重要依据。

西北地区经济社会协同发展评价指标体系的构建，就是要在科学发展观的指导下，建立能够反映西北地区经济社会发展实际状况和满足经济社会实际需要的经济正义和社会正义综合评价系统。西北地区有大量少数民族聚居，贫困发生率高，各级政府及各族人民群众发展当地经济、改善自身生活条件的愿望非常迫切，但在这一过程中必须清醒地认识到西北地区的发展不单纯是一个经济问题，而应当是包括经济、社会、文化、人口、科技、资源、环境等方面的全面进步和可持续发展，其所指涉的发展具有更广泛的内涵，是以人的全面发展为目的、以经济发展为基础、以社会发展为标志、以可持续发展为战略的历史进程。其中，科学发展观是实现西北地区全面发展目标的基础，西北地区经济社会协同发展的总目标就是科学发展，根据系统目标的层次结构，这个总目标可以被分解为经济发展、社会发展两个方面，这两个方面相互独立又相互作用。结合西北地区经济社会发展的实际，西北地区经济发展目标体系又可以进一步分解为经济规模壮大、经济结构优化、经济增速合理、经济效益提高以及科技进步、环境健康等多个子目标；社会发展目标可以进一步分解为政治秩序安定、社会发展有序、民族关系和谐、社会福利改善、公共设施完备、人民生活质量提升、人口素质提高等多个方面。

三　强化自身调节，调和经济社会发展之间的矛盾

经济发展和社会发展除了具有正向的互补作用外，两者之间的矛盾冲突也构成了两者关系的主要方面，在这种情况下经济社会发展同时具有促进和破坏的双向作用，[①] 即经济发展能够带来经济总量和规模的增

[①] 胡联合、胡鞍钢：《科学的社会政治稳定观》，《政治学研究》2004年第4期。

长，但却不一定能带来社会的和谐发展。因为如果在经济发展中片面强调经济数量绝对增长，则有可能会伤害到经济增长区域的社会结构，从而在经济社会之间形成对立的关系，造成地区社会矛盾加剧。当前，西北地区经济结构和社会结构都没有实现彻底的优化转型，经济社会发展水平在我国整体比较滞后，衡量经济发展的指标通常容易被绝对数量化，（如这一时期西北地区对GDP指标的过分追求）导致社会发展出现问题。社会发展也相同，社会民生事业过度商业化容易出现社会公平正义缺失，对经济发展造成极大的危害。所以有效调和两者之间的矛盾，实际上是就是要使经济发展和社会发展之间的关系从矛盾的冲突对抗演变为一种辩证的自适应运动，从而在两系统之间形成公正、合理、开放的系统特征。为了扭转西北地区经济社会系统自身调节功能较低的不利局面，不仅要从外部政策设计的角度避免当地经济社会发展不协调趋势的进一步扩大，还应该从经济社会系统追求的正义价值来处理协调好两个系统之间固有的矛盾，从而消除西北地区经济社会发展的各种深层次不协调因素。

当前，西北地区经济在经历多年高速增长之后，已进入中低速增长的"新常态"，伴随着经济发展下行压力，经济社会之间结构性矛盾凸显。所以，如果要想继续获得改革的红利，就必须在经济社会领域进行深入的体制改革，预防经济社会之间的结构性风险，这有赖于中央及西北地区各级政府通过转变职能，采取切实有效的政策，推进经济社会体制改革的协同发展，重塑各个协同主体之间的权益结构关系。要积极主动地化解经济社会之间产生的各种矛盾，不能在矛盾出现之后因各种压力的逼迫才进行经济社会改革，要及时主动简政放权，增加市场经济活力，转变思维定式和社会管理模式，通过经济建设和民生建设的共同发展，从根本上保障公民各项权益的实现，从而赢得民众的信任和认同，建立真正意义上的发展和稳定。在当前经济社会体制改革的重要时期，西北地区经济与社会发展之间滋生的矛盾和问题，最主要还是由经济发展问题引起来的，因此最终还是要通过提升经济发展水平和建立公平的利益分配机制来解决，一方面要从政策、资金、技术、人才等方面加大投入，扩大就业，提升经济发展质量；另一方面要对社会弱势群体人员进行妥善的安置，解决各族人民群众关心的住房、教育、医疗、养老等问题，最大限度地降低各族人民的生活压力。当前，西北地区各族人民群众的权利意识正在觉醒，在经济社会发展的同时要尊重各民族的利益表达诉求，建立理性和包容的利益诉求机制，避免弱势人群的合法权益遭到不法侵害。

总之，在西北地区经济与社会发展重要转型期，要从根本上转变观念，改变依赖思想，通过自身的有机调节，对当地历史发展过程中经济社会发展领域存在的大量积弊进行革新，主动化解矛盾，当地经济社会发展才能顺利度过这一特殊的历史转型期。

四 加强制度设计，保障经济社会协同发展制度的有效供给

从西北地区经济社会协同发展所处的阶段特征来看，这一时期西北地区经济社会协同发展还处在初级阶段，自发的、内生性经济社会协同发展机制及社会力量主导的经济社会协同发展机制还没有形成。在现实中，政府还是西北地区经济社会协同发展的主导力量，如果出现政府失灵将会彻底制约经济社会协同发展的生存空间。因此，政府要充分发挥行政功能，利用自身掌握的公共行政权力制定、实施和监管经济社会的协同发展制度和政策，使西北地区经济社会协同发展走上法制化、规范化、标准化道路。但政府不能包揽一切经济社会管理事务，而是要积极转变职能，重点通过加强政策设计和系统谋划，突出对经济社会协同发展进行战略管理，把握好经济社会协同发展的发展方向和整体布局，为经济社会协同发展提供强大的制度支持。在制度建设的基础上，改变经济社会发展领域有效制度供给不足而无效制度约束严重的局面。政府要认清西北地区经济社会协同发展过程中制度建设的短板，围绕资源要素市场化改革、深化机构改革、提高经济社会发展质量等重点问题进行制度创新。从法律、法规、规章等方面论证经济社会协同发展中制度的合理配置，克服经济社会协同发展制度建设过程中由于协同主体之间不同利益追求、不同的认识差异而形成制度冲突，使各种制度具有良好的兼容性、配套性。同时，在经济社会协同发展制度建设过程中，也要处理好引进外来先进制度与消化吸收的关系，处理好经济社会协同发展制度的本土化工作，提高制度的适应性与效率。

当前，西北地区的经济社会协同发展运行机制仍处在探索创新阶段，

就目前的主要工作而言，在当地经济社会协同发展过程中，最重要的职能就是要为当地经济社会发展创造宽松的机制环境，妥善处理机制创新引发的利益矛盾。

五 避免"路径依赖"，提高经济社会发展之间的协同绩效

经济社会发展分属不同的管理领域，密切两者之间的联系、提高经济社会发展系统的整合程度是西北地区经济社会协同发展的基本途径。在人类历史中，经济社会之间演化出极为多元和复杂的关系，两者之间存在多重组合，既有不稳定不发展状态，也有发展不稳定状态，还有稳定不发展状态，当然也有既稳定又发展的状态。例如20世纪60年代末至90年代，以中国台湾、中国香港、韩国、新加坡为代表的"亚洲四小龙"在经济社会协同发展之间就走出了一条成功之道，在经济社会发展中成功跨越了"低水平均衡陷阱"，他们的经验值得我们思考和借鉴。从这些国家和地区的经济社会发展轨迹来看，它们之所以既能走出经济中等发展陷阱，又能保持社会的协调稳定，形成经济社会全面发展的局面，正是因为这些国家和地区能够通过对经济发展系统和社会发展系统所形成的结构关系模式进行高度整合，特别是在经济结构、民生建设、社会事业改革等方面进行全面的协调，从而在促进经济发展的同时，又缓和了人和人、人和社会、人和生态环境之间矛盾，保障了经济行稳致远、社会发展有序的格局。提高西北地区经济与社会发展系统的整合程度就意味着西北地区要不断适应我国经济社会发展形势，在经济社会领域适时对当地有关经济社会发展关系进行调整和创新，提高整个经济社会的协调发展效率。可以这么认为：西北地区的经济发展要能够持续为当地社会创造更加雄厚的物质基础和强大的物质条件，同时西北地区经济发展应当避免诸多社会问题和社会矛盾的产生，经济发展能够实现良好的结构效应，减贫效应，社会控制效应，制度优化效应等，[1] 从而使经济的发展有助于增强社会凝聚力，有助于实现安全生产，能够有效抑制犯罪，实现经济的可持续增长，使党的执政基础得到巩固，使社会发展的社会心理条件愈加坚实。同时西北地区的社会发展应当保持有序和

---

[1] 胡鞍钢、胡联合：《经济增长对社会发展的双向效应》，《湖南社会科学》2005年第6期。

相对平衡的状态,这种平衡状态包括西北地区稳定的社会环境能够为当地经济发展创造良好外部发展条件,避免经济发展受到外部发展环境负面因素的冲击。

六 优化管理模式,增强经济社会协同发展的内生动力

在西北地区经济社会重要转型期,政治、经济、社会、文化等经济社会领域的事务活动日益繁重,传统的经济社会管理体制显然难以适应经济社会新的发展要求,经济社会管理模式的优化就成为突破这一困境的重要途径。受各方面条件限制,西北地区经济社会协同发展要想实现其善治的目标,就必须克服传统管理模式,构建新型经济社会发展管理模式。在西北地区,中国传统封建文化根深蒂固,官本位思想严重,经济社会事务较少采取合作、互动的方式;同时,受经济社会发展水平限制,当地政府对经济社会发展的主导作用依然较强,但是经济社会协同发展作为一种现代经济社会关系革新模式的治理理论,我们所倡导的"善治"模式,从某种角度讲可以成为西北地区经济社会改革的重要参照。在"善治"模式下,一是要通过机构创新,激发经济社会协同发展的活力,要强调合法权利的多元性,建立多元的经济社会协同发展管理体系。在"善治"模式下,政府不再是组织力量的唯一合法来源,社会组织、人民团体、企事业单位、社区组织等也成为经济社会治理的合法组织力量来源。在这种多元协同治理的网络化体系中,政府职能势必会从强势控制向柔性服务指导转变,把服务和管理作为其重要职能,通过组织调动各种资源构建新型的伙伴关系,创造经济社会公共价值,在此基础上运用行政、法律、市场、文化等方式进行综合管理,通过发展多元主体的作用,促进经济社会协同组织体系、管理机制、服务模式的优化创新,构建经济社会发展内生动力增长体系;二是要优化投资结构,加大对社会事业建设投入,特别是加大对科技、教育、医疗卫生、社保等民生事业的投入,通过科技创新、扩大内需等手段,重塑经济社会融合发展机制,进一步增强经济社会发展的融合力,使西北地区经济与社会发展形成稳定的协同发展机制。

七 强化协作型关系，提高经济社会协同创新能力

想要实现经济社会协同发展目标价值最大化，政府及其相关主体就应该强化管理体制，建立有效的协作型管理模式和制度，使经济社会发展共同形成一个完整的发展系统，该系统中包含经济社会发展的相关要素，这些要素通过内部因素以及外部因素的作用从一种无序的状态转换为时间、空间上的有序状态，即经济社会之间的协同发展状态。经济社会之间的协同创新机制就是通过有效的调节和控制，促进两者所包含的各类经济社会要素之间形成协同作用，推动两系统之间更深程度和更高水平的协同。在西北地区，经济社会之间的协同机制创新就是要使经济社会发展系统通过适应我国新的经济背景、国家战略部署以及相关领域的政策，来直接提高两者协同的程度，强化这些外部因素对西北地区经济与社会共同发展的激励作用。另外，要持续深化西北地区经济社会协同发展模式，特别是发挥社会主义市场经济对经济社会发展的正向引导作用，通过提高西北地区经济发展水平为当地社会发展提供强大的物质保障，通过经济的增长加快社会发展的效率，加深社会整体创新的深度与广度，创建资源友好、环境友好、社会友好的经济社会协同发展模式。

面对西北地区经济社会协同发展的迫切要求，必须重塑协同创新机制，促进经济社会之间的深度融合，切实提高两者的协同质量和效率，不断探索两者之间的协同关系规律，完善协同创新体系，在政府、市场、社会组织、社区、公众之间构建新型协同关系，立足西北地区实际，面向未来，明确重点，优化各种经济社会资源配置，以我国和谐社会建设战略为导向，以经济社会发展的深度融合为目标，健全经济社会协同发展机制。

八 加大跨领域信息沟通，提高经济社会发展公共价值

不同系统之间的协调发展离不开各方信息共享交流。在我国经济社会信息化不断提高的背景下，西北地区经济社会协同发展必须建立有效的信息沟通机制，只有经济社会两个子系统形成良好的信息沟通机制，两个子系统之间才能形成信任机制，才有可能达成相互协同发展的意愿。同时，良好的信息交流沟通机制可以减少信息不对称所造成的"道德风

险"和"逆向选择"问题，提高西北地区经济社会协同发展质量。因此，要进一步提高西北地区经济社会的协同发展水平，还必须构建经济社会协同发展的信息沟通机制，保证经济社会协同发展合作信息畅通，实现信息共享，有序运作。从现实情况看，制约西北地区经济社会协调发展的一个重要原因就是两个系统的结构刚性强、信息闭塞、沟通交流渠道不畅、对外部环境的敏感程度和适应能力比较差。因此，对于西北地区这样一个信息化发展程度较低的内陆地区来说，建立多通道信息沟通体制，促进沟通渠道的畅通与多元化发展，是提高西北地区经济社会协同发展水平的基础。在经济社会协同发展建设过程中亟待通过增加信息化建设资金投入，完善地区信息化服务体系和加强信息化人才培养等措施，打破政府、市场和社会公众在经济社会发展领域的信息壁垒，降低两个系统之间信息获取的成本，提升西北地区经济社会协同治理水平。这就要求西北地区进一步完善各类网络化电子平台建设，推进经济社会工作的信息化、网络化水平，加强与市场、其他社会组织及公众之间的信息交流和沟通，打破不必要的信息沟通壁垒，使政府、社会组织、公众之间建立平等的信息沟通关系，各方成为平等的信息沟通主体，建立多方互动的信息沟通机制。在信息沟通过程中，要注意信息的真实性、权威性、准确性，在回应信息时要强调回应的时效性，实现经济社会发展两个系统信息沟通零距离和无缝对接，提高信息传递的效率与质量，通过信息化建设，弥补传统经济社会管理模式的不足。

第三节 未来展望

通过对西北地区经济社会协同发展关系的研究可以看出，经济发展和社会发展通常情况下都既有积极的作用，同时也会给彼此带来相应的消极影响，经济发展和社会发展的"双向性"影响特征造成当前西北地区经济社会协同发展面临较多的困难和问题。西北地区经济社会协同发展机制的构建艰巨而复杂，这在一定程度上影响着西北地区和谐社会的全面建设，但展望未来，我们对西北地区经济社会和谐发展仍然充满信心和希望。

一　研究的基础条件已经具备，框架思路已经形成

从研究结果来看，当前西北地区经济社会的协同发展无论从理论还是改革实践来看，其基本条件已经具备。在这一背景下，西北地区的经济社会发展也会统合于我国和谐社会建设的大背景之中，相应地，西北地区经济社会发展模式也在与时俱进，不断革新，突出政府、市场、社会、公众几方面综合力量，使西北地区经济社会协同发展逐渐走向多元主体协同演进的模式。在协同治理模式下，政府、非营利组织、市场（企业）、社会公众等治理主体共同参与其中，能够发挥各自的独特作用，形成和谐有序高效的公共治理模式，从而解决那些仅凭政府部门，或仅靠单个组织而无法解决的经济社会公共难题。协同治理模式强调共识导向，倡导各类经济社会治理主体通过共同参与、协商达成共识，共同来制定和执行政策，重视互动过程的可持续和协同效应的实现。应该说，协同治理的系统性视角在一定程度上可以对我国西北地区经济社会治理中存在的一些问题给予较好回应，也是西北地区经济社会协同建设的理性选择之一。[①]

西北地区的经济社会协同发展是当地治理大系统的两个重要组成部分，它们之间存在着相互依存和相互交换的关系，这两者的协调发展会使经济社会系统趋于均衡。经济社会发展系统协同基本功能的满足，也会使经济社会两个子系统之间产生更高形态的关联和耦合，形成更高的协同发展水平。因此，从系统理论来说，经济社会发展系统协同建设就在于各自子系统功能能够得到有效的发挥，最终实现经济社会发展系统的有效均衡和辩证统一。

二　协同发展将成为未来经济社会治理现代化的有效模式

今天的西北地区，经济社会协同发展就是在科学发展观思想引领下，经济与社会两个不同的领域通过有效的协作，共同驱动西北地区经济社会高效能、高质量发展，这是新时期西北地区经济社会治理现代化的重

[①] 叶长华、周洲、陈立泰：《西部地区工业集聚与金融业集聚协同发展的机制与模式研究》，《经济问题探索》2017年第4期。

要举措。随着研究的深入，当地经济社会协同发展评价指标体系会更加科学和完善，研究方法也会更加多样，虽然在新的历史时期，西北地区的人民内部矛盾有形形色色的表现，但实现各民族共同繁荣进步与当地经济社会发展水平相对滞后的矛盾仍然是未来西北地区的主要矛盾。目前西北地区无论是各族人民生活水平的提高还是区域社会的进步，经济社会发展已经成为最突出的矛盾，而其解决的基本途径和有效模式就是要立足于经济社会的协调发展上，使经济与社会发展共同演进，才能促进西北地区经济与社会的协同发展，否则经济社会就会互相掣肘，严重阻碍西北地区的全面发展。这表明西北地区解决一切问题都首先要在"三个代表""科学发展观"及"习近平新时代中国特色社会主义思想"指导下走协调发展模式，这对保障西北地区的经济社会持续健康发展具有更为重要的意义。具体而言，西北地区经济社会协调发展根本上就是要让西北地区各族人民生产生活条件进一步改善，生活水平上新台阶，最终缩小乃至消除西北地区与我国发达地区之间的经济社会发展差距，实现各民族共同进步与繁荣。在此基础上巩固西北地区民族平等、团结、互助、和谐的社会主义新型民族关系，实现西北地区经济发展与社会长治久安。

三 经济社会协同机制必将融入和谐社会建设体系之中

社会主义和谐社会建设是我们党在新的历史时期提出的一个具有战略意义的命题，也是我们党的重大理论创新。事实证明和谐社会的建设有利于增强中华民族的凝聚力和号召力，增进民族之间的感情联络，实现民族团结和国家稳定统一，构建和谐社会已成为我国的全局性战略问题。西北地区的和谐社会建设是一个庞大的系统工程，包括了政治、经济、军事、文化、民族、外交等方面，而经济社会和谐发展是西北地区和谐社会建设的重要组成部分，实现当地经济社会的协同发展对当地维护民族团结、巩固社会发展和国家统一有重要意义。经济社会的协同发展与党的各项方针路线是高度一致的，因此我们要从构建和谐社会的高度去审视西北地区经济与社会的协同发展问题，调动一切积极因素推进西北地区经济社会的协同发展。在未来，对西北地区这样一个有大量少数民族聚居的地区而言，当地和谐社会建设的重点就是要在中国共产党的全面领导下，通过在经济社会领域全面深化改革，构建新型的区域经济社会治理体系，实践党在这一地区的各项路线和政策。

四　协同发展会带动未来经济社会质量全面提升

质量是我国新时期经济社会发展的重大战略问题，是一个国家和地区经济实力、文明程度的综合反映，是国家或地区核心竞争力的集中体现。"质量"在某种情况下代表了人们对美好生活的憧憬和渴望，是人们在积极的心理状态下产生的一种价值判断和追求。有数量没有质量的经济社会发展常常会使一个国家或地区步入经济社会发展的低水平陷阱而不能自拔。党的十八大以来，党中央对我国各项经济社会事业的质量工作非常关心，高度重视，把质量摆放到了非常突出的位置。党的十八届五中全会、国家"十三五"规划纲要以及数次政府工作报告中均明确提出我国的经济社会事业要以提高发展质量和效益为中心，实施质量强国战略。

对于西北地区而言，经济社会协同发展也是未来经济社会质量管理领域一种新型工作模式，通过在这两个领域摒弃传统的管理理念和方法，充分利用信息化的技术和手段，建立统一管理平台，实现跨界的协作与管理创新，最终实现两个领域的资源共享，提高效率，降低成本，通过经济社会有序、协调的共同发展来提高西北地区经济社会的综合发展质量，从而提高西北地区经济社会发展的综合素质，全面提升西北地区各族人民的幸福感。所以，西北地区经济与社会的协同发展就是西北地区经济社会沿着经济总量增长、经济社会效率提升和经济社会结构优化的程度与水平不断提高，形成对当地经济社会增长的延续和拓展，提升当地经济社会发展的质量和素质，包括经济社会发展本身和经济社会发展溢出效应产生的经济社会效果。

五　协同发展最终能实现经济社会正义价值的统一

当前西北地区处于经济社会协同发展的重要过渡期，当地经济社会领域的多元价值目标冲突日益加剧，经济社会之间出现了不平衡发展的格局。随着当地的经济增长，西北地区广大人民群众的收入有所提升，但与经济增长形成鲜明对比的是在这一时期当地广大人民群众社会生活的参与度、社会阶层分化固化、社会公平和社会生活质量等并没有得到相应的提高,特别是在当地经济总量有所增长的背景下,西北地区的社会保障、社会凝聚、社会融入、社会赋权等都存在一定程度的不足。可见,当今西北地区的发展,在一定意义上并不是以整体发展的形式出现的,发展的多维性和先进性并没有得到充分体现。

协同视角下对经济社会正义价值统一的追求可以有效消除经济发展过程中资本对经济发展带来的扭曲,同时能有效避免对当地广大人民群众社会正义问题的忽视,从而有效稳定社会秩序,这两者的协同发展代表了人类社会普遍追求的生存状态模式,即"善生活"和"好社会"。协同发展理论正是基于这种发展范式,这一理论倡导多元正义论,这也符合当今经济社会发展的基本特点与时代主题,它为西北地区经济与社会发展的现代化关系结构重塑提供了一种新的理论指导,能消除当地经济社会发展中各种价值目标冲突,且可以通过经济和行政的手段将各种经济社会资源转化为现实有效的各种经济社会制度和政策力量,从而在根本上解决西北地区长期面临的贫穷、社会阶层分化和社会排斥等问题,为西北地区经济社会协同发展指明健康的道路。

结　　语

　　古今中外，人类社会都是一个有机联系的发展历程。政治、经济、社会、文化、生态等要素彼此交融，相互渗透在这个整体之中，这些因素又起伏跌宕、波澜壮阔地向前推进着人类社会的发展。从本体论的视角看，进入新的历史阶段，经济社会发展的协同性已经成为我国经济社会发展的本质属性和根本特征，是我国经济社会发展最高和最有价值的普遍特性，也是现阶段我国发展内涵与传统发展内涵相区别的内在规定性，经济社会协同发展机制正在成为我们把握现阶段和未来经济社会发展走向的根本切入点。

　　自古以来，西北地区一直是历代经营与谋划的重点，这一地区经济社会发展政策的正确与否关乎西北地区经略的成败得失，对于作为一个整体的统一多民族国家——中国的形成、发展、繁荣具有重大影响。中国封建王朝对西北地区实行过各种各样的政策，自秦汉时期初具规模后，经隋、唐、元、清等诸多大一统王朝对西北地区经略实践的充实、完善，形成了完整的经济社会统一发展整体，这也是一个以大一统思想和华夷之辨思想为基础的经济社会思想体系过程，这一思想体系在长期相对封闭稳定的历史条件下曾对我国统一多民族国家的形成、巩固发挥过积极作用，成为我国颇具特色的历史。

　　基于地缘、区位、发展环境、社会历史等条件的制约，在当前西北地区经济与社会发展的博弈现实中，经济社会之间的发展协同性依然有所不足，更多的还是表现为一种非合作博弈关系，这种博弈方式很容易形成零和博弈或负和博弈的结局，无助于西北地区经济社会领域公共财富和福利水平的提高，也不利于西北地区经济社会管理水平的整体提高，只会影响西北地区经济社会发展的连续性和持续性。西北地区经济发展系统与社会发展系统要形成协同发展的格局，就要在两者之间建立合作博弈关系，形成竞合发展模式。在这一过程中首先要明确各自的具体功能和发展条件，在此基础上把每个系统的"得失"置于经济社会整体策略所形成的支付函数之中对其进行优化组合分析，这是当前西北地区经济社会协同发展建设要考虑的一个深层次问题，模糊或回避对这两个系统综合功能作用的评价则会使经济社会发展问题的局面更复杂，甚至会渐行渐远，导致两者深层次矛盾越积越多。通过对这两者之间协同关系的分析，可以使这个问题清楚地呈现在决策者面前。当前西北地区经济社会的协同发展就是要从动态合作博弈的角度出发，探索两者的共同增长点及其模式，使两者之间形成稳定的协同发展结果，在此基础上探索经济社会系统最佳策略组合方式，使两者形成的组合系统收益最大化，唯有如此，西北地区经济发展和社会发展问题才能得到较好解决。

西北地区与我国发达地区相比，当前经济发展和社会发展均处于较低的水平，两者之间并未形成良好的协同关系。在这两个系统的发展过程中，由于经济体制改革的基本发展方向是在追求一种开放格局，从而使其更加趋向于通过寻求外部收益提高系统的适应性；而社会发展改革系统则相反，这一系统越开放，其面临的外部影响因素则越复杂，系统的稳定性也就越差，主导的难度就越大，特别是在社会管理水平较低的情况下，社会发展系统的边界封闭性特征就更加明显，即受自身发展环境制约，西北地区的社会发展系统本身具有无法避免的收敛特征，而当地一系列社会因素又加剧了这种特征，导致经济发展的边际收益增长轨迹与社会发展的边际效应提高轨迹在对外部性的依存上形成了一种对立冲突关系：随着经济发展水平的提高，社会发展系统的边界就会受到经济发展带来的冲击；同时社会系统越收敛，则其边界越趋向收缩，妨碍经济的开放发展，造成经济社会发展的结构性矛盾。这样，在西北地区经济社会发展的现实中，两者都会随着各自的发展，在新的层面上出现新的问题。但作为人类生存的两个基本环境，两者在本质上具有统一性，这表现在经济发展系统和社会发展系统能够通过相互之间的协调性运动，实现相互促进和发展壮大，在新的层面实现新的均衡，最终实现两个系统的"帕累托最优"状态。这表明，西北地区经济发展和社会发展作为既有相异性又有相通性的两个子系统，不仅有静态的相似性，也有动态的互动性，只要加强对两者关系的正向引导和强化，促进两者良性的、积极的相互作用，激发两者内在潜能，就可以实现两者优势互补和共同提升的格局。

　　西北地区地处偏远，自古以来这里就是一个经济贫困，社会发展滞后的地区，受独特的区位环境和历史文化环境影响，这一地区长期处于复杂、紧张、多变的地缘关系之中，当地的经济社会发展关系长期得不到协同。自20世纪80年代改革开放以来，这一地区已经站在了新的历史起点，当前，在我国经济社会转型的关键时期，西北地区经济社会领域的价值目标更加多元化，各种思想文化和价值观念以及不同领域的利益冲突也呈集中爆发的态势，当地的经济发展和社会发展出现了很多新情况和新问题，随着经济社会体制改革的深入，西北地区经济社会之间会充斥更大的矛盾和张力。未来，在弘扬社会主义核心价值观的过程中，如何统筹经济发展和社会进步之间的关系，确保经济社会实现跨越式发展，确保西北地区各族人民物质文化和精神文化生活水平不断提高，确保生态环境良好，确保各价值目标有效实现，确保西北地区的社会稳定和长治久安等，这些最基本的问题就是要有效地化解经济社会领域各种价值冲突，整合多元价值诉求，推进经济社会和谐发展，把效益、自由、平等、公正、生态等价值理念高效有机地融入西北地区经济社会发展规划之中，融入经济社会重大政策和改革措施，推动西北地区经济社会尽快跨越"中等发展陷阱"，使西北地区步入我国经济社会发达地区行列。而这一目标的实现，不仅考验着党和政府的决策能力，也考验着党和政府在这一地区改革行动的定力和智慧。

参考文献

安瓦尔·买买提明:《推进新疆新型城镇化建设路径探索》,《新疆师范大学学报》(哲学社会科学版) 2013 年第 6 期。

把多勋、张欢欢:《基于协同理论的区域旅游产业发展——以西北地区为例》,《开发研究》2007 年第 2 期。

蔡彬彬:《20 世纪发展经济学的发展轨迹及其启示》,《财经科学》2004 年第 2 期。

曹文:《帕森斯结构功能主义理论的道德教育价值研究》,硕士学位论文,山东师范大学,2015 年。

常丽霞:《西北生态脆弱区森林生态补偿法律机制实证研究》,《西南民族大学学报》(人文社会科学版) 2014 年第 6 期。

陈文新、郭凯、韩春燕:《西北地区 FDI 对经济增长驱动作用实证分析》,《商业经济研究》2015 年第 1 期。

陈晓:《新疆高等教育发展与经济增长关系的定量分析》,《人口与经济》2009 年第 6 期。

成媛、赵静:《西北少数民族青年就业压力与社会适应能力相关性研究》,《北方民族大学学报》(哲学社会科学版) 2019 年第 3 期。

崔燕萍:《托马斯·巴菲尔德的中国边疆理论思想探析》,硕士学位论文,新疆大学,2014 年。

单菲菲、罗晶:《新时代城市民族互嵌式社区的建设与治理——基于西北地区四个社区的调查》,《中南民族大学学报》(人文社会科学版) 2019 年第 3 期。

丁建伟、赵波:《近代以来中国西北边疆安全问题研究》,民族出版社 2006 年版。

丁忠毅：《"一带一路"建设中的边疆安全治理》，《探索》2015 年第 6 期。

杜旭宇：《经济发展与社会稳定的正相关分析》，《湖南社会科学》2008 年第 3 期。

杜恂诚：《民国时期的信用扩张与经济周期——对奥地利学派德索托学术观点的讨论》，《财经研究》2016 年第 2 期。

杜志平、穆东：《系统协同发展程度的 DEA 评价研究》，《运筹与管理》2005 年第 1 期。

方显廷：《中国的工业资本问题》，商务印书馆 1939 年版。

冯敏：《隋唐时期西北地区入华粟特人的"中华"文化认同》，《青海民族大学学报》（社会科学版）2019 年第 2 期。

冯玉新：《历史地理视域下的西北农牧交错带刍议》，《干旱区资源与环境》2019 年第 12 期。

冯月：《人口老龄化对西部地区服务业发展的影响研究》，《商业经济研究》2019 年第 6 期。

高和荣：《论中国社会稳定的内涵及其当代意义》，《学术探索》2003 年第 3 期。

高宏志：《统筹城乡经济社会协调发展研究》，博士学位论文，河北工业大学，2013 年。

高新才、曹昊煜：《新中国 70 年西北地区工业发展与政策评价——基于低碳经济的视角》，《兰州大学学报》（社会科学版）2019 年第 5 期。

高永久：《论民族社会稳定的预警系统》，《中南民族大学学报》（人文社会科学版）2003 年第 3 期。

高永久：《宗教对民族地区社会稳定的双重作用》，《甘肃社会科学》2003 年第 4 期。

高云虹、张彦淑、杨明婕：《西部大开发 20 年：西北地区与西南地区的对比》，《区域经济评论》2020 年第 5 期。

宫凯、杨丽辉：《清朝治理新疆民族政策的历史沿革与现代思考》，《贵州民族研究》2013 年第 3 期。

顾文兵：《非正式制度视域中西北民族地区经济社会发展机制探究》，

《西南民族大学学报》（人文社会科学版）2016 年第 7 期。

郭根山：《社会主义初级阶段中国工业化的新特色、新动力与新机遇》，《河南社会科学》2013 年第 2 期。

韩秀丽、张莉琴、李鸣骥：《经济增长方式对西北城镇化发展的影响研究——基于甘宁青新蒙 1998 年—2012 年地级市 Panel Data 的分析》，《经济问题探索》2015 年第 3 期。

韩雪娟、李国东：《"一带一路"政策对新疆经济发展的影响研究》，《数学的实践与认识》2019 年第 3 期。

何燕：《乡村振兴背景下西北地区农民专业合作组织的治理创新实践》，《甘肃社会科学》2020 年第 1 期。

何瑶：《中国经济改革中的社会稳定机制研究》，硕士学位论文，湖北工业大学，2010 年。

胡鞍钢、马伟、鄢一龙：《新疆如何实现社会稳定和长治久安》，《新疆师范大学学报》（哲学社会科学版）2014 年第 5 期。

胡焕庸：《新疆维吾尔自治区人口的增长和经济的发展》，《西北人口》1988 年第 3 期。

胡绍增：《论经济起飞阶段的社会震动及其稳定机制》，《齐齐哈尔社会科学》1988 年第 1 期。

黄怡楹、王俊荣：《西北地区生态脆弱贫困区生态经济发展模式定量研究》，《生态经济》2019 年第 3 期。

蒋硕杰：《经济制度之选择》，《新路》1948 年第 3 期。

蒋硕杰：《由经济紧急措施方案谈到今后稳定物价的途径》，《经济评论》1947 年第 1 期。

焦克源、陈晨、焦洋：《整体性治理视角下深度贫困地区返贫阻断机制构建——基于西北地区六盘山特困区 L 县的调查》，《新疆社会科学》2019 年第 1 期。

敬莉、王宇：《新疆人口与经济空间分布特征分析——以南疆三地州 24 个县（市）为例》，《新疆大学学报》（人文社会科学版）2017 年第 6 期。

孔凡文、田鑫、徐玉梅：《辽西北区域综合实力评价分析》，《资源开发与市场》2014 年第 8 期。

黎宏：《论中国特色社会主义市场经济理论的历史发展》，《重庆大学学报》（社会科学版）2016 年第 6 期。

李春玲、范建刚：《西北地区进城农民工就业职位上行流动机制研究》，《西北农林科技大学学报》（社会科学版）2015 年第 3 期。

李笃武：《政治发展与社会稳定》，博士学位论文，华东师范大学，2005 年。

李红梅：《新时代西北民族地区社会主要矛盾转化的趋势及特点》，《北方民族大学学报》2020 年第 6 期。

李静、戴宁宁：《民族意识的根源与新疆多民族地区稳定社会的构建》，《新疆社会科学》2010 年第 6 期。

李小平：《新疆工业绿色转型升级面临的挑战及对策建议》，《新疆师范大学学报》（哲学社会科学版）2018 年第 5 期。

李晓霞：《论新疆治理体系与治理能力现代化》，《新疆师范大学学报》（哲学社会科学版）2015 年第 6 期。

李豫新、孙培蕾：《丝绸之路经济带背景下新疆区域发展不均衡测度及其动态分解》，《西北民族大学学报》（哲学社会科学版）2017 年第 1 期。

李豫新、王容：《丝绸之路经济带建设背景下中国新疆与中亚国家贸易合作升级的影响因素分析》，《新疆大学学报》（哲学·人文社会科学版）2017 年第 6 期。

林柯、魏振基：《"一带一路"建设背景下新疆可持续发展能力评估》，《兰州大学学报》（社会科学版）2016 年第 3 期。

林士俊、张薇：《农村社区公共服务合作供给机制创新研究——以西北民族地区为例》，《湖北民族学院学报》（哲学社会科学版）2019 年第 1 期。

刘成：《影响新疆社会稳定和长治久安的因素探析》，《云南民族大学学报》（哲学社会科学版）2015 年第 2 期。

刘怀玉、王中江、徐必珍：《当代中国社会稳定问题之结构分析》，《江汉论坛》1994 年第 12 期。

刘倩、刘清杰、聂莹、玛尔哈巴·肖开提：《"一带一路"背景下新疆与欧亚经济联盟贸易竞争性与互补性分析》，《新疆社会科学》2018 年第 2 期。

刘融融、胡佳欣、王星：《西北地区城乡融合发展时空特征与影响因素研究》，《兰州大学学报》（社会科学版）2019 年第 6 期。

刘星光、董晓峰：《我国西北地区经济区发展研究》，《西南民族大学学报》（人文社会科学版）2014 年第 9 期。

刘亚娟：《新常态下地域经济社会协调发展研究》，《改革与开放》2015 年第 27 期。

吕东：《继续搞好"严打"第三战役，争取社会治安稳定好转》，《人民司法》1986 年第 6 期。

罗庆成、徐国新：《灰色关联分析与应用》，江苏科学技术出版社 1989 年版。

马大正：《中国边疆经略史》，武汉大学出版社 2013 年版。

马大正：《中国古代西北地区政策研究》，中国社会科学出版社 1990 年版。

马继民：《西北地区生态文明建设研究》，《甘肃社会科学》2015 年第 1 期。

马晶、朱美玲、马永仁、王娇：《新疆县域人口与畜牧业经济时空演化分析》，《干旱区地理》2016 年第 6 期。

马寅初：《中国经济改造》，商务印书馆 1934 年版。

马忠才：《西北民族社会的阶层分化与治理创新——社会分层及其社会效应的微观实证研究》，《西北民族研究》2015 年第 2 期。

蒙永胜、李琳、夏修国：《新疆新型工业化、农牧业现代化与新型城镇化协调发展研究》，《新疆社会科学》2013 年第 6 期。

慕慧娟、崔光莲：《共建"丝绸之路经济带"背景下西北五省（区）经济协调发展研究》，《经济纵横》2015 年第 5 期。

牛芳、康翠云：《西北地区少数民族留守妇女社会支持网络构成及其特征研究》，《西北民族研究》2018 年第 3 期。

逄秀贞、张东辉：《社会主义市场经济与资源配置问题》，《当代世界社会主义问题》1992 年第 4 期。

强彦红、吴文恒、梁爽：《西北地区小城镇居民生活满意度及影响因素研究》，《干旱区资源与环境》2019 年第 8 期。

秦放鸣、岑超汉浩：《改革开放以来新疆供给结构变迁与经济增长研究》，《新疆师范大学学报》（哲学社会科学版）2017年第4期。

任静静：《基于熵值法的合肥市经济发展质量评价》，《湖北农业科学》2017年第11期。

邵静野：《中国社会治理协同机制建设研究》，博士学位论文，吉林大学，2014年。

沈蕾、李平、王雪萍：《包含制度因素的新疆经济增长模型及实证分析》，《经济研究参考》2016年第7期。

石越：《弗里德曼的实证经济学方法论研究》，硕士学位论文，中央民族大学，2015年。

束迪生：《试论新疆现代化建设和社会稳定》，《实事求是》1994年第3期。

斯丽娟、尹苗：《新中国70年西北地区扶贫开发模式的演进与创新——基于LDA主题模型的分析》，《兰州大学学报》（社会科学版）2019年第6期。

斯琴：《论民国时期新疆蒙古王公在促进社会发展和稳定中发挥的作用》，《甘肃社会科学》2018年第3期。

宋耀辉、王宁：《新疆西北部沿边民族地区经济发展模式探讨》，《西北民族大学学报》（哲学社会科学版）2019年第1期。

孙宏年：《相对成熟的西方边疆理论简论（1871—1945）》，《中国边疆史地研究》2005年第2期。

孙慧：《基于相对资源承载力新疆可持续发展研究》，《中国人口资源与环境》2009年第5期。

孙静先：《我国少数民族地区社会稳定问题研究》，硕士学位论文，大连海事大学，2015年。

谭亚莉：《理念与制度——基于实践视野的经济正义研究》，西南财经大学出版社2016年版。

田利涛：《基于经济新常态背景探讨我国经济发展与改革问题》，《商业经济研究》2018年第23期。

田向利：《我国农村经济社会协调发展研究》，博士学位论文，天津大学，2004年。

田玉麒：《制度形式、关系结构与决策过程：协同治理的本质属性论析》，《社会科学战线》2018 年第 1 期。

汪丽、李九全：《新型城镇化背景下的西北省会城市化质量评价及其动力机制》，《经济地理》2014 年第 12 期。

王功藩：《深化改革与社会稳定》，《中国经济体制改革》1988 年第 11 期。

王凯、李海涛、张全、徐辉：《新疆新型城镇化的内涵与路径思考》，《城市规划学刊》2017 年第 8 期。

王少明：《社会主义与市场经济关系的理性维度》，《社会主义研究》2003 年第 6 期。

王伟：《协同治理：我国社会治理体制创新的理论参照》，《理论学刊》2016 年第 12 期。

王欣：《文本解读与田野实践——新疆历史与民族研究》，中国社会科学出版社 2013 年版。

王延中、宁亚芳：《民族地区的廉政建设与社会稳定——基于云南、西藏、新疆干部问卷数据的分析》，《政治学研究》2017 年第 3 期。

王毅武：《论中国社会主义工业化理论的基本特点与理论贡献》，《武汉大学学报》（社会科学版）1993 年第 1 期。

王永成、王妍：《民国时期孙中山金融建设思想对中国经济的影响》，《兰台世界》2015 年第 4 期。

韦良焕、林宁、鞠美庭：《基于碳足迹和碳承载力的新疆碳安全评价》，《水土保持通报》2017 年第 1 期。

魏丽莉、杨颖：《西北地区绿色金融与产业结构耦合协调发展的历史演进——基于新结构经济学的视角》，《兰州大学学报》（社会科学版）2019 年第 5 期。

翁文灏、胡庶华、简贯：《中国工业化计划论》，商务印书馆 1945 年版。

吴福环：《论中国边疆民族地区社会治理创新》，《新疆师范大学学报》（哲学社会科学版）2014 年第 5 期。

吴景超：《中国工业化的途径》，商务印书馆 1938 年版。

吴景超、刘大中、蒋硕杰：《工业化的资本问题》，《新路》1948 年第 7 期。

郗健:《试论建立新疆社会稳定发展的机制》,《实事求是》1998 年第 5 期。

席恒:《经济政策与社会保障政策协同机理研究》,《社会保障评论》2018 年第 1 期。

许光建、许坤、卢倩倩:《经济新常态下货币政策工具的创新:背景、内容与特点》,《宏观经济研究》2019 年第 4 期。

许建英:《"东突"问题的历史与现状述论》,《新疆师范大学学报》(哲学社会科学版)2016 年第 6 期。

杨海蛟:《权力制约与社会稳定》,《政治学研究》1988 年第 5 期。

杨军:《西北民族地区社会治理中情理法的冲突与调适》,《云南民族大学学报》(哲学社会科学版)2018 年第 3 期

姚幸、韩建民:《西北牧区经济发展与草地退化的关系》,《草业科学》2015 年第 4 期。

袁剑:《人类学视野下的中国西北地区史》,《读书》2009 年第 4 期。

张倍倍:《西南边疆民族地区经济发展与社会稳定机制建设研究》,硕士学位论文,西南财经大学,2012 年。

张二芳:《论和谐社会构建中的制度公正》,《理论探讨》2006 年第 3 期。

张建华、杨少瑞:《发展经济学起源、脉络与现实因应》,《改革》2016 年第 12 期。

张洁、刘新平、颜琦:《新疆农村土地征收社会稳定风险评价》,《新疆农业科学》2013 年第 9 期。

张金伟、吴琼:《马克思社会有机体理论视域下新疆社会稳定格局的构建》,《湖北民族学院学报》(哲学社会科学版)2016 年第 2 期。

张军谋、周晓唯、谢攀:《我国市场化改革中少数民族地区经济制度变迁动力研究——基于文化视角》,《兰州大学学报》(社会科学版)2019 年第 2 期。

张立柱、郭中华、曹洁:《基于 GST 的区域经济与社会协调发展测度方法研究》,《泰山学院学报》2008 年第 3 期。

张申、程霖:《近代中国工业化思想形成发展的外在动力和内在演化》,《财经研究》2013 年第 12 期。

张世海：《简论西北地区伊斯兰教与构建和谐社会》，《宁夏社会科学》2014年第4期。

赵国军：《试论近代西北回族的社会历史发展——基于民族认同与国家认同的视角》，《甘肃社会科学》2015年第3期。

赵万里、徐铁梅：《制度理性：制度变迁、行为选择与社会秩序》，《经济学家》2018年第3期。

周定财：《基层社会管理创新中的协同治理研究》，博士学位论文，苏州大学，2017年。

周灵：《绿色"一带一路"建设背景下西部地区低碳经济发展路径——来自新疆的经验》，《经济问题探索》2018年第7期。

周平：《边疆在国家发展中的意义》，《思想战线》2013年第2期。

周伟洲：《论中国与西方之中国边疆研究》，《民族研究》2015年第1期。

周小毛：《论社会稳定质量》，《湖南师范大学社会科学学报》2015年第6期。

周志忍、蒋敏娟：《整体政府下的政策协同：理论与发达国家的当代实践》，《国家行政学院学报》2010年第6期。

朱筱煦、袁同凯：《论教育与民族地区社会和谐稳定》，《西北民族研究》2019年第2期。

[德] 赫尔曼·哈肯：《协同学：大自然构成的奥秘》，凌复华译，上海译文出版社2013年版。

[美] 戴维·伊斯顿：《政治生活的系统分析》，王浦劬译，华夏出版社1989年版。

[美] 道格拉斯·C.诺斯：《制度、制度变迁与经济绩效》，杭行译，上海人民出版社2014年版。

[美] 加布里埃尔·A.阿尔蒙德，小G.宾厄姆·鲍威尔：《比较政治学：体系、过程和政策》，东方出版社1985年版。

[美] 劳伦斯·迈耶、约翰·伯内特、苏珊·奥格登：《比较政治学》，华夏出版社2001年版。

[苏] 卢森贝：《政治经济学史》第一卷，李侠公译，生活·读书·新知三联书店1959年版。

[英]安德鲁·坎贝尔:《战略协同》任通海、龙大伟译,机械工业出版社2000年版。

Afonso., "R&D intensity, Economic Growth and Firm-size Growth: Theory and Practice", *Applied Economics*, Vol. 48, No. 32, 2016.

Caesar A. E., Chen-Haibo, Udimal T. B., et al., "The Influence of R&D on Economic Development in the West African Sub-Region", *Open Journal of Social Sciences*, Vol. 6, No. 3, 2018.

Deborah P., Hlavna., "Economic Development, Human Capital Theory and the Community College", *Community College Review*, Vol. 19, No. 4, 1992.

Fritz M., Koch M., "Economic Development and Prosperity Patterns Around the World: Structural Challenges for a Global Steady-state Economy", *Environmental Hazards*, No. 38, 2016.

Groth A. J., "The Institutional Myth: Huntington's Order Revisited", *The Review of Politics*, Vol. 41, No. 2, 1979.

Hanushek E. A., Woessmann L., "Do Better Schools Lead to More Growth? Cognitive Skills, Economic Out-comes, and Causation", *Journal of Economic Growth*, Vol. 17, No. 4, 2012.

Jalava J., Pohjola M., "Economic Growth in the New Economy: Evidence from Advanced Economies", *Information Economics and Policy*, Vol. 14, No. 2, 2002.

Judson R., "Economic Growth and Investment in Education: How Allocation Matters", *Journal of Economic Growth*, Vol. 3, No. 4, 1998.

Lunday J., "Replacing the Concept of Externalities to Analyze Constraints on Global Economic Growth and Move Toward a New Economic Paradigm", *Cadmus*, Vol. 2, No. 3, 2014.

Meier G. M., *From Classical Economics to Development Economics*, New York: St. Martin's Press, 1994.

Nasir M. A., Huynh T. L. D., Tram H. T. X., "Role of Financial Development, Economic Growth & Foreign Direct Investment in Driving Climate Change: A Case of Emerging ASEAN", *Journal of Environmental Management, No. 245, 2019, p. 245.

Norton E., "Evidence of Creative Destruction in the U. S. Economy", *Small Business Economics*, Vol. 4, No. 2, 1992.

Nour S. S. O. M., "Science, Technology and Innovation Policies in Sudan", *African Journal of Science, Technology, Innovation and Development*, Vol. 5, No. 2, 2013.

Rosenberg N., "Science and Economic Development", *Nova Economia*, Vol. 6, No. 2, 1996.

Shane S., "Explaining Variation in Rates of Entrepreneurship in the United States: 1899–1988", *Journal of Management*, Vol. 22, No. 5, 1996.

Stern N., "1989, The Economics of Development: Asurvey", *Economic Journal*, Vol. 99, No. 397, 1989.

后　　记

　　经济社会协调发展是一个国家和地区现代化进程中必须关注的基本问题，也是一个国家或地区经济社会跨越"中等发展陷阱"的重要途径。国内外经济社会发展实践表明：制度体系建设在区域经济社会发展中具有特殊作用，制度性大变革往往会带动一系列生产要素的高效流通和社会公平的大发展，从而推动经济社会关系向更高级的形态演化。

　　我国西北地区幅员辽阔，地理区位偏僻，长期以来，这一地区经济社会发展水平滞后，是我国经济社会环境构成极为复杂的特定地域。自20世纪90年代市场经济体制在我国确立以来，西北地区的经济社会环境发生了巨大变化，党和国家在这一地区通过不断深化政治、经济、社会、文化、生态文明等领域的体制改革，为这一地区的经济社会全面发展提供了前所未有的机遇，加速了西北地区经济社会发展体制的转型升级进程。然而，由于西北地区地缘环境、经济发展条件以及人文社会历史条件的复杂性，在这一地区的经济社会体制改革中，许多由经济社会发展引发的区域问题常常相互掣肘，对西北地区经济社会体制改革构成巨大的阻力。这种局面不仅严重阻滞了西北地区经济社会体制现代化改革的步伐，而且也影响了我国小康社会目标的全面实现及和谐社会建设的大局，使西北地区的经济社会协同发展问题成为这一时期当地现代化进程中面临的突出问题。

　　在这一背景下，为了进一步明确西北地区经济社会之间的关联互动关系，为西北地区经济社会协同发展确立一个分析框架，研究选取我国西北地区经济发展和社会发展两个维度为研究对象，结合2006—2015年西北地区经济发展和社会发展两个领域的面板数据，对西北地区经济社会协同发展问题进行了实证分析,重点从机制构建视角对西北地区经济社会协同发展问题展开研究,揭示西北地区经济社会之间的协同演化机制规律,从经济社会发展的价值理性角度对西北地区经济社会关系的调节提供合理的秩序和准则,进而使西北地区经济社会发展形成合理的价值判断标准。在此基础上,力求通过各种制度的综合机制作用,减少西北地区经济社会协同发展过程中的不确定性,创新西北地区经济与社会的发展模式,提高西北地区经济社会协同发展的绩效,有效改变西北地区经济与社会互动发展过程中由于协同创新不足而形成的"路径依赖"现象,为西北地区正确处理"改革、发展、稳定"三者的关系,构建经济社会协同发展模式提供参考和科学建议。

  研究的思路遵循问题提出—方法构建—实证分析—问题出路的技术路线,运用层次分析法构建西北地区经济社会协同发展评价指标体系,采用模糊评价法对西北地区经济社会发展的关联度、耦合度、协同发展度展开计量研究分析。研究进一步运用自组织理论构建西北地区经济社会协同发展机制演化哈肯模型,并对两者的演化机制展开定量分析,计算推导出不同时期西北地区经济社会发展系统的序参量演变特征。分析结果表明:这一时期,西北地区经济社会协同发展的主要参数随时间的推移产生的综合效应正在逐步呈现出来,西北地区经济社会发展正在成为一个彼此关联的复合型系统,整个系统的发展愈加依赖两个子系统协同发展质量的不断提高,而不是依赖单纯的经济发展或社会发展某个子系统发展水平的提高。但在这两者协同关系演化过程中,还存在各自发展水平相对滞后和不平衡、两者的矛盾冲突有所加剧、边界不清、相互侵犯干扰、协同内生动力不足、"路径依赖"现象严重等问题。通过对西北地区经济社会协同发展水平的多层次测评分析,以及对协同机制演化困境及产生原因的综合判断,提出了完善西北地区经济社会协同发展机制的构想和具体内容。

  研究在对西北地区经济社会协同发展机制相关问题实证分析的基础上,得出以下结论:(1)经济社会之间整体处于中等协同水平;(2)经济社会协同发展评价体系不完善;(3)经济社会之间存在较大的结构性矛盾;(4)经济发展制度与社会发展制度供给不均衡;(5)经济发展和社会发展协同机制不完善;(6)经济社会协同发展机制的内生动力不足；（7）经济社会协同发展模式处于传统管理向现代治理的过渡阶段；（8）经济社会发展的协同关系处于"帕累托改进"状态。

针对以上问题，研究提出了以下对策建议：（1）树立协同发展理念，倡导协同创新战略；（2）克服形式主义，构建多层次和多元化的协同发展评价体系；（3）强化自身调节，调和经济社会之间的矛盾；（4）加强制度设计，保障经济社会协同发展制度的有效供给；（5）避免"路径依赖"，提高经济社会之间的协同绩效；（6）优化管理模式，提高经济社会协同发展的内生动力；（7）强化协作关系，提高经济社会发展的协同创新能力；（8）加大跨领域信息沟通，提高经济社会发展公共价值。

研究的创新之处主要有：（1）在研究思想方面，弱化各种经济社会管理手段的工具理性，强调价值理性在西北地区经济社会发展中的作用，且将两者产生的正向作用力传导于双方系统，使西北地区经济社会发展由冲突转向统一，由外部相关转向内部相关，由静态关联转向动态关联，由政策性的稳定转向价值性的稳定。从而提升西北地区经济社会之间的内生性协同发展动力，最终使西北地区的经济发展和社会发展走向长期自觉契合的状态。（2）在研究观点方面，首先采用结构性的观点，把西北地区经济社会发展问题置于两者结构特征与功能作用发挥的统一整体中，分别从相互联系、相互依存、相互制约、相互转化的关系中进行研究，揭示西北地区经济社会系统的整体性质和运动规律。其次是把西北地区经济社会发展统一于区域和谐发展的视角，研究两者双向互动均衡发展的途径，这与对这类问题常见的"历史/政治"或"民族/政治"的研究范式有所不同。（3）在研究方法方面，突出了对西北地区经济社会协同发展的定量研究手段，使西北地区经济社会之间的动态演变规律能够得到科学的反映。

本书在写作过程中得到陕西师范大学周晓唯教授、孙根年教授的鼓励关怀和悉心指导，他们对本书的写作体系和内容提出了许多宝贵修改意见，在此表示诚挚的谢意！感谢兰州文理学院各级领导在该书办理校内审批手续过程中所做的大量协调工作。在本书出版过程中，中国社会科学出版社耿晓明编辑不仅提出了许多宝贵意见，同时认真审校，精心编排，对她认真敬业的职业精神表示衷心的谢意。书中参考了大量文献资料，借鉴了大量专家学者的研究成果和学术观点，在此一并表示感谢！对直接引用的文献资料力争每处都注明来源，如有遗漏敬请谅解！

　　因笔者学术水平有限，加之时间仓促，书中存在诸多不足和疏漏，还请各位读者不吝赐教。

张军谋
2021年3月于兰州